Hector MELLIN
Radiesthésiste -- Chromologue

SECRETS DES COULEURS
des Êtres et des Choses

RADIATIONS NOCIVES

Diverses Influences. — La Vie des Objets Matériels.
Les Reliques. — Les Édifices. — Les Deux Magies.
Les Figures Mystiques. — Rites Divers.
Les Nombres Esotériques.
Les Maisons à Cancer. — Les Terrains Cancérigènes.
Moyens de Défense.

Tome III

SECRETS DES COULEURS

des Etres et des Choses

OUVRAGES DU MEME AUTEUR

Radiesthésie Domestique et Agricole (Epuisé)

Secrets des Couleurs, Tome I.

Secrets des Couleurs, Tome II.

En préparation :

La Radiesthésie en 25 leçons.

Hector MELLIN

Radiesthésiste-Chromologue

SECRETS DES COULEURS

des Etres et des Choses

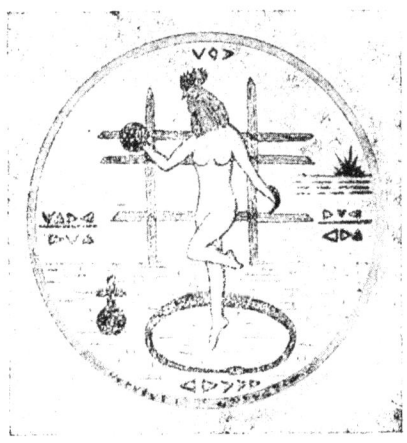

Tome III

PRÉAMBULE

> « Si quelque calamité vous frappe c'est à cause de l'œuvre de vos mains... »
>
> XLII Sourate 29.

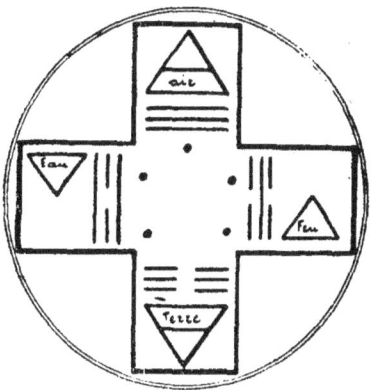

Qu'il s'agisse de la matière animée ou inanimée, de l'homme — microcosme, — de l'Univers — macrocosme, — tout vibre et tout radie, en haut comme en bas, à des distances incalculables, effarantes, insoupçonnées.

Tout ce qui existe obéit à cette même loi.

C'est le cas, notamment, d'une photographie, d'**une**

— 8 —

lettre, d'un bijou, d'un bibelot, d'un vêtement, d'un meuble, d'un être vivant ou mort, d'un monument, d'un édifice, d'un terrain, d'un astre, etc.

Il en est de même de divers éléments et substances : végétaux, minéraux, roches, fosses, puits, canalisations, souterrains, eaux polluées, usées ou mortes ; rivières hypogées ou de surface, prisons, cimetières, abattoirs, maisons mal famées et de jeu, pouvant émettre des radiations de différentes natures : magnétiques, électro-magnétiques, radio-actives, électro-radio-actives, chimiques, organiques, putrides, etc., et présenter des avantages certains ou des inconvénients plus ou moins graves que l'on néglige d'approfondir et qui sont souvent à la racine des misères dont souffre le règne animal en particulier.

Ces rayonnements et ces émanations peuvent baigner de leurs énergies vivifiantes ou dévitalisantes tout un individu, une chambre à coucher, un bureau de travail, un appartement, un immeuble, une écurie, une étable et donner lieu à des phénomènes mystérieux qui déroutent parfois la science de nos jours.

Par le caractère subtil de leurs champs radiants, ils peuvent améliorer ou troubler l'ambiance de ceux qui vivent dans leur zone circulaire ou rectiligne.

Par leurs effets fastes ou néfastes, ces forces bénéfiques ou maléfiques donnent souvent naissance à des impondérables sains ou malsains, lesquels, à plus d'un titre, imprègnent d'ordre ou de désordre l'homme, les animaux, les végétaux, les objets, les meubles et les habitations.

A-t-on jamais pensé sérieusement à ces maisons dont les occupants sont, durant des générations entières, les bénéficiaires ou les victimes involontaires de ces agents dont l'origine n'est pas toujours facilement identifiable ?

— à ces manuscrits, ces épîtres, ces papyrus véhiculant avec eux l'histoire bonne ou mauvaise de leur thèse ou de leur auteur ?

— à ces objets d'art, ces curiosités, plus ou moins exotiques, qui, sous des apparences souvent inoffensives, contrarient bien des intérieurs ?

— à ces ensorceleurs magiques, conscients ou inconscients, à leurs abominables menées, à leurs agressions nocturnes et aux malaises étranges qu'ils provoquent à distance ?

— à ces maladies physiques et psychiques indéfinissables qui désarment les praticiens les plus qualifiés ?

— à ces influences occultes destinées à séduire, à charmer et à inspirer des passions violentes ?

— à ces végétaux qui, par leur présence, nuisent aux espèces vivantes ?

— à l'imprégnation persistante de ces murs d'anciens châteaux-forts, de prisons, d'oubliettes, de fondations moyenâgeuses ou autres dont l'influence morbide n'est plus à démontrer ?

— à ces maisons bourgeoises dans lesquelles il est souvent difficile de conserver le personnel domestique ?

— à ces altérations physiques et psychiques, à ces

enfants dont le développement est contrarié par une cause inconnue, à ces jeunes gens dont les facultés ne se manifestent pas normalement, à leurs études pénibles et fatigantes ?

—à ces cassures géologiques d'origine orogénique ou techtonique, invisibles mais réelles, qui projettent sournoisement leurs forces insolites et ultra-pénétrantes sur toute une habitation, une rue, un village parfois ?

— à ces maisons dites à cancer, à ces terrains cancérigènes plus redoutables que le cancer lui-même ?

— à ces étables qui, périodiquement, sont décimées par des maladies douteuses ; à ces exploitations agricoles, ces maisons de commerce, ces usines qui, malgré la technique, le savoir et les capitaux, ne font jamais de bonnes affaires ?

— à ces éleveurs, ces artisans qui luttent, peinent pendant toute une existence sans aucun résultat satisfaisant ?

Ces rayonnements de nature mystérieuse sont souvent à la base de maladies troublantes qu'on néglige, nie ou ignore parce que ne faisant pas encore partie de nos connaissances actuelles.

Pourtant, bien des initiatives sont secrètement annulées, des dispositions excellentes neutralisées, des énergies farouches et des volontés tenaces terrassées, des santés parfaites ébranlées par ces radiations qui débordent les brisées du médecin et du vétérinaire, qui ont cependant des connaissances naturelles pour soigner intelligemment les maladies naturelles.

— 11 —

On ne pense pas assez à tout cela, et l'on subit tout trop négligemment, sans se donner la peine d'y réfléchir.

Il est si facile de mettre la maladie, l'insuccès, l'apathie, l'ignorance sur le dos de la malchance, de la maladresse, de la paresse ou de l'imprudence !... Alors qu'il s'agit couramment de radiations nocives, de souffles pestilentiels ou autres qui, forts de notre négligence, de notre insolente indifférence, troublent, débilitent, infériorisent, dévitalisent ceux qui vivent dans leurs projections verticales ou obliques.

Ces radiations se comportent comme il leur est naturel de se comporter, c'est-à-dire en forces destructrices de la santé. Elles se manifestent de mille façons dans des milliers de circonstances insoupçonnées.

***

Le seul fait de parler de radiations de ce genre semble antiscientifique. Le matérialiste les déclare inexistantes parce qu'il ne les voit pas, ne veut pas les voir. Il ferme les yeux pour ne pas les voir. Mais le radiesthésiste informé en a une vision personnelle, une perception réelle, comme le fait observé par la couturière qui ramasse ses épingles avec un aimant, comme le bijoutier ramasse ses poussières d'or avec le mercure.

Pourtant, il n'est pas niable que l'aimant et le mercure exercent une attraction incontestable ; si celle-ci ne se manifeste que du fait que les épingles et les poussières d'or sont attirées, il n'existe pas moins dans l'aimant et le mercure une puissance réellement agissante qu'on ne voit pas, mais qu'on ne peut contester.

Certes, nous n'avons nullement l'intention de compliquer l'existence de ceux qui nous lisent, elle n'est déjà pas si facile, mais nous croyons de notre devoir de les instruire, en leur faisant un exposé, aussi détaillé que possible, sur « Les Causes Invisibles de leurs Joies et de leurs Misères » et de passer en revue certains moyens propres à dépister, identifier, combattre et, si possible, vaincre ces forces pernicieuses et de tirer des conclusions pratiques.

Ceux qui sont la proie d'indicibles souffrances morales et physiques, mêlant à l'accablement de leur vie un sentiment d'infortune, apprendront qu'il est des moyens d'échapper à l'emprise de ces forces empêchant tant de fronts humains de refléter la sérénité et la santé auxquelles ils ont droit.

Certes, ce domaine comporte toute une série de problèmes qui n'ont jamais été scientifiquement résolus, mais qui se posent et se poseront toujours aux vivants depuis le commencement de notre monde jusqu'à sa disparition, et c'est la radiesthésie ésotérique et métagnomique qui nous permet de sonder tous ces mystères.

Et ceci nous mène à préciser des données extra-scientifiques sans lesquelles tout ce qui va suivre serait difficilement intelligible.

La physique atomistique a démontré que dans le monde tout n'est que vibrations éthériques, qu'il s'agisse de rayons « X », d'ondes hertziennes, de rayonnements radio-actifs ou électro-magnétiques. A cela, il y a lieu d'ajouter un autre domaine de radiations qui échappe au contrôle de la majorité des hommes, celui des radiations psychiques émises par les individus et conservées par les choses.

Ces radiations statiques, de densité et de manifestation variables, sont parfaitement perceptibles par les moyens d'une radiesthésie bien comprise, c'est-à-dire : physique, métapsychique et métagnomique.

A mes guides spirituels qui, par delà l'éphémère marais de l'humanité terrestre, sa laideur physique et morale, m'ont fait entrevoir la beauté divine de la lumière éternelle.

H. M.

Charenton, 1943.

SECRETS DES COULEURS
DES ETRES ET DES CHOSES

PREMIÈRE PARTIE

CHAPITRE PREMIER

L'aura Physique des Choses. — Les Formes-Pensées. — Les Formes-Pensées-Rémanentes.

L'AURA PHYSIQUE DES CHOSES

Tout le monde a, plus ou moins, entendu parler de l'aura mentale, sorte de nébuleuse d'extériorisation, enveloppant la forme physique des corps animés.

C'est une flamme magnétique variant de champ, d'intensité, de couleurs suivant l'âge, le sexe, la façon dont se comporte l'individu.

Les pensées, de teinte et de forme particulières, s'accumulent pour former l'aura du penseur. Comme il est donné de constater que l'homme intelligent pense la majeure partie du temps, on conçoit aisément la permanence de cette luminosité, invisible pour beaucoup, qui s'échappe de l'être vivant.

C'est une fluorescence ou une phosphorescence prenant la couleur des émotions, des désirs, des passions et des actes de toute nature.

C'est ainsi qu'il émane de l'altruiste une flamme brillante et pure, de couleurs tendres et belles, phénomène fait à l'image des couleurs décomposées du soleil par une fontaine jaillissante, tandis que de l'egoïste s'échappent des couleurs sales et sombres.

Nous avons, dans nos Tomes I et II « SECRETS DES COULEURS », entretenu nos lecteurs de cette forme luminescente, visible par quelques privilégiés. Pour plus de détails, nous les renvoyons à ces deux ouvrages. Cela nous dispensera d'insister plus longtemps sur l'Aura.

Il est reconnu que les corps inanimés rayonnent eux aussi une aura dite physique, énergie prenant des aspects divers, de couleurs variées, reflétant les événements dont ils ont été les témoins, ou qu'ils ont parfois provoqués, et qui sont en rapport constant avec la mentalité de leurs créateurs ou de leurs détenteurs.

Cette aura s'élève à la considération d'une image qui constitue l'enveloppe aurique et s'apparente à la forme-pensée, autre phénomène dont nous allons vous entretenir.

LES FORMES-PENSÉES

D'après le Docteur A. BESANT, une pensée émise donne lieu à deux effets :

1° Une énergie rayonnante,

2° Une forme colorée (1).

C'est ce qu'il est convenu d'appeler une « forme-pensée ».

Cette forme-pensée vit et agit ; une partie flotte autour de son émetteur, une autre partie s'étend à tout ce qui touche ce dernier, à tout ce qui l'entoure, à tout ce qu'il affectionne et s'incorpore à la matière environnante du lieu d'émission.

---

(1) Les Formes-Pensées, A. BESANT. Librairie G. et J. NICLAUS, rue Saint-Jacques, Paris.

Par la suite, des siècles après, cette matière est encore capable de projeter la forme-pensée avec la même énergie, la même couleur, alors que celui qui lui a donné naissance n'est plus de ce monde.

On sait que ces phénomènes sont le résultat de la pensée ; les vibrations émanant du cerveau sont accompagnées, dès leur sortie de l'esprit, de rayonnements diversement colorés.

Les expériences du Docteur BARADUC confirment l'apport de ces faits.

Les pensées émises par un être vivant forment donc cette substance nuageuse qui se dégage de chacun de nous et enveloppe chaque objet, véritable forme vivante prenant le caractère et la couleur de la pensée générée.

Cette pensée devient une sorte d'entité animée s'attachant aux choses matérielles et tendant à se reproduire sur les êtres vivants.

Les formes-pensées, comme les auras, ne sont pas visibles pour tous les observateurs, mais pour quelques-uns seulement, notamment les clairvoyants, qui sont capables de les voir, de les décrire, de les traduire et de les analyser.

D'après la théorie théosophique, la forme-pensée varie, elle aussi, en couleurs, selon que telle ou telle passion se manifeste quand l'énergie de l'homme se dépense dans un but déterminé.

Quand l'homme émetteur est un type grossier, la forme-pensée manque de distinction, sa couleur est terne ou incertaine. Au contraire, s'il s'agit d'un type élevé, la forme-pensée est fine, élégante, de couleur franche, et gagne en beauté, suivant son degré d'élévation.

C'est une forme organisée, une activité forgée par la pensée qui persiste très longtemps.

Jusqu'ici, il a été impossible d'assigner une limite dans le temps à ces formes-pensées rémanentes.

FORMES-PENSÉES-RÉMANENTES

Ce n'est pas des formes-pensées proprement dites que nous voulons nous occuper, mais des formes-pensées-rémanentes dues à diverses émotions qui, par leur présence dans les écrits, les photographies, les objets et édifices divers, donnent lieu à des influences extérieures longtemps après leur émission, et que le clairvoyant peut voir spontanément ou après une certaine accommodation de l'œil.

Comme tout individu se déplace avec son bagage de formes-pensées, tout objet, tout édifice garde, sous forme de pensées-rémanentes, de souvenirs, des radiations créées par la manière de vivre et d'agir de ses anciens détenteurs, de ses occupants successifs.

Les objets, les édifices sont entourés d'une sorte de vortex à la couleur de la mentalité et des mœurs dont ils ont été les témoins. C'est un rapport entre l'état induit et les pensées inductrices.

Nous donnons aux planches 1 et 2 une série de figures correspondant à diverses formes-pensées-rémanentes que nous avons pu observer au-dessus de certains objets et édifices.

PLANCHE N° 1

N° 1. Formes-pensées-rémanentes des maisons de jeu, des habitations d'usuriers, de banquiers véreux.

N° 2. — — — de livres de piété,

N° 3. — — — des emplacements de tortures,

N° 4. — — — des ouvrages convenables,

N° 5. — — — des ouvrages impudiques,

N° 6. — — — des maisons mal famées.

PLANCHE N° 2

N° 7. Formes-pensées-rémanentes des oubliettes, cachots, prisons,
N° 8. — — — des arènes, salles de dissection,
N° 9. — — — des lieux saints,
N° 10. — — — des loges diaboliques,
N° 11. — — — des objets bénéfiques,
N° 12. — — — des objets pieux.

Ainsi donc, ceux qui possèdent ces objets, ceux qui fréquentent ces lieux ont tendance à se teinter des formes-pensées-rémanentes, à les reproduire et, par syntonisation, tendent à devenir eux-mêmes des foyers émetteurs de vibrations analogues, capables à leur tour d'éveiller chez leurs semblables les mêmes impressions.

*
* *

La force et la puissance, avec lesquelles ces radiations de formes-pensées-rémanentes agissent, indiquent bien que les objets les plus divers ayant appartenu à un être vivant, que les édifices visités ou habités par une foule d'individus tendent, les uns et les autres, à assimiler ces radiations, transportant avec elles le caractère spécial de leur nature bonne ou mauvaise.

Souvent, très souvent même, sous les apparences les plus inertes de la matière inanimée, ces radiations, ces formes-pensées-rémanentes, se présentent comme des plus agissantes sur les moins sensibles.

Elles sont là dans leurs choses comme en des sépultures inviolables que l'outrage des temps ne vieillit pas, en attendant d'être exhumées par la première sensibilité qui se présentera à elles.

Imprégnons-nous donc de cette vérité : la vie des êtres se prolonge dans les formes touchées par leurs mains, leurs yeux... leurs pensées...

Sous leur mort apparente, ces formes humaines cachées traînent avec elles l'histoire de leur passé, les faits de leur présent, les tendances de leur futur auxquels elles sont intimement mêlées sous formes de palpitations, d'ombres ou de lumières.

C'est un des plus grands mystères, enfermé dans ces choses, qui résiste à tout, même au feu et à notre entêtement obtus.

*
* *

Dès lors, il est facile de concevoir que les photos, les écrits, les talismans, les pantacles, les amulettes, les bijoux, les bibelots, les objets d'art, les meubles, les habitations, les ruines, sous quelque forme qu'ils se présentent, gardent en eux, autour, au-dessus d'eux, les traces morales de leur passé, et sont à tout moment l'expression fidèle d'un état d'âme, état d'âme qui a servi à produire certaines impressions et à en conserver tous les effets, même sous forme d'états inférieurs.

C'est ce que nous nous proposons d'étudier au cours du présent ouvrage.

CHAPITRE II

L'Etre Humain

L'Etre Humain. — Les Sept Chakras. — Le Corps Physique. — Le Corps Ethérique. — Le Corps Astral. — Le Corps Mental. — Le Corps Causal. — Le Corps Bouddhique. — Le Corps Atmique. — L'Ame et l'Esprit. — Dialogue entre un Théosophe et un Matérialiste. — Astralisation. — Désastralisation. — Les Etres Humains. — Les Elémentals.

> « Dans la loi du Talion est votre vie
> ô hommes doués d'intelligence.
> Peut-être finirez-vous par craindre Dieu ».
> Koran II Sourate 175.

Ici commence la chaîne des causes principales, visibles et invisibles, de nos joies et de nos misères, physiques et psychiques.

Il serait impossible de comprendre quelque chose au but que nous poursuivons si nous n'abordions pas, par l'étude de la philosophie et de la radiesthésie ésotériques, le sujet des divers véhicules de l'être humain avant, pendant et après sa vie terrestre physique.

Peu d'hommes ont médité sur ces problèmes du passé et du futur, sans se demander si l'un et l'autre ne sont pas autre chose que des mots et si ce qu'ils prennent pour un torrent de négations n'est pas un océan de vérités.

Qu'on veuille bien nous excuser de parler ici de choses qui vont sembler bizarres.

Certes, nous ne nous adressons pas aux cerveaux mal préparés des sceptiques, des faux épicuriens, des irréligieux qui, étreints par la négation, ne croient à rien d'autre qu'à la vie matérielle et limitent leur perception à l'ambiance immédiate de leur individu.

Nous nous adressons à ceux qui, en dehors de cette obscurité cérébrale, de la méthode courante d'analyse, ont une conception calme des réalités psychiques, des idées religieuses et des grandes vérités spirituelles sur la théorie de l'Eternel.

Selon l'antique Sagesse, d'après la doctrine ésotérique des initiés de tous les temps, l'Etre Humain a toujours été considéré comme réunissant Sept Grands Principes, ou Sept Chakras principaux tout à fait distincts les uns des autres.

1° Le Corps Physique,
2° Le Corps Ethérique,
3° Le Corps Astral,
4° Le Corps Mental,
5° Le Corps Causal,

6° Le Corps Bouddhique ou Spirituel,
7° Le Corps Atmique ou Divin.

(Planche N° 3)

Dans « *La Science Occulte* », Rudolf STEINER les divise en trois groupes et les classe comme suit : (1)

1° Les Corps Physiques,
2° Les Physico-psychiques,
3° Les Corps Psychiques.

Le premier groupe comprend :
a) Le Corps Physique,
b) Le Corps Ethérique,
c) Le Corps Astral.

Le second groupe ne comprend que le MOI.

Le troisième groupe comprend :
A) Le Moi Spirituel,
B) L'Esprit de Vie,
c) L'Homme Esprit.

Plus avant dans l'Histoire, dans le Parnisme, ils sont dénommés comme suit :

1° Le Corps Physique,
2° Le Corps Vital, Djan,
3° Le Corps de la Sensation, Boë,
4° Le Corps de la Pensée Concrète, Kouan,
5° Le Corps de la Pensée Abstraite, Akko,
6° Le Corps de l'Amour Pur, Urvan,
7° L'Esprit Divin, Fravarshi.

Plus près de nous, dans la Cosmogonie des Rose-Croix, ces véhicules prennent les noms suivants :

1° Le Corps Physique,
2° Le Corps Vital ou Ethérique,
3° Le Corps du Désir,

---

(1) « *La Science Occulte* », Librairie PERRIN, Paris.

4° L'Intellect,
5° L'Esprit Humain,
6° L'Esprit Vital,
7° L'Esprit Divin.

Dans son magnifique ouvrage « *Le Libre Arbitre dans le Déterminisme* » (1), Edouard ARNAUD nous parle des Sept Ethers Cosmiques. Nous y voyons une certaine correspondance avec les Sept Chakras.

Quelles que soient les attributions, ces corps s'interpénètrent sans se confondre, dans chaque cas et au-dessus de leur ensemble, plane l'Ego, l'âme, l'homme véritable fait à l'image de la lumière Divine dont l'essence est au-dessus de toute compréhension.

*
* *

C'est cette doctrine du septénaire qui fut la base des Grandes Religions et de certaines philosophies. Doctrine qu'aucun homme n'a conçue, mais que la divinité a réalisée dans notre Univers Solaire, notre Cosmos.

« Et rien n'est devenu sans Lui, et ce qui est devenu était en Lui » (Evangile selon SAINT-JEAN).

*
* *

Esotériquement, nous allons étudier ces sept Corps, hors lesquels le Monde n'aurait jamais pu se manifester :

---

(1) Editions LEYMARIE, Paris.

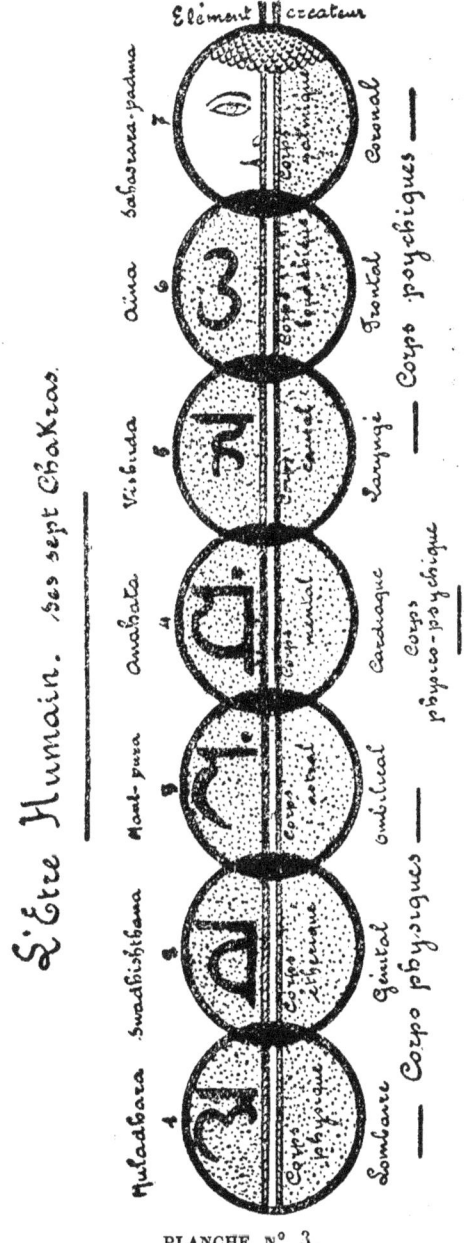

PLANCHE N° 3.

CHAKRA DU CORPS PHYSIQUE (Rouge)

Le Corps Physique incarné est une matière dense animée, prêtée par la Terre pour une existence. C'est un élément transitoire du plan matériel qui sert de support à des forces destructrices derrière lesquelles résident d'autres forces, dites spirituelles, de l'esprit condensé.

« C'est dans mon sein que résident tous les êtres vivants ; en plus Je suis le Créateur et aussi le Destructeur de toutes Choses » (BHAGAVAD GITA) ch. VII, verset 6).

Le Corps Physique, outil matériel de l'âme, comporte, par ailleurs, deux systèmes :

1° La matière proprement dite,

2° Une charge électro-magnétique plus ou moins accusée donnant la mesure de la sensibilité radiesthésique.

C'est dans le plan physique que se réalisent les ébauches et les promesses du Corps Astral, écrit Robert AMBELAIN dans son ouvrage « *Dans l'Ombre des Cathédrales* ». (1)

C'est par le Corps Physique que l'homme s'use et se désagrège. En cela, il ressemble au minéral, il se confond avec lui quand la mort est survenue.

Le Corps Physique est, par conséquent, commun à

---

(1) Librairie G. et J. NICLAUS, 34, rue Saint-Jacques, Paris.

l'homme et aux **minéraux**, puisqu'il est pénétré de substance minérale.

Si le trépas semble ramener le cadavre à des éléments purement physiques, cela ne veut pas dire qu'il faille d'emblée nier une activité survivante, agissant avec les mêmes forces par delà ces substances minérales, en dehors du Temps et de l'Espace, dans les plans intellectuel et spirituel. C'est comme une mémoire de la matière conservant les impressions du passé.

Ainsi donc, il apparaît que, lorsque le Corps Physique est mort, une puissance fluidique, magnétique qui, durant des millénaires, lui survit, reste attachée à la dépouille mortelle et à l'esprit qui l'habitait.

Voilà pourquoi, lorsqu'il s'évade de la matière, ce n'est pas une copie de cet esprit qui persiste sur Terre, mais tout un système de radiations de la vie physique et psychique.

Ce n'est pas à cette dépouille proprement dite qu'il faut attribuer cette hypothèse, mais à tout ce que le mort laisse derrière lui comme magnétisme après ses cendres, ses photos, ses écrits, ses travaux, à tout ce qu'il a affectionné de son vivant : objets personnels, etc.

D'ailleurs, si l'on admet un instant que l'homme, de son vivant, est une véritable batterie magnétique, il faut, du même coup, envisager que son squelette est aimanté comme un morceau de fer l'est par un aimant.

Ce magnétisme induit continue à travailler dans la tombe, par delà celle-ci, tout comme les photographies, les écrits, les œuvres continuent à vibrer en s'alimentant aux radiations des restes contenus dans l'humus de la tombe, et à collaborer occultement avec les vibrations célestes de l'esprit.

Les radiations anciennes se renouvellent jusqu'à redevenir des radiations nouvelles capables de s'attacher à un autre organisme chargé de vie.

LE CHAKRA ETHÉRIQUE (Nacre)

Le Corps Ethérique, c'est l'aura, sorte d'atmosphère humaine pouvant être vue par le clairvoyant. (1)

C'est un élément ayant son siège dans la région génitale et comportant diverses énergies telles que : lumière, magnétisme, électro-magnétisme, radio-activité maintenant en cohésion l'ensemble des matériaux d'essence minérale dont est composé le Corps Physique. C'est, en quelque sorte, un deuxième organisme à allure enveloppante, impondérable qui pénètre de toutes parts le Corps Physique, mais qui s'en échappe, généralement, trois jours après la mort, pour se désagréger ensuite.

Cette remarque souligne l'intérêt qu'il y a de ne pas faire incinérer une dépouille mortelle avant le quatrième jour de la mort du Corps Physique.

---

(1) Voir notre Tome I « *Secrets des Couleurs* », Chapitre des AURAS.

En effet, par des conditions spéciales, le Corps Ethérique peut continuer à vivre isolément, beaucoup plus longtemps que le délai normal de trois jours.

C'est le cas de ceux qui se sont accrochés désespérément à la vie, ou ayant eu une peur morbide de la mort. Le Corps Ethérique peut encore être retardé, dans sa désintégration, par les larmes de ceux qui restent. (1)

Ou, le Corps Ethérique, du vivant de la matière, était animé d'une âme primitive, vulgaire ou sauvage.

Autant de cas pouvant solliciter des esprits vampires incomplètement désincarnés, égarés, circulant dans des sphères proches de la Terre.

Ces esprits en peine, avides de vie physique, peuvent s'attacher au Corps Ethérique d'un mort, voire même d'un vivant, ou à ce qu'ils laissent derrière eux lorsqu'ils sont sollicités par les spirites, un peu comme un veston jeté aux ordures qui serait ramassé par un chiffonnier et porté par ce dernier.

*
* *

De ce qui précède, il résulte qu'on ne doit pas passer à d'autres ou jeter des vêtements sans les désimprégner.

Un vêtement usagé est saturé de radiations de son propriétaire. S'il est donné ou jeté, c'est un peu de lui-même que celui-ci donne ou jette.

Ce vêtement reste toujours en communication avec celui qui l'a porté.

---

(1) Voir notre Tome II « *Secrets des Couleurs* », Chapitre « Vies Successives ».

Un autre peut l'endosser et, par le truchement de ce vêtement adopté, communiquer ses radiations à l'ancien propriétaire.

Tant mieux si le nouveau détenteur est sain moralement et physiquement, tant pis s'il en est autrement.

Le physicien constate le magnétisme induit d'un aimant, nous, nous le constatons dans un vêtement. Ce sont deux façons d'exprimer le même phénomène, une même réalité dans deux aspects différents.

CHAKRA DU CORPS ASTRAL (Orangé)

Ici il s'agit du double du Corps Ethérique, de l'Aura fluidique. C'est le double ou le « Ka » des Egyptiens.

Il est dit Corps Astral parce qu'il fait partie des mondes qui contiennent d'autres planètes que la nôtre et qu'il cesse de se manifester lorsque l'homme est plongé dans le sommeil, le coma ou l'évanouissement pour aller visiter ces autres planètes, laissant à l'esprit le soin d'assurer les rêves, les cauchemars et le repos physique de la matière.

Le travail le plus important du Corps Astral consiste à réparer les forces de l'homme. Pendant son sommeil il va puiser aux forces du Cosmos, dans le plan Astral, où sont des êtres astraux pourvus d'un corps astral, des forces nouvelles au bénéfice du Corps Physique pour lui dispenser celles-ci pendant la veille. Au contraire, si le Corps Astral garde pour lui cette nourriture astrale, le Corps Physique s'affaiblit et la mort s'ensuit.

Le sommeil de la matière correspond donc à la sortie du Corps Astral, dédoublement imposé par la fatigue.

C'est une épreuve normale au cours de laquelle le Corps Astral s'échappe à la vitesse de l'éclair.

Mais ce sommeil peut être dangereux pour qui n'est pas suffisamment protégé.

N'est-ce pas toujours la nuit, entre minuit et deux heures du matin, que les envoûteurs attaquent leurs victimes, lesquelles sont comme des enfants laissés seuls à la maison par les parents sortis pour aller chercher la nourriture de la famille ?

Le Corps Astral, lui aussi, va chercher la nourriture du Corps Physique, et c'est durant son absence que les mauvais esprits viennent prendre possession des organes sensoriels en sommeil et se substituer au Corps Astral.

Parfois, les satanistes ou mages malfaisants se bornent à tendre des pièges au Corps Astral sur le chemin du retour. Ce sont généralement des pointes ou des tranchants ayant pour but de déterminer des blessures occultes et par lesquelles s'échappent le dynamisme de la vie physique et psychique.

Si le Corps Physique est déserté la nuit par le Corps Astral, enveloppe fluidique de l'âme, et aussi loin qu'il se soit envolé de la matière, il reste néanmoins relié à l'enveloppe charnelle par une sorte de cordon ombilical occulte.

C'est ce cordon que les envoûteurs magiques cherchent à couper.

Lorsqu'ils y parviennent, le Corps Astral a de la peine à retrouver son chemin, il ne peut plus se diriger, ni réintégrer son Corps Physique, il est entraîné à la dérive dans le tourbillon stratosphérique et ne peut plus franchir la couche atmosphérique.

C'est alors, pour le Corps Physique, une diminution de vitalité, une baisse de potentiel de santé, une perte de mémoire, des symptômes d'obsession, de possession et ensuite des maladies mystérieuses ou foudroyantes, de l'idiotisme, de la sénilité précoce, de la folie, ou au moins des rêves violents et des cauchemars pénibles.

Le rêve : hallucination produite par un état morbide, nous dit le Larousse. Qu'on veuille bien nous permettre de ne pas être entièrement de cet avis. Pour nous, le rêve est un ensemble d'idées, de faits et d'images que le Corps Astral rencontre et prend au cours de son voyage interstellaire et qu'il communique à l'esprit durant le sommeil de la matière.

Sans doute, il est des rêves qui évoluent dans le cercle des faits journaliers, il est des cauchemars d'ivrognes, de mauvaise digestion ; mais il en est de personnes parfaitement équilibrées qui ont une véritable signification prophétique.

Tant qu'ils expriment des faits et des personnes connues, les rêves et les cauchemars peuvent s'expliquer du fait d'un estomac trop chargé, d'un grand chagrin, d'une frayeur, etc. Mais s'il s'agit de phénomènes inconnus, d'animaux à silhouettes fantastiques, de sensations de chute dans un gouffre, d'élévation dans les airs par des mouvements d'ailes, c'est tout simplement du dédoublement.

C'est d'ailleurs par ces dédoublements que beaucoup d'initiés, de médiums, de clairvoyants nous ont rapporté des enseignements puisés dans les plans supérieurs de l'au-delà.

Un fait rapporté par les initiés et les médiums, en état de dédoublement, c'est que le Temps dans les autres astres ne correspond pas à notre temps conventionnel.

D'ailleurs, si on réfléchit bien, qu'est-ce que la durée de notre vie terrestre par rapport à l'Eternité ? Ce n'est même pas la trillionième partie d'un trilliard de seconde.

Il est bien certain que l'on ne vit pas à la même cadence dans tous les astres. Dans les uns, ce qui semble durer un siècle n'a pris qu'une seconde ; dans les autres, ce qui semble durer une minute dure des années, des siècles.

Empruntons, si vous le voulez bien, un exemple à la théorie du Professeur PICARD, le célèbre savant de la stratosphère ; il en fait une image frappante en émettant l'hypothèse suivante :

On sait que le plomb réintégré exposé à l'air produit un recul. Or, en fabriquant une fusée de 50 kilos de plomb réintégré, la masse serait suffisante pour produire un recul assez puissant et lancer la fusée à travers l'immensité, ou l'Espace-Temps.

Le Professeur envisage, toute proportion gardée, le cas d'une personne qui serait dans la fusée avec des vivres de réserve pour une période de quatorze années, durée d'un voyage interplanétaire ; qu'au terme de ce voyage revenant sur Terre, l'occupante de la fusée trouverait alors ses arrières-petits-enfants plus âgés qu'elle.

Cette hypothèse, qui fait du Temps une quatrième dimension de l'Espace, invite les matérialistes à penser que l'on peut s'éloigner d'un plan dont ils n'imaginent pas qu'on puisse sortir.

Mais revenons aux pointes.

Les pointes jouent un rôle considérable en magie.

L'épée magique employée dans les opérations d'occultisme en est une illustration.

Ainsi, à ceux qui rêvent ou ont des cauchemars, à ceux aussi qui se croiraient attaqués par la magie noire, conseillons-nous d'avoir recours à une protection magique très simple et très efficace.

Cette protection consiste à disposer une pointe orientée vers la porte d'entrée de la chambre à coucher, sur la table de chevet par exemple, ou sur la cheminée, et ce dans le but de protéger le Corps Physique durant son sommeil, c'est-à-dire pendant l'absence du Corps Astral.

Ceci ne dispense pas de mettre une autre pointe — un poignard, une épée, un couteau de chasse ou autre — cette fois la pointe dirigée vers la porte d'entrée principale de l'habitation. Ce qui ne dispense pas non plus de suivre le conseil que nous donnons à la fin du chapitre « *Lieux Saints* ».

Le Corps Astral, ou conscience universelle est le plan de santé, de guérison occulte ; il est influencé par la conduite du Corps Physique.

C'est ainsi que, lorsque le Corps Physique est ravagé par la maladie, cela est dû, pour une bonne part, à la santé ébranlée du Corps Astral.

Ceci laisse entendre que pour guérir le Corps Physique il faut d'abord soigner le Corps Astral.

Bien entendu, ce travail n'est pas à la portée de n'importe qui, mais l'occultiste, sérieux et compétent, peut fort bien s'en acquitter.

C'est d'ailleurs ce principe qui est à la base de l'art de guérir à distance, principe qui consiste à astraliser ou à désastraliser le plan extra-terrestre d'un être vivant.

Ce qui précède explique, semble-t-il, cet autre phénomène dit d'envoûtement et de désenvoûtement. En effet, il apparaît qu'une personne ne peut être envoûtée ou désenvoûtée que par son Corps Astral, lequel a pour fonction de refléter tout ce qui fait impression sur lui et, après assimilation, de le renvoyer au Corps Physique qui devient alors le support réel du fluide bénéfique ou maléfique, dans lequel s'installent la guérison, le trouble ou la maladie.

L'Astral, archives du Cosmos, est ce que le clairvoyant scrute pour connaître les futurs en voie d'élaboration.

Il faut, cependant, ajouter que le devin ou le mage n'entrent en rapport qu'avec des entités d'une valeur égale à la leur.

C'est pourquoi tous ne s'élèvent pas jusqu'à Dieu, tous n'accèdent pas à l'Astral. Les uns ne reçoivent que des indications proches de notre présent, les autres prélèvent les leurs chez des intelligences hautement évoluées et très éloignées de notre présent.

Ces considérations ne prennent toute leur valeur que si l'on admet que l'homme peut perturber l'harmonie de son Corps Astral en s'adonnant à des passions funestes et, par répercussion immédiate, troubler son Corps Physique, dans lequel se réalisent les ébauches du Corps Astral.

Le Corps Astral, c'est là que s'élaborent tous les événements du futur. Le métagnome le sait bien, car c'est dans le Corps Astral qu'il perçoit les clichés des futurs en voie de réalisation et les faits du passé plus ou moins éloignés.

Lorsque l'homme est devenu cadavre, quelque temps seulement après son « expir » pour la dématérialisation, le Corps Astral se sépare, non seulement du Corps Physique, mais encore du Corps Ethérique. Il poursuit seul sa route dans le plan émotionnel, ou purgatoire des chrétiens, avec tous les souvenirs de sa vie passée, qu'il emporte, avant de disparaître lui-même, et qu'il passe au Corps Mental, dont les degrés supérieurs sont un lieu de félicité, autrement dit paradis.

Ajoutons que si les désirs de la vie terrestre ont été bas et vulgaires, des peines plus grandes sont subies dans l'autre vie. Cela s'appelle enfer. La durée de cette purification est évidemment proportionnelle aux causes génératrices du vécu du désincarné.

CHAKRA DU CORPS MENTAL (Jaune)

Le Corps Mental, ou petit moi, fait œuvre de mémoire. Il est le trait-d'union entre les Corps Physiques et les Corps Psychiques sur le plan de la fécondité, de la stérilité et de la débilité.

C'est une ombre de nous-mêmes, de nos désirs d'affection, de nos témoignages de reconnaissance et de notre égoïsme.

C'est par lui que nous avons nos faiblesses de cœur. C'est lui qui nous procure toutes nos sensations. C'est en lui que réside la sublimation de notre espoir et des rêves dans lesquels nous avons besoin d'être bercés, même sortis depuis longtemps de l'enfance.

C'est par lui que nous cherchons ceux dont la mission

est de s'occuper de nous, de nous parler de nous et qui nous procure ces moments si doux, si agréables que nous passons auprès de ceux qui savent nous deviner et s'occuper de nous.

C'est dans ce Chakra cardiaque, ou Corps Mental, que nous allons chercher le besoin profond du cœur féminin ou du cœur masculin. C'est par lui que nous trouvons le réconfort qui nous anime, nous aide de sa confiance et nous procure la vraie raison de vivre et de vibrer à l'unisson du Créateur.

C'est encore en lui que réside le souvenir des vies successives, il contient le germe d'un nouvel organisme dans l'élément Eternel.

Il préside à la naissance, au développement et à la mort des Corps Physiques sur Terre ou ailleurs. Mais il est à la base des activités de l'esprit : sensibilité et raison dans la région terrestre, de l'âme dans le plan Divin.

Il permet à l'homme de raisonner sur l'Univers dans lequel il vit consciemment avec le corps qu'il habite et qu'il utilise chaque jour. Sans le Corps Mental tout serait léthargie.

CHAKRA DU CORPS CAUSAL (Vert)

Le Corps Causal, ou Chakra laryngé, ou Moi Spirituel, est immortel par l'essence abstraite de ses vies passées, bonnes ou mauvaises.

Il contient en puissance le germe de l'évolution ou de l'involution, de la progression ou de la régression de certaines qualités morales ou autres dispositions dans chaque réincarnation.

Il constitue l'état d'âme, le tempérament, la personnalité, la physionomie morale devant se reproduire dans un plan supérieur ou inférieur où logent des esprits pourvus d'un Corps Spirituel.

C'est dans le Corps Causal que se recrutent les facultés supra-normales comme la clairvoyance, l'art de guérir de près ou de loin.

Le Corps Causal est composé de deux extrêmes : l'un qui répond aux fonctions organiques et l'autre aux fonctions psychiques très élevées, telles que génie, métagnomie, et appartient à un plan où se produisent les phénomènes de télépathie et de télékinésie. On connaît la signification de ce dernier mot, qui définit le déplacement d'objets par le seul fait des esprits incarnés ou désincarnés, présomption inébranlable de la survivance de l'esprit après la mort de la matière.

Le Corps Causal agit sur le Corps Ethérique et le modifie, il transforme le Corps Astral dont il est l'antichambre.

Ce qui précède fait envisager que les sentiments et les pensées de l'homme peuvent, par l'étude, la réflexion, la foi, changer au cours de l'existence terrestre pour préparer, en bien ou en mal, la vie du Corps Bouddhique, ou Moi-Spirituel, dans l'au-delà.

CHAKRA DU CORPS BOUDDHIQUE (Bleu)

Le Corps Bouddhique, ou Chakra frontal, ou Esprit de vie, c'est l'Esprit proprement dit, élément préparé par le Corps Causal.

Il est animé des mêmes forces, des mêmes tendances que le Corps Physique : évolution, involution, purification, contamination, élévation, abaissement, etc.

C'est l'Esprit de vie ou Esprit tout court, qui communique à la dépouille mortelle les souvenirs de son vécu, les tendances de son passé. C'est lui qui se manifeste spontanément après la mort sous l'évocation des vivants.

Et c'est en allant sur la tombe de quelque défunt, en possédant une de ses photographies, un de ses écrits, un de ses travaux ou quelque chose lui ayant appartenu que l'on peut être assiégé par ses radiations.

A ce sujet rappelons le sort réservé à la mission archéologique de Lord CARNAVON autour du tombeau de TOUT-ANK-AMON. Cette mission fut mystérieusement décimée, sauf un membre sur douze. Aux dires de certains, le Roi-Soldat en faisait partie.

Voilà, n'est-il pas vrai, qui permettrait de dissiper le mystère qui plane encore sur la mort du roi ALBERT Ier de Belgique ?

D'autre part, on est encore loin d'avoir compris cette étrange malédiction qui s'est abattue sur son fils et la reine ASTRID.

N'avons-nous pas ici la preuve d'une révolte de l'esprit

FIGURE N° I.

en communication avec la matière, des milliers d'années après la mort de celle-ci ?

Communication favorisée, sans doute, par une magnétisation animale comme la pratiquaient les Egyptiens, et comme nous le montre la Figure n° 1.

On sait que le fluide humain est un impondérable fortement agissant et on peut admettre que, longtemps après, il exerce une influence mutuelle entre le corps momifié et l'esprit. Sorte d'induction que Mesmer a parfaitement mise en lumière et qui s'apparente au cas du chapeau induit, relaté page 117.

Et, comme l'écrit René Sudre (1), puisque l'expérience ne nous montre aucune différence dans la fonction métagnomique d'une personne vivante et d'une personne morte, c'est que l'esprit d'une personne morte lui survit.

En effet, l'esprit survit à la mort de la matière — les morts vivent dans leurs radiations qui leur survivent — et peut se manifester par des phénomènes variés émanant en apparence des dépouilles mortelles, des murs, des planchers, des meubles, et dont les vibrations sont quelquefois perceptibles à la main nue. Souvent aussi ce sont des phénomènes étranges, comme ceux dont fut

---

(1) Introduction à la Métapsychique Humaine. Payot, éditeur, Paris.

assaillie la mission CARNAVON, ou encore des apparitions de fantômes, des apports d'objets, de fleurs et de fruits.

CHAKRA DU CORPS ATMIQUE (Violet)

Le Corps Atmique, du Sanscrit atma (âme), c'est l'homme esprit.

C'est l'âme au sens spirituel du mot, par opposition au Corps Physique, son point d'appui matériel. C'est la plus haute expression de l'homme dans les sphères élevées, parmi les hautes entités du monde Divin.

Sans commencement ni fin, cette expression est inaccessible à la fragile compréhension humaine.

L'âme, c'est l'Ego, l'ensemble de la conscience et de l'individualité humaine. Elle forme le lien entre le Corps Physique et l'Esprit. Sa force est transmise au Corps Physique par le Corps Ethérique.

L'AME ET L'ESPRIT

> Comment pouvez-vous être ingrats envers Dieu, vous qui étiez morts et à qui il a rendu la vie, envers Dieu qui vous fera mourir, qui plus tard vous fera revivre de nouveau et auprès Duquel vous retournerez un jour.
> Koran II Sourate, verset 26.

Ayant parlé de l'âme et de l'esprit, nous croyons utile d'insister sur ces deux termes souvent confondus.

Sans pénétrer au fond du problème de la métaphysique ontologiste, nous avons l'idée claire et distincte que l'âme et l'esprit font deux et sont entièrement et véritablement différents.

Selon notre concept, il y a autant de différence entre l'âme mystérieuse et l'esprit énigmatique qu'il y en a entre l'esprit fluidique et le corps physique tangible.

L'âme, ou Corps Atmique, ou Coronal, est objet de foi ; l'esprit, Corps Bouddhique ou frontal, est objet de science.

L'âme commande à l'esprit, elle est l'hypocentre de toutes les sensations ; son siège est dans la glande pinéale. L'esprit dirige le Corps Physique, il est le point d'impact des projections de l'âme ; son siège est dans le cerveau.

On parvient ainsi à la notion d'un principe de distinction, d'un dualisme manifeste. Sans doute, cette précision est insuffisante pour permettre de décider expérimentalement si l'âme est ou n'est pas la même chose que l'esprit. Bien que beaucoup de philosophes leur attribuent la même essence, ce qui caractérise cette différence c'est le fait que l'Esprit est un souffle éthérique, une activité vitale qui rend l'homme agissant, lui donne le savoir, le vouloir et le pouvoir. Tandis que l'Ame est une essence Divine dont la fonction implique une conception de la vie spirituelle, éternelle, faisant penser, sentir et raisonner la conscience, ou sa contre-partie, l'Esprit.

L'Ame et l'Esprit sont comme deux pianos. Si l'on frappe le « do » de l'un, le « do » de l'autre résonne. Absolument comme l'Esprit se borne à enregistrer les impressions qui lui viennent de l'Ame.

*
* *

Ame ! Mais tout a une âme. Le feu, l'eau, la terre, l'air ont une âme que dirigent les vies individualisées des atomes.

Un bijou, un écrit, une photo, un tableau d'art, un objet ont une âme. Un orchestre a une âme en son chef.

Chaque individu a une âme et un esprit. Chaque association, groupement, collectivité, entité, égrégore a une âme et autant d'esprits que de membres représentés ; chaque Pays, chaque Nation a une âme et autant d'esprits que de sujets ou de nationaux ; chaque Continent, chaque race a une âme et autant d'esprits que d'individus de la même espèce ; chaque planète a une âme avec des milliards d'esprits ; chaque groupe solaire a une âme.

Toutes les étoiles, tous les soleils sont des intelligences cosmiques qui ont une âme et font partie du patrimoine de l'Eternel (Zohar).

On en arrive ainsi à la conception de Dieu qui est

l'âme de tout ce qui existe. Toutes les âmes ne forment ensuite qu'une unité : Dieu. Jusqu'au brin d'herbe, tout dans la création, se fait en vue de l'âme.

Dès qu'un enfant vient au monde, dès son premier « aspir » à la matérialisation, il est immédiatement doté d'une âme. Cette âme peut être considérée comme un verre limpide au travers duquel se devine la matière enfermée.

Plus tard, seulement, généralement vers sept ans, l'esprit, ayant pris son inscription, fait son apparition et de ses rayons traverse l'âme pour gagner le Corps physique.

C'est l'âge de raison qui fait ses débuts.

Vers quatorze ans, l'esprit s'affirme ou s'infirme, il reçoit les premiers effets de la pensée concrète.

Vers vingt et un ans, l'esprit évolue, stagne ou rétrograde.

C'est la vie intellectuelle, l'élargissement de la conscience et de la personnalité humaine, la grande énigme de la psychologie qui commencent, ou c'est la vie moyenne, vulgaire qui continue sous des formes dégradées de désagrégation de la personnalité et de l'activité mentale.

Voilà qui jette une vraie lumière sur l'inégalité des destinées et sur la diversité des talents. Conclusion rationnelle des cancres, des enfants prodiges et des gâteux.

A cet effet, nous posons la question de savoir si le phénomène de gâtisme, état qui semble faire retomber une personne en enfance, n'est pas une explication du départ anticipé de l'esprit avant l'âme ?

L'âme apparaît donc comme autre chose que l'esprit. Au reste, on ne dit pas une âme frappeuse, mais un esprit frappeur. Cette sorte de manifestation, après la mort du Corps Physique, appartient à l'esprit et non à l'âme.

Lorsque les spirites invoquent les esprits, ce ne sont pas les âmes qui se présentent ou se manifestent, mais bien des esprits larvés, fantômes dévorants et horribles détachés de leur âme respective.

Après la mort, l'esprit doit normalement rejoindre l'âme pour s'y intégrer dans le plan Divin. Mais il n'en est pas toujours ainsi, notamment dans le cas d'une vie passée toute matériellement, impliquant à l'esprit un vagabondage interstellaire et une stagnation de l'âme dans un plan inférieur différent sans renouvellement possible de sa manifestation.

La valeur morale du désincarné se répercute dans le plan émotionnel cosmique, décide de sa nouvelle incarnation dans le cycle des renaissances, et continue ses innombrables expériences à travers les âges de l'infini et les formes multiples du monde manifesté.

Image simple, mais profonde, si l'on envisage que le désincarné épouse la vie qu'il s'est faite et peut devenir un élémental de la magie empirique, de la vulgaire sorcellerie ou du spiritisme diabolique. Cet esprit élémental, n'étant pas de la même essence que l'âme, est mortel.

Cet élémental peut encore s'attacher à un cadavre ou au corps organisé vivant, d'un ivrogne, d'un épileptique, d'un hystérique, d'un somnambule, d'un hypnotisé, d'un médium ou encore s'attacher à un aimant courbe non fermé.

Oui ! L'aimant ouvert appelle les esprits élémentals...

Mais, demandera-t-on, si l'on peut fermer un aimant courbe comment faire pour un aimant rectiligne ?

La réponse est simple : il suffit de le mettre dans un circuit fermé.

Il nous apparaît donc que l'âme a sa raison dans quelque chose d'immuable, puisqu'elle est exempte de naître et de mourir, mais elle peut déchoir ou s'élever dans un autre Corps Physique plus rudimentaire ou plus noble.

L'esprit appartient à un sous-plan, il est périssable et peut se désagréger seul ; il peut, par conséquent, ne pas toujours accompagner l'âme et se manifester isolément par des phénomènes de télékinésie, de coups frappés sur les murs et les meubles et correspondre avec les spirites ou d'autres vivants.

En conclusion, l'âme — substance spirituelle qui ne cesse jamais d'agir — est bien distincte de l'esprit.

L'âme c'est la monade, l'unité de laquelle toutes choses naissent et se confondent définitivement.

Voilà ce que nous croyons être la vérité, elle n'est pas contraire à la raison, on peut l'imaginer assez facilement, mais nous ne forçons personne à l'accepter comme telle.

Cependant, nous inclinons à penser qu'il est absolument présomptueux de vouloir prétendre que tout se limite aux manifestations terrestres.

Des quantités inimaginables d'autres astres existent, et tout porte à croire que, comme la Terre, ils sont habités ou par des corps physiques, ou par des esprits errants ou encore par des âmes.

*
* *

Par leurs facultés supra-normales, les initiés, les médiums, non hypnotisés, peuvent parler des investigations psychiques sur des existences non matérialisées. Ces investigations ne sont pas plus exceptionnelles que le saut du poisson hors de l'eau, que la disparition momentanée de l'oiseau plongeur. Mais tous les poissons ne peuvent pas sauter hors de l'eau, tous les oiseaux ne sont pas capables de plonger, tout le monde n'est pas initié ou médium.

DIALOGUE ENTRE UN THÉOSOPHE ET UN MATÉRIALISTE

Si le lecteur veut bien nous le permettre, nous allons le faire assister à un dialogue tout imaginaire entre un Théosophe et un Matérialiste.

Ce dialogue, malgré son invraisemblance, le fera sortir des phénomènes qu'il perçoit ordinairement, et remonter aux états différents qui unissent l'Homme à l'Univers.

— *Le Théosophe.* — Je viens d'observer deux ornières sur la route. D'où proviennent-elles ?

— *Le Matérialiste.* — Sans doute, une voiture est-elle passée à cet endroit !

— *Le Théosophe.* — Qui conduisait cette voiture ?

— *Le Matérialiste.* — Il est à présumer que c'était un homme !

— *Le Théosophe.* — Quelle est l'origine de cet homme ?

— *Le Matérialiste.* — Il descend de ses parents, fort certainement !

— *Le Théosophe.* — D'où viennent alors ses parents ?

— *Le Matérialiste.* — De leurs parents !

— *Le Théosophe.* — On peut ainsi remonter jusqu'au couple originel, et si, en dehors de tout concept confessionnel, nous nous posons la question de savoir d'où vient Adam, nous sommes amenés à penser que sa forme et son esprit n'ont pas surgi sans être préparés par une évolution qui nous dépasse, à moins d'admettre que le premier homme ait fait partie de cette émanation suivant laquelle Dieu aurait fait surgir de lui-même, par voie de dégagement successif, tous les êtres de l'univers ?

— *Le Matérialiste*. — Nous arrivons là au point où l'homme a commencé d'exister, et si je veux le caractériser à sa naissance, j'admets que son embryon est sorti d'un poisson en putréfaction !

— *Le Théosophe*. — La Genèse nous enseigne que du magma des origines est sortie l'écorce qui nous supporte, et que du limon des premiers âges est ensuite sortie l'argile géomancique avec laquelle fut fait l'homme rouge.

— On dit même que l'homme est issu d'un corps céleste fait d'essence spirituelle lequel, dans la suite, s'est partiellement condensé pour donner naissance à sa matière. Mais revenons à votre hypothèse. D'où venait le poisson ?

— *Le Matérialiste*. — De la mer assurément !

— *Le Théosophe*. — Enfin, l'eau de mer, d'où peut-elle bien provenir, par quel phénomène se trouve-t-elle là ?

— *Le Matérialiste*. — L'eau de mer est la résultante physique de la condensation des vapeurs d'eau contenues dans l'atmosphère !

— *Le Théosophe*. — Qui a donné naissance à cette masse d'air qui environne la Terre ?

— *Le Matérialiste*. — Les observations astronomiques démontrent que d'autres planètes sont également entourées d'une atmosphère, c'est donc un phénomène commun à notre globe et à d'autres astres !

— *Le Théosophe*. — Quelle est alors l'origine de l'état planétaire de notre globe ? A quoi attribuer le caractère essentiel de sa forme et de sa composition chimique ?

— *Le Matérialiste.* — On admet que la Terre peut être un éclat du Soleil, comme la Lune serait un éclat de la Terre !

— *Le Théosophe.* — N'est-elle pas simplement sortie d'une nébuleuse ? Certains savants n'admettent-ils pas qu'un astre en naissant est formé d'un gaz froid et obscur, très raréfié ? Progressivement il se dilate en s'échauffant, devient rouge, puis jaune, puis blanc, puis bleu. A ce point il atteint sa température la plus élevée et le maximum de sa manifestation. Progressivement ensuite, en même temps que son diamètre diminue et que sa densité augmente, il repasse par les stades blanc, jaune, rouge et obscur. Son évolution est terminée, elle a duré des milliards d'années. Mais quelle peut être l'origine du Soleil et des corps célestes qui constituent son système ?

— *Le Matérialiste.* — Le Soleil et tout son système sont, sans doute, eux aussi, une série d'éclats qui se sont détachés de la masse cosmique !

— *Le Théosophe.* — Alors ! Si nous remontons à la source originelle, comment concevoir cette élaboration titanique, cet élément créateur qui a fécondé ces astres, dont d'aucuns nous envoient leur lumière en **140** millions d'années et plus ? Ce qui veut dire que, lorsque ces astres seront refroidis, on pourra recevoir leur lumière encore pendant **140** millions d'années.

**

— C'est effarant, n'est-ce pas ? Surtout, si l'on songe que l'unité courante en astronomie stellaire « année-lumière » est l'espace parcouru en un an par la lumière à la vitesse de 300.000 km. par seconde. Ce qui correspond à une course annuelle de :

10.000.000.000.000 km.

— C'est hallucinant, quand on pense que notre « Voie Lactée », vaste ensemble de nébuleuses, se présentant pendant les nuits sereines, contient quelque chose comme une trentaine de milliards d'étoiles dont certaines sont 10.000 fois et même 10 millions de fois plus grosses que notre pauvre petit Soleil, lui-même déjà 1 million de fois plus gros que notre Terre. Que cette « Voie Lactée » a 6.000 années-lumière d'épaisseur soit environ :

60.000.000.000.000.000 km.

Enfin, que cette « Voie Lactée » n'est qu'un univers parmi une infinité d'autres.

Ce n'est pas tout ! Au delà de cette profondeur sidérale il existe des millions, des trillions, des trilliards d'autres astres et de systèmes solaires, possédant une existence mathématique réelle, et desquels jaillissent des effluves de vie et de mort tour à tour lumineux et obscurs, générateurs et destructeurs. Tous resplendissent, brillent, rayonnent et se meuvent à des vitesses fantastiques ; ils sont capables, malgré leur distance incalculable, inimaginable, leurs perspectives effarantes, de transmettre à notre planète et à ses habitants des radiations physiques, des rayons spirituels et des impressions dont le mystère est malaisé à définir. Ils semblent être, en tout cas, autant de terrains d'évolution ou d'involution appropriés au niveau des hommes durant leur séjour terrestre.

— Ici l'intelligence humaine est obligée de s'arrêter ne pouvant concevoir aucune limite à la vie céleste, à l'Univers manifesté. D'ailleurs, comment le pourrait-elle autrement ?

— *Le Matérialiste.* — Arrivé à ce stade, je dois reconnaître que ma réponse ne peut plus être satisfaisante autrement que par la conception d'une essence supérieure régissant l'Infini, une force qui gouverne le Tout.

— *Le Théosophe.* — En remontant de cause en cause, sans pouvoir s'arrêter, on en arrive logiquement à admettre la notion de l'Infini, sans commencement ni fin : Dieu.

On sait, nous dit Edouard ARNAUD dans « *Recherche de la Vérité* » (1), que Dieu est la cause de toutes causes, Lui-même sans cause, mais on ne sait pas ce qu'Il peut être.

C'est de là que découle son Principe-Unique ou Principe Eternel.

Le Principe Eternel peut être conçu en deux parties : une partie manifestée et une autre non manifestée.

La première concerne notre Cosmos, c'est-à-dire tout ce que nos sens physiques et psychiques peuvent concevoir dans notre Ether : énergie, forme de la matière, âme du phénomène limitées dans l'Espace-Temps, puisque tout, dans notre Cosmos, a un commencement et une fin : molécules, atomes, minéraux, végétaux, animaux, hommes, planètes, systèmes solaires, etc.

Si les uns et les autres ont une fin, cela laisse entendre

---

(1) Les éditions LEYMARIE, 42, rue Saint-Jacques, Paris.

qu'ils ont eu un commencement et qu'ils proviennent d'autres états antérieurs, d'autres Cosmos supérieurs que nos sens et nos instruments physiques n'atteignent pas ; que cette manifestation d'ensemble, s'établissant sur un Espace-Temps inimaginable, n'est qu'un éclair dans l'Espace-Temps-Eternel.

La seconde partie est le Premier Principe, l'Eternel illimité, l'Unique Absolu.

C'est dans cet absolu que tout évolue avec son Cosmos. Absolu qui échappe à la compréhension et à la désintégration.

Et l'interrogatoire prend fin sur des questions cosmiques auxquelles il n'est pas facile de répondre sans aborder la cosmogonie, c'est-à-dire l'étude du système de la formation de l'Univers, en cherchant à savoir quel fut le commencement du commencement ?

Ces considérations, sur l'évolution universelle, dépassent notre cerveau humain et atteignent une conscience que nous ne possédons pas encore. Mais elles peuvent contribuer à entraîner notre conviction en la croyance active d'un Etre suprême dirigeant tout et qui est en lui-même une forme-pensée de Dieu.

Elles nous convient pour le moins à la méditation. Et, si nous méditons, nous nous élevons au-dessus de la ligne horizontale du matérialisme. Nous soulevons le voile qui recouvre le vertigineux mystère de l'au-delà et sentons passer le frisson de l'Eternité.

« Que celui qui a des oreilles entende !
« Que celui qui a de l'intelligence comprenne !

ASTRALISATION-DÉSASTRALISATION

Pour permettre au lecteur de comprendre le terme « désastralisation », terme que nous emploierons souvent au cours de cet ouvrage, disons que l'astralisation est un phénomène occulte par lequel l'esprit d'un mort continue à alimenter de ses radiations ses restes et ses souvenirs terrestres.

La désastralisation consiste donc à dissiper des radiations persistantes que les restes physiques tendent à reconstituer sous la forme d'un état de conscience dont il a fait antérieurement partie.

LES ÊTRES HUMAINS

Les hommes, entre eux, sont sympathiques ou antipathiques, selon l'estime ou le mépris qui les animent.

Si l'homme est aimé de son entourage, des courants de sympathie convergent vers lui et le renforcent dans son attitude bienveillante pour le plus grand bien de ses faits et gestes. Au contraire, un homme détesté est envahi de courants antipathiques et les radiations émises à son adresse ne manquent pas de lui être funestes, en tout et partout.

En un mot, les bonnes et les mauvaises radiations sont toujours prêtes à renforcer les courants de leur catégorie. Ce qui revient à dire que le bon s'ajoute à l'attrait naturel de la conscience morale, que le mauvais se joint à l'aversion instinctive et à la répugnance naturelle.

Il en est de même de ceux que nous fréquentons.

Si nous sommes fréquemment au contact d'un homme honnête, nous subissons la pression régulière de sa probité pour finalement l'épouser. Dans les mêmes conditions, par la communication habituelle avec un individu désœuvré, nous ne tardons pas à être gagnés par ses radiations de paresse et à subir l'action simultanée de ses défauts et imperfections.

Nous pouvons appliquer ce principe à l'instituteur, au professeur et, de cela, on peut dire « tel maître tel élève ».

Il est un fait incontestable, c'est que dans les deux côtés de la question, la note dominante de ceux que nous fréquentons ou de ceux qui nous enseignent résonne en nous, jour et nuit, sans que pour cela nous ayons besoin d'y penser spécialement. De sorte que, à notre insu, nous sommes conduits à adopter, partiellement ou totalement, les habitudes, les préjugés et les mœurs de ceux qui nous approchent assidûment.

Ce qui est vrai pour les hommes l'est aussi pour les choses. C'est ce que nous ne tarderons pas à apprendre.

LES ÉLÉMENTALS

Une question que nous ne voulons pas passer sous silence, et qui, certainement, intéressera le lecteur, est celle des élémentals.

D'abord, qu'est-ce qu'un élémental ?

C'est une nature insaisissable comme l'esprit, une forme étrangère à l'humanité se situant entre l'homme et l'animal.

Tels qu'il faut les concevoir et selon la légende, les élémentals mangent, rient, dorment, travaillent, meurent comme les hommes dont ils ont les mœurs, mais ils n'ont qu'un instinct, l'esprit et l'âme leur font totalement défaut. Ils sont multiples dans leurs individuations.

Certains auteurs, comme PARACELSE, classent les élémentals en quatre catégories bien distinctes. Chaque catégorie correspond à un des quatre éléments primaires : Eau, Air, Feu, Terre. D'où le terme « élémentals » au pluriel et non élémentaux comme on serait tenté de l'écrire.

Les élémentals de l'eau sont les Ondines ou Nymphes, ceux de l'air les Sylphes ou Sylvestres, ceux du feu les Salamandres ou Vulcains, ceux de la terre les Pygmées ou Gnômes.

Sans préjuger de ce qui précède, nous présumons que les élémentals, animés du psychisme posthume d'hommes morts, peuvent élire domicile dans le corps des vivants et provoquer certains phénomènes, tels que possédés, sourds, muets, aveugles, idiots, aliénés, nains, géants, monstres plus ou moins abêtis, en un mot, tous les êtres étranges que produit notre humanité ; êtres anormaux qui, à notre avis, sont la conséquence d'élémentals ayant présidé à des accouplements occultes.

Nous disons occultes, car combien d'exemples ne pourrait-on citer de femmes attaquées durant leur sommeil par des incubes ou des esprits satyres qui s'enfuient leur acte accompli ?

Quelquefois facétieux, souvent brutaux, ces élémentals prennent fréquemment la place des esprits invoqués au cours des séances de spiritisme.

Ayant un immense besoin de se manifester, ils se livrent à toutes sortes d'excentricités, disent des gros mots ou des plaisanteries, font des gestes réprouvés par la pudeur, frappent sur les tables, les meubles et les renversent.

Ces phénomènes extraphysiques, souvent déconcertants, parfois effroyables, il faut bien le dire, nous échappent par leurs considérants et par leurs détails, mais ils peuvent s'expliquer, être combattus et annulés par des sujets jouissant d'une puissance extrêmement rare, d'une prérogative spéciale, dont le principe consiste à exercer occultement des forces psychiques au bénéfice de ces victimes et de ces déshérités de la Nature.

Il est vrai que cette faculté n'appartient qu'à ceux qui évoluent dans une sphère donnée et suivant des forces de cognition symboliques en vue de la connaissance de moyens spéciaux d'action.

Les pouvoirs de ces hommes se situant dans le mystère supposent naturellement l'initiation occulte.

Ce qui différencie nettement les élémentals des hommes normaux c'est qu'ils se rapprochent plus de l'animal que de l'homme. D'ailleurs, PARACELSE l'a dit : « Les élémentals meurent en bêtes ».

Pour notre part, nous inclinons à penser que les élémentals n'ont qu'une personnalité très fugitive. Quant à leur individualité immortelle, elle s'est détachée d'eux au cours d'une existence antérieure. Ce qui explique le côté anormal de ces pauvres déchets humains.

En définitive, nous sommes fortement convaincu que les élémentals sont le fait d'esprits dégradés, séparés de leur âme, voués à la déchéance par leurs fautes et leurs souillures morales et à s'incorporer ensuite dans ce qu'il est convenu d'appeler « l'âme-groupe » des animaux, espèce de conglomérat astral formé de toutes espèces d'esprits humains déchus et isolés pour toujours de la possibilité de se réincarner.

Ce passage transitoire d'un esprit humain dans le corps d'un animal n'expliquerait-il pas l'intelligence extraordinaire de certains animaux, tels que le cheval, le chat, le chien, etc., auxquels, bien souvent, il ne manque que la parole pour être l'égal de l'homme peu ou pas évolué, ou plus généralement de l'instinct supérieur dont est animée la faune que l'on fait travailler dans les cirques et les ménageries.

Hypothèse qui nous conduit à admettre que le dernier support matériel des esprits appelés à se désintégrer et à disparaître serait un animal, et ce avant leur retour à un état de manifestations inférieures de la vie ayant existé avant que le Verbe n'ait été fait Chair.

FIN DE LA PREMIÈRE PARTIE

DEUXIÈME PARTIE

DES DIVERSES INFLUENCES

CHAPITRE III

La Matière Enregistreuse de la Pensée, de la Parole et de l'Action. — Résonance. — Habitants et Habitations. — Les Meubles. — Les Photographies. — Les Manuscrits. — Les Reliques. — Les Bibelots et Objets Divers. — Les Tableaux d'Art. — L'Art et l'Amour.

LA MATIÈRE ENREGISTREUSE DE LA PENSÉE, DE LA PAROLE ET DE L'ACTION

La matière est une masse palpable et saisissable, elle apparaît comme constituée de grains d'électricité (protons et électrons).

La matière, même inerte, vibre, radie, évolue, vieillit depuis sa forme primordiale jusqu'à ses formes les plus complexes sous les trois dimensions et dans l'œuvre éternellement créatrice de la Force Suprême.

On peut classer la matière en trois catégories principales :

1° La matière brute,
2° La matière inorganique,
3° La matière organique.

A) La matière brute est à nos yeux celle qui a gardé son aspect d'origine avant qu'elle soit mise en œuvre.

B) La matière inorganique est dépourvue de vie apparente, elle est non organisée, mais par juxtaposition peut subir certaines altérations ou déformations.

C) La matière organique a rapport aux organismes, aux organes. Elle sert de support aux manifestations de la vie des corps organisés.

***

La matière est une substance étendue, divisible, palpable qui constitue toute chose en général, elle est au fond de toute chose et peut enregistrer toutes les radiations : celles d'un sacrement, d'une maladie, d'un médicament, d'un crime, d'un esprit, d'un état d'âme, d'une pensée, d'une parole, d'une action. C'est la matière qui est l'essence même de ce qui cause et enregistre nos sensations.

***

Sans préciser davantage quelle est la nature intime de la matière, au point de vue métaphysique, il faut bien admettre son existence dans le Temps, cinquième dimension, ainsi que la copie de la pensée, de la parole et de l'action qu'elle enregistre dans l'éther plastique sous formes d'empreintes ineffaçables, de traces matérielles et morales du corps, de l'âme et de l'esprit.

C'est cette idée que nous devons nous faire sur les phénomènes de l'induction et de la rémanence de la pensée, de la parole et de l'action qui se logent dans le perpétuel ajustement de la matière et du Cosmos.

***

Pour bien comprendre les chapitres qui précèdent et surtout ceux qui vont suivre il faut envisager le phénomène acceptable de la rémanence de la pensée, de la parole et de l'action par l'objet-médium, support pondérable et inerte interposé qui, s'imprégnant de formes-pensées-rémanentes, de sensations, d'émotions du passé, peut donner lieu à des manifestations permanentes, intermittentes ou éphémères de forces et d'esprits (télergie), de formes fantômales (téléplastie), de traces de la pensée (idéoplastie) ; formes et traces transparentes et impalpables d'êtres complets présents ou disparus.

C'est de cette façon que s'explique l'objet ou le lieu-médium et c'est le cas notamment d'une hostie, d'une relique, d'une photographie, d'un écrit, d'un talisman, d'une statue, d'une momie, d'un squelette, voire même de l'emplacement d'un sanctuaire, d'un tombeau, d'un cimetière, d'une prison et, en général, de tous endroits où se sont déroulés des événements nobles, tragiques, pieux, licencieux, criminels, sanguinaires ou autres tels que sacrements, consécrations, prières, actes désordonnés, suicides, supplices, sacrifices, assassinats, massacres, etc.

Ce sont là autant de supports magnétisés, induits par les faits et gestes des hommes, capables d'engendrer des cas de voyance, de prémonition, de télékinésie, de hantise, d'hallucination, d'envoûtement, de choc en retour, de manifestations tumultueuses d'esprits élémentals, de troubles mystérieux, de maladies suspectes, etc.

On conçoit ainsi le rôle important de ces facteurs d'incursion qui, au lieu de faire de la pensée, de la parole et de l'action une fin définitive, en font une fin relative.

Et, en effet, la pensée, la parole et l'action ne meurent pas, elles se couchent sur la matière et se répercutent dans la vaste organisation cosmique.

— 71 —

Ce sont ces trois facultés qui font défiler en nous des perceptions métagnomiques, des idées, des images d'événements passés, des souvenirs, des états d'âme de toutes espèces placés dans la quatrième et la cinquième dimensions : l'Espace et le Temps.

*
* *

A la base de tout cela, il y a le côté psychique de la pensée et de la conscience humaine et universelle, ayant pour principe l'âme et Dieu, et qui prennent connaissance en elles-mêmes de l'entendement auquel se rattachent toutes opérations intellectuelles : plaisir, douleur, émotions, sentiments, passions ; de la volonté qui comprend tous les faits d'activité : instinct, habitude, désir, volonté, etc.

*
* *

Ce qu'il importe donc de souligner c'est qu'objets et lieux se chargent et conservent, pour des siècles, des effluves des humains et portent en eux virtuellement toutes les impressions reçues : tendances, états affectifs et intellectuels, en un mot, les caractéristiques servant à exprimer l'état de conscience des acteurs et des auteurs décédés ou non, dans une dimension de l'Espace conditionnée par le Temps, appelée quatrième dimension.

C'est en vertu de cette induction, de cette rémanence que ces radiations persistantes peuvent devenir les intermédiaires d'entités humaines de morts ou de vivants entre le monde invisible et nous.

*
* *

Ainsi nous comprenons mieux pourquoi ces impondérables dénués de masse, ces influences cachées, comme omniprésentes dans leurs mystérieux supports, sont à tout moment des moyens de communication avec les pensées émises, les paroles articulées, les actions accomplies, les vivants ou leurs restes et permettent, par leur truchement, de prendre en communion, par sensibilité ou par vision, le souvenir de la manifestation des sens logé dans l'espace conceptuel et abstrait.

L'état de nos connaissances actuelles sur le terrain scientifique ne nous permet pas d'expliquer autrement la faculté enregistreuse de la matière.

Quoiqu'il en soit, et en nous basant sur les impératifs de l'évidence, il n'est pas douteux que les êtres vivants couchent leurs radiations, leur magnétisme, leurs pensées, leurs tendances et leurs mœurs sur les objets, les édifices, les vestiges, etc.

Tous ces corps-supports ont le pouvoir de recevoir, d'enregistrer et de se charger de ces radiations, de les conserver et de les restituer, très longtemps après, à la sensibilité de ceux qui vivent dans leurs rayonnements historiques de sainteté, de félicité, de charité, d'amour, de gloire, de victoire ; de souffrance, d'angoisse, de haine, de sacrifice, de défaite, etc.

Il n'y a donc pas lieu de minimiser ou de critiquer sans discernement des effets apparemment sans causes d'éléments d'évolution destinés à retracer l'histoire des êtres et des choses qui du monde physique s'étendent au monde extérieur.

RÉSONANCE

On sait que tout corps élastique entre en vibration quand on produit dans son entourage le son qu'il peut rendre.

C'est le phénomène dit de « résonance », phénomène qui se justifie par de nombreuses expériences physiques.

C'est le cas notamment de deux violons ou de deux pianos mis aux extrémités d'une salle ; si l'on ébranle une corde déterminée du premier violon ; si l'on frappe une note du premier piano, on entend résonner la même corde du second violon, le second piano rendre la même note.

On peut encore faire l'expérience avec deux tuyaux sonores, deux diapasons, deux pendules synchrones suspendus à quelques mètres de distance.

Au point de vue radiesthésique, deux circuits oscillants ouverts construits sur un modèle uniforme donnent lieu à la même observation.

La résonance est le fait pour un résonateur de répondre à une excitation avec laquelle il est en parfait accord.

Deux circuits électriques ne peuvent vibrer en résonance que s'ils sont exactement pareils, de même longueur d'onde.

C'est ainsi qu'un circuit de 5 cm n'entre pas en résonance avec un autre de 6 cm, mais la résonance s'établit entre deux circuits de 5 cm et deux de 6 cm exactement.

Il en est de même entre deux individus, deux hommes habillés d'un même uniforme, deux photos, deux écrits, deux dessins, deux figures géométriques, deux couleurs.

Il résulte de cet exposé qu'un homme méchant ne peut se trouver en résonance qu'avec un méchant, un voleur avec un voleur, un bon avec un bon, un catholique avec un catholique, un sociétaire avec un même sociétaire, un cheval avec un cheval du même genre, un chien avec un chien de même race, une figure géométrique avec une figure identique, etc.

Mais il peut y avoir désaccord oscillatoire entre un homme bon et un méchant, un honnête et un voleur, un catholique et un protestant, un sociétaire avec un non sociétaire, un cheval et un chameau, un chien et un chat, une couleur rouge et une couleur verte, un cavalier et un fantassin.

En ce qui concerne ce dernier exemple, n'existe-t-il pas dans chaque arme ce sentiment d'attachement exclusif aux traditions militaires ?

On voit par exemple le spahi considérer l'artilleur comme un parent pauvre ; à son tour, l'artilleur raille le brave « tringlot ».

Au fait, n'est-ce pas ce sentiment qui est à la base de l'esprit de corps ? N'est-ce pas aussi l'uniforme ?

— 75 —

Chaque soldat habillé comme tous les autres de son arme est en constant équilibre oscillatoire, en résonance permanente par similitude de formes, d'attributs et de couleurs militaires propres à son régiment.

Le même phénomène de résonance s'observe dans les confréries, les associations, les sociétés avec insignes.

L'insigne est un symbole, il fait vibrer à l'unisson tous les porteurs de cet insigne.

Partant du principe de résonance, si l'on détient certains meubles, objets, écrits, photos, on finit par subir l'influence de leurs radiations spécifiques et, après un certain temps passé dans leur ambiance, on est appelé à entrer en résonance avec les radiations qu'ils dégagent.

Dans le même ordre d'idées, si l'on fréquente, avec assiduité, certains individus ou endroits, un jour ou l'autre, on entre en résonance avec la mentalité des premiers et le milieu ambiant des seconds.

Ce problème de la résonance peut nous mener fort loin. C'est ainsi que, si l'on désire accaparer ou conserver l'amitié de quelqu'un, il suffit de mettre en résonance photographique les deux intéressés. La photo de la personne qui recherche cette amitié et la photo de la personne dont l'amitié est convoitée.

A cet effet, on dispose, sur tissu ou papier jaune d'or, la photo de chaque personne aux extrémités d'une chambre, puis on écrit en caractère morse, sous chacune d'elle le même nom de la planète Vénus. Exemple :

Première photo sur fond jaune   Deuxième photo sur fond jaune
...— ..—.. — ..— ...   ...— ..—.. —. ..— ...

On crée ainsi un accord de résonance par similitude de points et de traits régulièrement espacés ainsi que par le nom de cette planète favorable à l'amitié et, au bout d'un temps plus ou moins long, le phénomène de la résonance entre en jeu, les deux personnes représentées oscillent sur les mêmes longueurs d'onde.

Il se produit une matérialisation d'accord susceptible de faire vibrer en harmonie les deux personnes par les deux photos, processus donnant naissance à un ensemble de rayonnements confondus qui se reproduit sur chacune des personnes photographiées, lesquelles se sentent unies par un lien subtil et mystérieux qui n'est autre que l'effet d'un accord de résonance planétaire, alphabétique et chromatique, accord qui se convertit vite en une résonance photographique et ensuite mutuelle.

Toujours en vertu du même principe, on peut s'attacher l'affection ou l'amour de quelqu'un en faisant deux talismans, ou mieux deux pantacles bénéfiques rigoureusement pareils, c'est-à-dire accordés l'un sur l'autre.

On en porte un sur soi et l'on fait porter le second par

la personne dont on désire acquérir ou conserver l'attachement ou l'ardeur sentimentale.

Après un certain temps, il s'établit une résonance, les deux figures géométriques entrent en vibration puis, par analogie de formes, les deux personnes.

C'est comme un synchronisme, une sorte d'exclusivité résonnante qui se met en action au bénéfice des deux intéressés.

On peut renforcer ce dispositif par accord de résonance alphabétique et numérique, en accroître la durée et l'intensité, en y incorporant la première lettre du nom de la planète et son nombre correspondant, lettre et nombre répétés par trois, cinq et sept.

A cet effet, voici les lettres et les nombres correspondants :

1,L pour Lune ; 2,M pour Mars ; 3,M' pour Mercure ; 4,J pour Jupiter ; 5,V pour Vénus ; 6,S pour Saturne ; 7,S' pour Soleil.

Reprenons l'exemple de la planète Vénus donné plus haut :

Première photo sur fond jaune		Deuxième photo sur fond jaune	
V V V	5 5 5	V V V	5 5 5
V V V V V	5 5 5 5 5	V V V V V	5 5 5 5 5
V V V V V V V	5 5 5 5 5 5 5	V V V V V V V	5 5 5 5 5 5 5

Par similitude de lettres et de chiffres on obtient ainsi diverses résonances qui atteignent les individus au plus profond d'eux-mêmes, par une entrée en vibration concordante.

Le phénomène inverse se produit si, au lieu du même nom d'une planète, de sa lettre et de son nombre correspondants, on oppose les noms de deux planètes qui sont en désaccord vibratoire. Exemple : Vénus la sentimentale et Mars la batailleuse.

Première photo sur fond jaune		Deuxième photo sur fond vert	
V V V	5 5 5	M M M	2 2 2
V V V V V	5 5 5 5 5	M M M M	2 2 2 2
V V V V V V	5 5 5 5 5 5 5	M M M M M M	2 2 2 2 2 2 2

Les deux signes planétaires, les couleurs, les noms, les lettres et les nombres n'étant pas les mêmes, il ne peut y avoir de résonance.

Au contraire, si celle-ci existait antérieurement, il peut se produire une rupture d'équilibre oscillatoire, un désaccord dans la longueur d'onde des vibrations qui existait entre deux individus primitivement en syntonie sentimentale.

Voilà pourquoi, en raison du nombre incalculable des radiations qui nous environnent, si le rayonnement d'une personne ou d'un endroit que nous fréquentons assidûment, d'un écrit, d'un objet, d'une photo, d'un meuble, d'un tableau d'art ou autre que nous possédons, rencontre justement une certaine sensibilité humaine et étant à tout instant sous l'action de ce rayonnement, nous finirons par nous comporter en véritable résonateur-oscillateur en subissant l'effet, bon ou mauvais, de ces radiations.

Ainsi, nous avons la certitude que tout être vivant peut entrer en vibration lorsque, dans son voisinage, il existe des radiations de quelque nature que ce soit.

Les amoureux qui dessinent un cœur sur la pierre ou sur les arbres et inscrivent leurs prénoms à l'intérieur, ne se doutent pas qu'ils créent ainsi un ensemble dans lequel s'établit, tôt ou tard, un accord de résonance.

Sous le règne du roi-soleil, les sorciers d'alors avaient déjà recours à des incantations sur deux semblables.

C'est ainsi que la haute noblesse de cette époque ne manquait pas d'accorder une extraordinaire confiance à ces pratiques, notamment lorsqu'il s'agissait de forcer et de garder jalousement l'amour de quelqu'un.

Ce fut le cas de la Marquise de Montespan, très belle, spirituelle et altière qui, par ces moyens, arriva à supplanter Louise de la Vallière, favorite de Louis XIV.

Dans cette tâche, elle fit appel aux bons soins de la sorcière Voisin, de célèbre mémoire, et dont les procédés magiques eurent maintes fois l'occasion de déjouer et de favoriser les projets de toute une clientèle de choix appartenant à la Cour.

Le moyen le plus couramment employé était de prononcer des conjurations sur deux cœurs de pigeons, l'un était baptisé Louis XIV, l'autre au nom de Françoise-Athenaïs de Mortemart, marquise de Montespan.

Très vite l'amour du roi prit en peu de temps des proportions considérables. Louise de la VALIÈRE fut définitivement évincée, et, en 1669, la marquise de MONTESPAN donnait le jour à Auguste de BOURBON, le premier des sept enfants qu'elle eut de LOUIS XIV, dont les ducs de MAINE, de TOULOUSE, Mlles de NANTES, de TOURS, de BLOIS, tous légitimés.

On raconte même que Madame de MONTESPAN recourait à des manœuvres comme celle qui suit :

Au milieu d'une pièce spécialement agencée à cet effet, on disposait un matelas sur deux chaises, de chaque côté deux autres chaises supportant de gros cierges de cire jaune faits de la graisse de suppliciés.

A côté une cassolette pleine de charbons ardents sur lesquels on jetait de la rue, de la jusquiame et du myrte, plantes dont la fumée est irritante et aphrodisiaque.

La MONTESPAN était, complètement dévêtue, étendue sur le matelas la tête et les jambes légèrement tombantes, une serviette sur le ventre et une croix sur l'estomac.

Un abbé, que l'on dit avoir été un affreux pilier du diable, du nom de GUIBOURG, et dont la conscience était lourde d'abominations de ce genre, se présentait vêtu d'une chasuble blanche brodée de pommes de pins noirs, il officiait selon le rite ordinaire, touchant de ses lèvres le corps de la favorite chaque fois que le rituel commande au prêtre de baiser l'autel.

Voilà à quelles opérations se livraient certains Grands

de cette époque lorsqu'ils voulaient envoûter quelqu'un à leur crédit.

Si la Comtesse de Soissons, Mesdames d'Argenson, de Saint-Pont, Le Feron, de Poulaillon, de Dreux, etc., étaient encore de ce monde elles pourraient nous en parler savamment.

Tout ceci explique cet autre phénomène dit de « transfert » par signes, figures et objets interposés.

Au cours de cet ouvrage, nous parlerons du phénomène de résonance sous des formes différentes : masculine, féminine, photographique, manuscrite, dactylographique, graphologique, artistique, géométrique, allégorique, talismanique, pantaculaire, totémique, électro-magnétique, radio-active, électro-radio-active, etc.

CHAPITRE IV

Habitants et Habitations. — Les Meubles. — L'Histoire d'un lit.

L'habitation est à étudier sérieusement ainsi que les occupants. Il ne faut pas oublier que leurs radiations sont l'expression fidèle de leur façon d'agir et de penser.

Prenons l'exemple d'un immeuble de rapport où les familles s'entassent les unes sur les autres : voisins d'en face, de devant, du dessus, du dessous forment une perpétuelle vie en commun.

C'est un mélange désordonné de radiations de toutes natures : goûts différents, mœurs opposées, sentiments contradictoires, aspirations nobles ou vulgaires, sympathie et désaccord, altruisme et égoïsme, générosité et cupidité, affection et haine, tendresse et vengeance, qui se projettent à travers tout et dont les murs, les parquets et les cloisons sont impuissants à arrêter les influences.

C'est ainsi que, non loin d'un café convenable, on est gagné par les radiations de détente des consommateurs, mais dans l'axe ou au-dessus d'un « bistro » ne se dégagent que des effluves d'ivrognerie.

Au-dessus de la boutique d'un usurier, on se sent pris à la gorge par les griffes de ce spécimen d'homme indésirable. La proximité d'une banque véreuse n'est guère plus sympathique.

Par contre, le voisinage de la Caisse d'Epargne engage à l'économie, celui d'une institution incite à l'étude.

Bien entendu, lorsque cela est possible, une maison isolée est bien préférable, mais la chose n'est pas toujours facilement réalisable.

Sans, pour le moment, nous étendre davantage sur les habitations, nous allons passer aux choses qu'elles peuvent contenir, nous proposant de revenir sur le sujet lorsque nous étudierons les maisons dites à cancer et les terrains cancérigènes.

LES MEUBLES

Nous commencerons par les meubles, notamment les meubles anciens qui peuvent avoir une histoire.

Bien souvent on est incapable d'expliquer certaines appréhensions, obsessions, inquiétudes, nervosités, sentiment de crainte ou de peur mal définie. Il ne faut pas chercher la cause plus loin que dans l'entité possible des meubles meublants achetés d'occasion ou reçus en héritage.

Ceux-ci sont, à plus d'un titre, le véhicule du souvenir d'une discorde, d'un crime, d'un suicide, d'une défaite, sinon d'une histoire désagréable, au moins des caractéristiques de fortune et d'infortune des individus auxquels ils ont appartenu, la rémanence des faits dont ils ont été les témoins et dont les radiations trouvent accès dans la réceptivité des propriétaires du moment.

Si nous avons tenu à faire allusion aux meubles, c'est parce que nous y trouvons des raisons.

En voici une :

Une Dame de la Place Péreire enregistre en deux ans une série de catastrophes et une emprise inquiétante de la fatalité.

Voici d'ailleurs ce qu'elle nous dit :

— J'ai perdu mon mari dans des circonstances tragiques.

— Obligée de m'occuper de ma succession et de mes affaires, je suis en butte à des difficultés insurmontables.

— Prenant en main mes propriétés rurales, j'ai dû gérer une exploitation forestière laissée par mon mari et, à ce titre, les bûcherons me font une vie insupportable.

— Voyant cela, j'ai congédié tous les ouvriers.

— Me croyant à tout jamais débarrassée, je reçois un jour la visite d'un congédié qui, sans préambule, me loge quatre balles dans l'abdomen.

— Ma vie est en danger, mais grâce à une rapide intervention chirurgicale je suis sauvée.

— A peine remise de cette première révolvérisation, alors que je me promenais dans ma propriété, un autre des ouvriers licenciés me gratifie d'une nouvelle décharge, ne me blessant, fort heureusement, que légèrement.

— Par ailleurs, ce sont des complications innombrables : hommes d'affaires qui me volent, mauvais conseillers financiers qui me lancent dans des spéculations malheureuses, dans des affaires ténébreuses ou inexistantes.

— Mon sommeil est troublé au point que mes forces vitales sont complètement désorganisées par une suractivité mentale nocturne.

— En un mot, acculée au pire désespoir, c'est pour moi une vie intenable.

— Je sais, ajoute-t-elle, que la vie est une lutte pour l'existence avec la certitude d'être vaincu, mais je sens quand même au fond de ma conscience une tendance irrésistible à prolonger ma vie dans les meilleures conditions possibles. C'est dans ce but que je vous ai fait venir afin d'étudier le cas de mes malheurs successifs, de l'élucider et de le résoudre si possible.

Un rapide examen d'ensemble de l'appartement de la Place Péreire nous fait découvrir un lit Empire de toute beauté, ayant servi à Napoléon III, meuble en ébène massif incrusté de cuivre et de nacre, véritable œuvre d'art d'une valeur inestimable.

Nous ne tardons pas à assurer à cette Dame que ce lit magnifique dégage des radiations maléfiques et que c'est lui qui est à la source de sa mauvaise chance persévérante, qu'il est incontestablement l'élément primordial d'un phénomène de résonance.

— Effectivement, vous avez raison, confirme-t-elle. Mon mari et moi n'avons jamais pu dormir convenablement dans ce lit. C'est d'ailleurs à cause de lui que nous faisions chambre à part.

— Je dois vous dire que ce lit a une histoire dramatique : Le père de mon mari y est mort suicidé et mon mari est venu s'y coucher pour se donner volontairement la mort.

— Eh bien ! Madame, si vous ne voulez pas que la malchance vous poursuive plus longtemps, il faut absolument vendre ce lit ou le désastraliser.

C'est la seconde proposition qui est adoptée.

Nous procédons donc à une désastralisation en règle et nous nous retirons en priant cette Dame de nous tenir au courant des phénomènes qui pourraient se produire.

Six mois après notre passage, elle n'avait enregistré aucune manifestation nocive, sa vie avait repris son cours normal et sa santé était complètement rétablie.

Par cet exemple, nous nous trouvons conduit à admettre que les choses inanimées peuvent garder en elles l'empreinte fluidique de fatalités physiques. Et, il est à présumer que si le mari a mis fin à ses jours, c'est parce que le lit gardait les radiations du geste paternel ; et si le père s'était lui-même suicidé, dans ce même lit, c'est probablement sous la pression de radiations rémanentes mouvementées et néfastes.

On peut se demander si elles n'émanaient pas du souvenir incrusté d'une passe malheureuse d'un Empereur dont le destin fut si sombre.

Toujours est-il que ces radiations ont affecté subjectivement le « Corps Astral » des deux hommes pour les acculer à prendre cette ultime décision.

D'autre part, il est à supposer que ces radiations s'attachaient de préférence au mari bon récepteur. Celui-ci étant disparu, elles se sont attaquées à la survivante de l'ambiance qui en était devenue la victime dans son état affectif tant physique que moral.

CHAPITRE V

La vie des Photographies. — Vivant ou Mort. — Technique Opératoire. — Les Photos-témoins. — Convention Mentale. — Désir Mental. — Interrogation Mentale. — L'Elève et le Professeur. — Pour la Bonne Entente dans un Ménage. — Procédé Magique. — L'Histoire du Sculpteur. — Formule Entendue, Dessin Vu par Facultés Métapsychiques. — M. Léon Krysis. — Expériences Faites en Présence de Plusieurs Membres du Corps Médical. — Le Cas du Chapeau Induit.

LA VIE DES PHOTOGRAPHIES

Comme on vient de le voir, à chaque pas nouveau, nous découvrons un monde nouveau de radiations de la matière animée ou inanimée.

Certaines de ces radiations se traduisent sous forme d'émission d'une intensité infime, et s'échappent dans des directions qu'il est aisé de repérer au pendule, soit sous forme de rayonnements circulaires — champs de force — soit sous forme de rayonnements rectilignes — rayons fondamentaux.

Dans la limite de leurs rayonnements, les uns et les autres s'attirent ou se repoussent ; au delà de cette limite, les semblables s'ajoutent, les contraires se retranchent.

C'est ainsi que deux photos de la même personne, disposées à 0 m. 30 l'une de l'autre, se repoussent. Au delà elles s'ajoutent. Y aurait-il un million d'exemplaires que tous sans exception communiqueraient avec la personne qui a posé devant l'objectif, cette dernière serait-elle à l'autre bout du monde. Absolument comme un million d'auditeurs peut entendre, dans un million d'endroits différents, la même voix émise par un poste émetteur de T. S. F.

Comme on peut s'y attendre, ces radiations peuvent être l'objet de violentes controverses et rencontrer de nombreux sceptiques. Mais n'est-ce pas là le sort commun réservé à toutes nouvelles découvertes ou à des procédés qui ne sont pas à la portée du vulgaire ?

Pourtant, de nombreux faits sont là, démontrant que, quelqu'extraordinaire que cela puisse paraître, notre ignorance est grande dans le domaine des radiations humaines.

Comment expliquer qu'un rhumatisant, ayant été amputé d'une jambe ou d'un bras, souffre à certains moment de l'année des mêmes douleurs, au même endroit, bien qu'il n'ait plus la jambe ou le bras, ce membre étant enterré quelque part ?

L'endroit contenant la matière inerte de cette partie de lui-même reste en liaison fluidique avec le reste de son individu vivant.

Que se passe-t-il ?

Nous supposons que les restes du membre, même décomposés, reçoivent toujours les mêmes influences des variations atmosphériques, et, par sympathie, communiquent la sensation de douleur comme si cette partie manquante était encore attachée à son corps. La sensation, très particulière, qui provoque ce phénomène, provient d'un réveil du corps éthérique dans la partie dissociée.

Comment expliquer que l'assassin revient toujours sur les lieux de son crime, si ce n'est qu'il cherche instinctivement à reprendre le magnétisme qu'il a projeté sur sa victime et sur l'endroit du crime ?

Comment expliquer la faculté spéciale du chien qui suit à la trace le gibier et son maître, si ce n'est qu'il capte les radiations magnétiques laissées sur le sol par l'un et par l'autre ?

Comment expliquer cette autre faculté surprenante du pigeon voyageur qui, emmené à des centaines de kilomètres, retrouve son toit, si ce n'est qu'il a laissé dans son pigeonnier des radiations qui lui permettent de se diriger ?

Il y a cinquante ans, on aurait dit à l'homme le plus sensé de l'époque qu'on entendrait un jour « chanter un mort » qu'il aurait traité de fou celui qui se serait permis pareille affirmation.

Et ! Pourtant, la chose est, de nos jours, entendue, vérifiée.

Il suffit de prendre un disque sur lequel a enregistré un CARUSO ou un CHALIAPINE, de coucher ce disque sur plateau tournant, de le mettre au contact d'une aiguille surmontée d'un diaphragme et d'un pavillon pour entendre « chanter un mort »...

Ainsi, ne nous étonnons pas si un radiesthésiste peut aujourd'hui dire si une personne est vivante ou morte au moyen de sa photographie. La chose n'est pas plus invraisemblable que d'entendre et de voir marcher et gesticuler « un mort » au cinéma.

VIVANT OU MORT ?

Puisque nous en sommes sur ce chapitre, étudions ensemble le monde invisible des radiations des vivants et des morts au moyen de la radiesthésie psychique. Certes, les phénomènes physiques y interviennent bien un peu, mais il s'agit surtout de possibilités métapsychiques au moyen desquelles on peut conduire, à n'importe quelle distance, des recherches et des études à l'aide d'une photo, d'un écrit, d'une mèche de cheveux, d'un vêtement personnel, d'un plan ou d'une carte.

*
* *

Pour établir d'après photo, s'il s'agit d'un vivant ou d'un mort, nous connaissons deux méthodes.

La première est celle réservée au radiesthésiste-métagnome qui discerne les formes-pensées lumineuses s'échappant de la photo d'un vivant, et les formes-pensées sombres et obscures planant au-dessus de la photo d'un mort.

La seconde est une technique physico-psychique qui nous donne entière satisfaction, et pouvant être abordée par beaucoup d'opérateurs.

La voici :

Se procurer une photo d'homme, une de femme, une de jeune homme, une de jeune fille, une de bébé-garçon, une de bébé-fille que l'on sait vivants.

Coller chacune de ces photos sur papier blanc dépassant d'un centimètre environ le cadre de la photo — le blanc étant synonyme de vie. — Se procurer, en outre, une photo d'homme, une de femme, une de jeune homme, une de jeune fille, une de bébé-masculin, une de bébé-féminin que l'on sait morts. Coller chacune de ces photos sur papier noir comme indiqué plus haut — le noir étant l'indicatif de mort.

Ces dix éléments serviront de témoins : les cinq premiers pour les vivants, les cinq autres pour les morts.

S'agit-il de déterminer radiesthésiquement, d'après photo, si une personne est morte ou vivante ?

Placer, sur une table vierge de toutes radiations, la photo à étudier, la tête au Nord, la face contre le ciel. A 0 m. 30 environ de cette dernière, sur le même plan Nord-Sud, disposer la photo-témoin-vivant du sexe et de l'âge correspondants. Sur le même alignement, à 0 m. 02 de cette dernière, placer, si possible, un aimant courbe, les branches dirigées vers le Nord, la branche positive contre l'Ouest, la branche négative contre l'Est (Fig. 1) Planche 4.

Le pendule est ensuite tenu entre le pouce et l'index, les autres doigts ramassés à l'intérieur de la main, l'avant-bras solidement calé sur le bord de la table de travail, le poing de la main libre posé sur cette table.

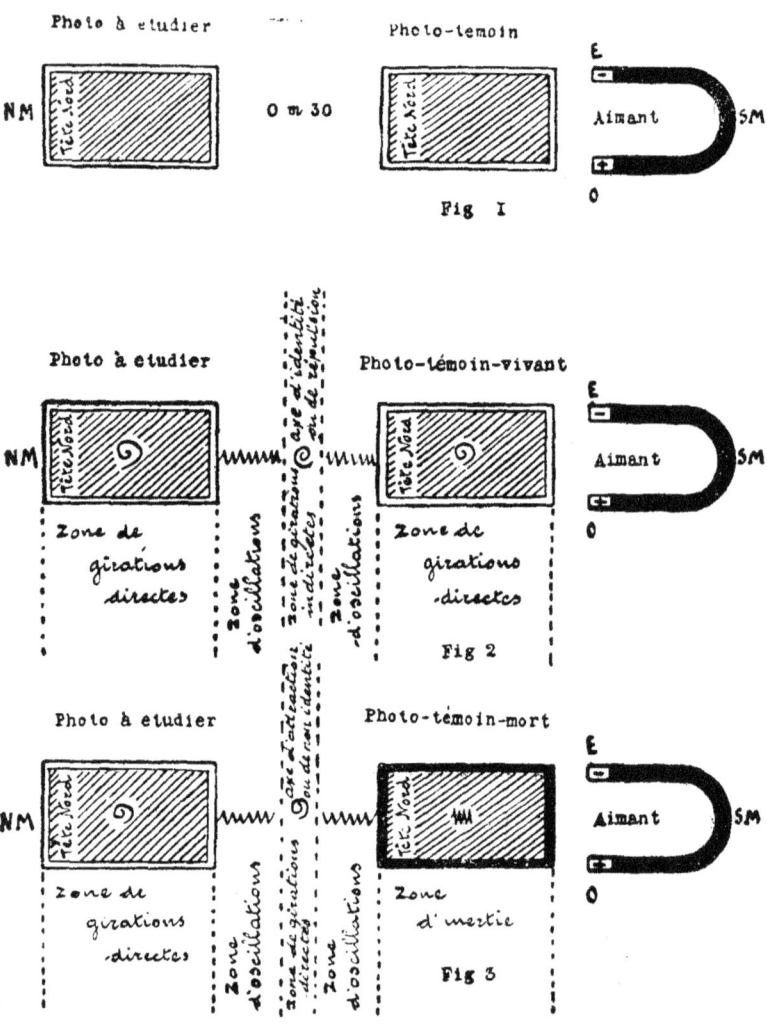

PLANCHE 4

Comme il s'agit d'enregistrer des mouvements pendulaires à faible amplitude, le pendule sera muni d'une pointe débordant légèrement sa partie inférieure. Ceci, à défaut d'un pendule naturellement pointu.

Pour la bonne notation des mouvements, il est indispensable que la pointe soit le plus près possible des photographies.

Si l'on prospecte avec la main qui ne tient pas le pendule, on prendra une aiguille métallique tenue bien verticalement, tandis que le pendule sera dégagé du champ d'influence des photos et de la main-antenne.

Dans ce dernier cas, le pendule n'est plus qu'un traducteur, alors que dans le premier exemple, il est capteur-traducteur.

Dès lors, en promenant le pendule, ou l'aiguille métallique, d'une photo à l'autre, de droite à gauche, on constate que :

1° Le pendule tourne positivement sur ou pour la photo-témoin-vivant,

2° Oscille en quittant ce champ radiant,

3° Tourne négativement à mi-distance des deux photos, c'est-à-dire, sur l'axe d'identité, indiquant qu'il y a répulsion entre deux semblables.

4° Oscille à nouveau en quittant cet axe jusqu'aux confins de la photo à étudier,

5° Tourne positivement au-dessus de cette dernière.

(Fig. 2) Planche 4.

Ce sont là des réactions pendulaires suffisantes pour permettre de dire qu'il y a identité, corrélation entre deux semblables qui se repoussent dans la limite de leurs rayonnements et donnent à conclure que la photo à étudier est identique à la photo-témoin-vivant et qu'il y a résonance entre deux vivants.

Pour contrôler, si l'on ne se contente pas de la première indication, on remplace la photo-témoin-vivant par la photo-témoin-mort.

Ici, on constate des modifications dans les mouvements du pendule :

1° Le pendule oscille ou reste inerte au-dessus de la photo-témoin-mort,

2° Oscille encore du champ de cette dernière jusqu'à mi-distance des deux photographies.

3° Tourne positivement sur l'axe d'attraction, ou de non identité : deux forces de nom contraire s'attirent — Loi de Coulomb.

4° Oscille à nouveau jusqu'aux abords de la photo à étudier,

5° Tourne positivement au-dessus de cette dernière (Fig. 3) Planche 4.

Cette constatation faite, on a la quasi-certitude de se trouver en présence de deux contraires : un mort et un vivant qui s'attirent dans la limite de leurs rayonnements.

Dans ces opérations délicates, nous conseillons à l'opérateur de toujours travailler à la même place, dans la même ambiance, entouré des mêmes objets, invariablement orienté, face à l'Ouest pour le droitier, face à l'Est pour le gaucher, et chose capitale, en dehors de toute personne étrangère.

— 95 —

*
* *

Nous conseillons aussi de cultiver le silence. C'est dans le silence et le vide matériel que l'on soulève le voile d'Isis. C'est par le silence actif que l'on abolit l'intelligence extérieure au bénéfice de l'activité de l'intelligence intérieure.

*
* *

On peut ainsi aborder l'étude des aliments, des boissons, des plantes, des bijoux, des métaux, des couleurs, des pierres, des écrits, des bibelots, des figures géométriques, des meubles, des habitations ; de ceux qui nous entourent ou nous fréquentent et savoir s'ils sont sympathiques ou antipathiques, simples ou compliqués, modestes ou orgueilleux, généreux ou égoïstes, honnêtes ou malhonnêtes ; choisir les domestiques, les ouvriers, les collaborateurs, les associés, les amis ou prétendus tels ; analyser leurs qualités et imperfections, leurs affinités commerciales, industrielles, sentimentales, conjugales ou autres, et ce, avec une facilité qui déconcerte bien des psychologues et des graphologues.

*
* *

Arrêtons là cette liste des possibilités radiesthésiques et laissons à la sagacité du chercheur le soin d'y ajouter ce que volontairement, nous avons omis de signaler.

*
* *

Bien que des études très sérieuses aient été faites à ce sujet, ces lois ne paraissent pas encore suffisamment établies, mais ce que l'on peut dire, c'est que l'opérateur se forge sa méthode personnelle, subordonnée à ses aptitudes spéciales, et, par « Convention Mentale », analyse et interprète ces radiations, variables en intensité, en modalité et en sensations.

CONVENTION MENTALE

D'après Emile Christophe, la « Convention Mentale » a pour but d'attribuer préalablement à l'expérience une signification précise aux mouvements du pendule, et d'éviter ainsi toute erreur d'interprétation.

Exemple : attribuer un sens positif aux girations directes, un sens négatif aux girations indirectes, un sens neutre aux oscillations ou battements.

DÉSIR MENTAL

Vient ensuite le « Désir Mental », lequel consiste à se rendre sensible à telles radiations plutôt qu'à telles autres, et ce, dans la neutralité de soi-même, dans l'abstraction la plus complète, sans effort ni volonté, mais avec élan et désir.

INTERROGATION MENTALE

Toujours d'après Emile Christophe, l' « Interrogation Mentale » consiste à poser mentalement des questions précises auxquelles le pendule fournit une réponse affirmative ou négative et d'attribuer « OUI » « BON » aux girations directes ou positives, « NON » « MAUVAIS » aux girations indirectes ou négatives, « QUELCONQUE » ou « INDIFFÉRENT » aux oscillations ou battements.

Mais, pour cela, il est indispensable d'être maître de soi, de savoir enrayer tout emballement, et de ne pas trop vite traduire, radiesthésiquement, ce que les yeux constatent trop volontiers, ou ce que l'imagination forge trop rapidement. Car la pensée attire autour d'elle les radiations appropriées à l'expression de la matière.

C'est ainsi qu'en cherchant une chose et en pensant à une autre, cette dernière peut se mettre à l'unisson de l'opérateur, d'où réaction erronée possible.

Il faut bien se convaincre qu'une photo est la copie textuelle de la personne représentée, et qu'à tout moment, à n'importe quelle distance, la personne et la photo sont en communication. Cela est si vrai que, si un émetteur humain se pique en regardant la photographie d'un être vivant, celui-ci, en quelque endroit du monde où il se trouve, ressent la piqûre au point piqué.

Il en est de même de quantité d'autres sensations diverses pouvant se transmettre à distance en percutant certains points cutanéo-psychiques, ou plaques de sensibilité ; exemple : la chaleur, le froid ; l'envie, la satisfaction ; les pleurs, le rire ; la cruauté, la bonté ; la colère, la douceur ; le pessimisme, l'optimisme ; la curiosité, l'indifférence, etc, etc.

***

Cette affirmation peut paraître singulière à quantité de braves gens. Il n'empêche que des faits de cet ordre sont là avec leurs mystères, assez difficiles à comprendre pour bien des intelligences non informées.

***

Nous avons là une règle qui peut se résumer par un principe qui est d'ailleurs universel :

« Le semblable évoque le semblable et s'y rattache ».
C'est la grande loi des correspondances, confirmant cette autre loi, dont la raison est que « la partie vaut le tout ».

Une rognure d'ongle, une mèche de cheveux, une photo, un vêtement personnel valent toute la personne ; comme un morceau de cuivre vaut toutes les masses de cuivre répandues dans l'univers.

***

On conçoit dès lors le rayonnement d'une photo tirée par un grand quotidien, ayant des abonnés dans chaque commune de FRANCE — il en existe 32.000 environ — voire même dans toutes les villes étrangères ; tous les exemplaires sont reliés à la personne photographiée, ou à sa dépouille si elle est morte.

***

Mais il n'y a pas que les photos qui donnent lieu à cette intercommunication ; les bijoux, les écrits, les vêtements personnels, comme les divers endroits de séjour gardent la rémanence de la possession ou du passage.

Le passé ne laisse pas de résider dans ces choses et lieux, et forme un lien que ne peut trancher le ciseau de la Parque ATROPOS.

Tout ce qui représente une personne, tout ce qui émane d'elle demeure empreint de ses radiations physiques, physiologiques et psychiques.

Un fait qui frappe le radiesthésiste, c'est la persistance de cette imprégnation magnétique.

Des pages écrites depuis des siècles, des millénaires, continuent à émettre des radiations personnelles du scripteur. Pourtant, la main n'a été que quelques instants au contact du papier, mais le magnétisme, surtout celui des yeux, se couche sur le papier. A un point tel que, si l'on brûle la lettre, les cendres de celle-ci continuent à émettre les mêmes radiations et avec la même intensité.

En effet, le feu ne détruit pas le magnétisme humain.

Ceci explique pourquoi et comment un radiesthésiste exercé peut faire le diagnostic moral, physique et pathologique non seulement sur une photo ou une lettre, mais encore sur leurs cendres ou celles d'un incinéré et faire l'inventaire détaillé du passé de celui-ci.

*
* *

Il est donc facile d'admettre que, par association systématique, les photos, les écrits restent constamment reliés à la personne représentée ou au scripteur s'ils sont vivants ou à leur tombe s'ils sont décédés.

Serrer jalousement contre son cœur, garder précieusement dans un endroit choisi une photo, est un geste qui a pour mobile instinctif de se sentir relié à l'être cher.

La mère qui vénère la photo de sa fille ou celle de son fils éloigné ou tombé au champ d'honneur n'obéit pas à un autre sentiment, et n'a besoin d'aucun autre intermédiaire, ni d'autre raisonnement pour se mettre en résonance avec l'une ou l'autre.

Dans tous les cas, la photo est un substratum permanent et fidèle où viennent s'alimenter les sentiments amoureux, le souvenir et l'amour maternel ; penchants naturels qui se retrouvent aussi vivaces sur l'objet de cet amour que sur la personne aimée elle-même.

En vertu de cette loi, si l'on dispose, d'une certaine manière, la photo d'un débile et celle d'un vigoureux, le faible tendra à se vitaliser, le fort cédera de son potentiel. Bien entendu, pas suffisamment pour faire jouer à fond la théorie des vases communicants, mais assez, pourtant, pour amorcer les deux sujets vers un meilleur équilibre.

Mais ! attention !! Ne jouons pas avec le feu... Car les photos, mal disposées, peuvent donner lieu à des phénomènes de contre-réflexes. C'est-à-dire que le faible peut céder ce qui lui reste de vitalité et le fort devenir pléthorique par vampirisme.

Ainsi donc, si nous portons sur nous la photo d'un grand malade, nous pouvons entrer en résonance avec ses souffrances, voire même avec le caractère pathogène du mal qui l'accable.

Il en est de même avec la photo d'un enfant portée par une personne âgée ; le vieillard tendra à se vitaliser aux dépens du jeune.

C'est sans doute pour une raison de ce genre qu'il n'est pas conseillé de faire coucher vieux et jeunes dans la même chambre, à plus forte raison dans le même lit, pas plus d'ailleurs que de les photographier ensemble. Ceci en raison de l'âge avancé des vieillards, souvent épuisés par une longue vie et qui, par contiguïté réelle ou photographique, risquent de prendre la vitalité des jeunes.

Par contre, si l'on désire mettre un élève en résonance avec un professeur, faciliter l'assimilation de ce que ce dernier lui enseigne, il suffit de disposer la photo du maître face à l'Ouest et celle de l'élève face au professeur.

*
* *

Un enfant photographié avec une de ces bonnes bêtes,

qu'on nomme chien, peut être du plus heureux effet sur le psychisme de l'enfant.

Dans un autre ordre d'idées, si l'on redoute le cancer, on photographiera une boucherie bien achalandée et l'on mettra la photo de la personne à protéger au-dessus de celle de la boucherie.

Ne quittons pas le domaine des photos sans signaler un dispositif permettant de consolider ou de favoriser la bonne entente conjugale dans un intérieur.

La combinaison est simple et à la portée de quiconque :

Disposer verticalement, face à l'Ouest, la photo de chaque conjoint — celle du mari contre le Nord, celle de la femme contre le Sud. (Fig. 2).

On réalise ainsi une triple pile de Volta de renforcement : la première entre l'époux positif et l'épouse négative, la seconde entre l'homme dominant positif et le Nord magnétique négatif, la troisième entre la femme dominante négative et le Sud magnétique positif. (Fig. 2).

Nous sommes intimement persuadé que c'est là un excellent moyen à utiliser pour prolonger la résonance conjugale entre deux conjoints faits pour s'entendre, de maintenir leurs vibrations en accord, de les empêcher d'évoluer trop rapidement et d'aller chercher ailleurs leur accord de résonance.

Le même effet de résonance s'établit entre le professeur et l'élève.

Inutile d'ajouter que si l'on dispose les photos de façon arbitraire, on risque de faire éclater la discorde ou de

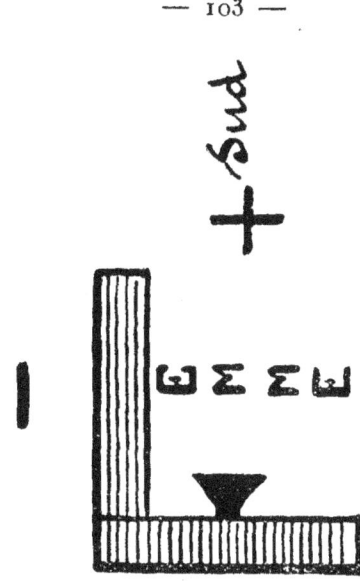
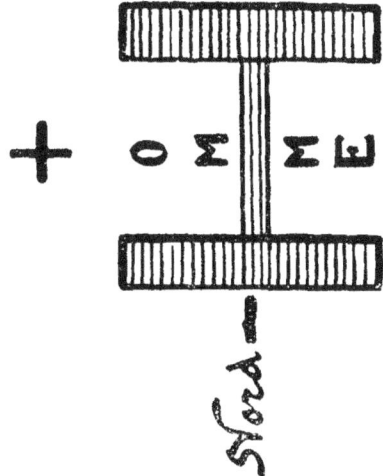

Fig. 2.

l'amplifier si elle existe. De même, si on les dispose face à l'Est, on contribue à les mettre en fâcheuse opposition par discordance.

*
* *

Une photo, par sa persistance radiante et sa tendance à se répéter, peut donc donner lieu à un défilé de sensations très variées allant de l'agréable au pénible, du favorable au défavorable.

L'état représentatif d'une photo peut, par conséquent, évoquer tous les états affectifs et psychiques de la personne représentée.

C'est le même phénomène d'association par contraste de contiguité que l'on retrouve dans les cas qui précèdent. En effet, professeur et élève, homme et femme sont des termes contraires formant des couples qui sont à chaque instant réunis automatiquement. Ce qui est vrai pour les individus l'est aussi pour leurs photographies. Comme s'évoquent le berceau et la tombe, la dépouille mortelle et l'esprit, l'écrit et le scripteur, l'artiste et son œuvre.

*
* *

Nous aurons à nous demander plus loin quel rôle peuvent jouer les dessins, les figures géométriques, les écrits dans les rapports logiques entre leur représentation et leur passé. En tout état de cause, il devient extrêmement vraisemblable que leur magnétisme persistant fonctionne longtemps après les rapports des auteurs et de leurs travaux.

PROCÉDÉ MAGIQUE

Nous avons développé plus haut une technique radiesthésique pour savoir, d'après photo, si un individu est mort ou vivant. Voici un procédé magique :

Un vendredi à midi, disposer la photo à étudier, orientée tête Nord, sur un écran de tissu jaune-serin exposé en plein soleil. Ensuite, mettre sur la photo une plaque de cuivre rouge bien polie et nettoyée avec un produit abrasif.

Le vendredi suivant, si la plaque de cuivre est vert-de-grisée, c'est que la personne est morte. S'il n'y a qu'un léger ternissement c'est que la santé laisse simplement à désirer, et si la plaque de cuivre est encore brillante, il y a forte présomption pour que la personne représentée soit vivante et en bonne santé. Conclusion pratique et magique de la liaison permanente entre un individu et sa photographie.

Pour clore ce chapitre des photos, disons qu'un être vivant radie ; sa photo, ses écrits, ses travaux radient comme lui. Un être mort radie comme sa photo et ses objets personnels, et sa photo radie comme son cadavre.

Dans l'un ou l'autre de ces cas, les photos, les écrits, les objets sont à tout moment l'image exacte de l'un ou de l'autre des deux états : vivant ou mort, ce qui permet d'extraire ce qui se cache ou se cachait dans les replis du cerveau du vivant ou du mort.

Cet exposé nous fait toucher du doigt l'avantage ou le danger de posséder certaines photographies et manuscrits. Cela fait comprendre pourquoi un portrait de Saint-Louis est préférable à celui de Charles ix ou de son indigne mère, celui de Henri iv à celui du fanatique Ravaillac.

C'est ce que nous étudierons ultérieurement.

N'allons pas plus loin pour l'instant, ces moyens d'investigations ne seraient pas sans troubler l'esprit de certains coquins qui cachent leurs petites vilenies derrière le paravent de la probité.

Passons maintenant aux phénomènes surprenants des influences diverses.

Dans notre Tome II « Secrets des Couleurs » nous avons relaté certains faits, peu courants, concernant les influences qui se dégagent de la matière, mais ce n'était que le prélude à un travail plus considérable que nous nous sommes imposé et que nous allons exposer aussi clairement que possible.

Avant tout, on voudra bien nous permettre de relater ici une chaîne de faits rigoureusement exacts que nous avons observés dans le domaine des « Influences Diverses ».

Cela permettra de mieux comprendre les phénomènes de clairvoyance, de clair-audience, d'apprécier aussi les

— 107 —

forces secrètes qui s'attachent aux figures géométriques et à tous éléments en général, de savoir comment s'effectuent les transferts à distance de sensations vibratoires intéressant tous nos sens et tous nos organes.

On comprendra mieux encore le travail que nous allons soumettre à l'attention du lecteur.

Au lieu d'attendre paisiblement d'être dans la fosse, mêlé aux trépassés, on se libérera de ses attaches matérielles, on s'élèvera en toute liberté pour gagner des sphères un peu plus élevées que les sentiers ardus de la vie courante afin de mieux juger de ces forces impondérables.

Pour beaucoup d'occultistes, et nous sommes de ceux-là, il existe, derrière le monde visible, un autre monde invisible qui dépasse les facultés ordinaires de perception. Ce monde invisible est un univers caché où la vraie science, qui se fonde sur des faits établis, est impuissante à pénétrer.

En 1933, nous recevons la visite d'un sculpteur sur marbre.

Il nous dit son inquiétude concernant l'équilibre moral et la santé de sa femme.

— De par ma profession, nous confesse ce dernier, je suis actuellement dans l'obligation de laisser ma femme seule à la maison pour me rendre fréquemment dans le

Nord de la FRANCE où je travaille à la remise en état des ornements religieux des églises dévastées au cours de la guerre **1914-1918**.

— Ecoutez-moi bien, dit-il, en prenant le ton d'une confidence.

— Quelque chose d'étrange se passe chez moi...

— Chaque nuit, ma femme sent une forme humaine masculine se glisser à ses côtés. Elle perçoit les étreintes de ce génie et, ce qui est plus inquiétant, fait vibrer en elle certaines cordes que Dieu a refusées à l'homme.

— Cela l'offense et la débilite considérablement.

— Au surplus, ce ne sont que rêves bizarres, cauchemars épouvantables, en un mot, un ensemble d'idées et d'images obscènes et criminelles qui l'assaillent durant son sommeil, avant son réveil et entre la veille et le sommeil, c'est-à-dire, au moment précis où elle perd la conscience du monde extérieur pour entrer dans l'abolition de la fonction de ses centres nerveux, et le relâchement de sa vie organique.

— Chaque soir, elle tremble à l'idée de la visite écœurante de cet indésirable phantasme, elle ne sait quel sentiment d'horreur elle éprouve à l'approche de la nuit.

— On dit couramment que les rêves et les cauchemars évoluent dans le cercle des faits familiers, mais ce n'est pas le cas pour ma femme.

— Vous vous rendez compte, Monsieur, de la triste situation dans laquelle nous nous trouvons ?

— Pouvez-vous quelque chose ? Si oui, faites le nécessaire, je vous en prie ! Je vous en prie ! Implore-t-il. Il y va de la santé de ma femme et de ma tranquillité.

*
* *

— Nous ne pouvons rien aujourd'hui même, avouons-nous, nous reviendrons demain avec ce qu'il faut...

Le lendemain, nous nous rendons au domicile du sculpteur sans trop savoir comment nous allons lui rendre le service qu'il nous demande avec une insistance qui ressemble fort à une prière.

Arrivé sur place, notre premier soin est de faire un tour d'horizon radiesthésique, lorsque soudain nous sommes arrêté dans un coin de son atelier.

— Là, dans cette direction, n'y a-t-il pas un escalier, demandons-nous ?

— Parfaitement, affirme l'artiste. C'est un escalier rebouché et qui me sert de cave à charbon.

A peine a-t-il achevé sa phrase que des éclairs rouge-sang sillonnent l'endroit repéré.

— Eh bien ! Monsieur, cet escalier conduisait autrefois à une cave dans laquelle, sous la Révolution, furent pratiquées des bacchanales orgiastiques, des débauches sataniques et des crimes sans nom. Nous avons de fortes raisons pour vous affirmer que la cause évidente des troubles de votre femme est là. Les murs restent imprégnés de ces mœurs et de ces crimes et leurs radiations sont encore assez fortes pour importuner votre épouse.

— Ce que vous venez de dire ne me surprend pas affirme notre sculpteur, car, sans en connaître tous les détails, je sais que l'édifice, qui nous abrite, a une histoire de ce genre.

Ce dialogue terminé il nous apparaît, par voyance, un

dessin, en même temps que, par clairaudience, on nous souffle à l'oreille la formule suivante :

Alcool à 90°,
Poudre de charbon de bois,
Fleur de soufre.
Fais le dessin avec cette mixture, nous intime-t-on !...

Sans plus attendre, nous nous procurons les éléments indiqués et nécessaires à la préparation de la formule. Celle-ci étant prête, nous exécutons le dessin sur le mur de l'escalier.

Ce travail terminé, nous prenons congé de l'artiste.

Un mois s'est écoulé depuis notre passage, lorsque nous recevons une lettre de ce dernier par laquelle il nous annonce que les phénomènes ne se sont plus manifestés depuis notre intervention, que sa femme a enfin recouvré une quiétude depuis longtemps perdue.

L'histoire ne se termine pas là.

Le fait propre à piquer la curiosité, est que deux ans plus tard nous recevons la visite de M. Léon Krysis, homme épris de sciences occultes et étudiant les forces attachées aux figures géométriques.

— J'arrive de Théoule (Alpes-Maritimes) déclare-t-il, et viens vous confier un secret d'importance !

— Je vous sais chercheur et travailleur dans le sens du bien à faire au prochain, c'est pourquoi j'ai pensé à vous.

— Etant âgé, il ne me reste pas suffisamment de temps à vivre pour tirer profit de cette étonnante découverte.

Mais, vous pouvez, vous, l'utiliser dans les nombreux cas de votre profession et rendre de réels services à vos semblables.

— Ce secret, c'est un dessin, que j'ai relevé sur une stèle egyptienne, au musée Borely à Marseille. Il a l'extraordinaire pouvoir de capter et d'émettre toutes radiations de et à n'importe quelle distance.

*
* *

M. Léon Krysis sort son dessin, quelle n'est pas notre surprise en constatant que cette figure géométrique est la même que le dessin qui nous est apparu, deux ans auparavant, chez l'artiste-sculpteur.

*
* *

— Jugez vous-même, de son influence, nous dit M. Léon Krysis, passez la main à plat dessus ; vous sentirez la présence et les effets du fluide magnétique qui s'en dégage.

*
* *

Effectivement, en passant la main nous percevons des picotements dans les doigts et dans la région d'une de nos anciennes blessures, un engourdissement du bras. Au surplus, nous constatons un gonflement de nos veines et une accélération de notre pouls.

— Êtes-vous dûment convaincu, questionne M. Léon Krysis ?

— Certainement, affirmons-nous ! Il faudrait être fou ou sot pour nier le pouvoir extraordinaire de cette figure.

— Voyez-vous, M. Mellin, les radiations transmises

sont celles du magnétisme terrestre, mais le côté prodigieux de ce dessin ne vous est pas encore révélé.

— Dès que votre intelligence aura entrevu le secret, vous serez émerveillé ! Et, vous allez comprendre, car vous êtes voué à comprendre... :

— Si l'on met sur ce dessin une photo accompagnée d'un élément quelconque, la personne représentée, là où elle se trouve, à travers le monde, est instantanément envahie par les radiations de ce capteur-émetteur et de l'élément qui l'accompagne : végétal, coloré, parfumé, médicamenteux ou autre.

— Vous discernez rapidement le côté dangereux de ce dessin, souligne M. Léon KRYSIS, s'il tombait dans des mains méchantes ou criminelles, toujours plus habiles que les bonnes ?

— Vous comprenez aussi que je sollicite votre bienveillante discrétion, en me promettant de ne jamais livrer ce secret. Vous l'utiliserez noblement en gardant pour vous ce que je viens de vous confier.

— Si vous le voulez bien, propose M. Léon KRYSIS, nous allons faire ensemble une série d'expériences entre PARIS et THÉOULE, c'est-à-dire, à une distance de **1000** kilomètres environ.

— Lorsque vous serez pour faire une conférence, ayez l'obligeance de me le faire savoir une semaine avant. Sachant le jour de votre causerie, au moyen de ce dessin capteur-émetteur, je dynamiserai un spécimen des quatre grands quotidiens dont voici les noms : *Le Matin, Le Journal, Le Petit Parisien, Le Petit Journal.*

— Le jour de votre conférence, il vous suffira d'acheter

les quatre exemplaires que vous emporterez avec vous. Ce jour-là aussi, ou la veille, vous aurez reçu de moi une lettre, postée à votre adresse, que je vous prie de n'ouvrir qu'en conférence, elle contiendra le nom du journal dont j'aurai dynamisé un spécimen.

— Sachez, ajoute M. Léon K<small>RYSIS</small>, qu'en dynamisant un numéro, le tirage entier l'est aussi.

Peu de temps après cette captivante entrevue, on nous demande d'assurer la conférence d'un médecin empêché.

Celle-ci doit porter sur le Diagnostic Radiesthésique en Médecine Humaine, ce titre laissant entendre que l'auditoire sera, en majeure partie, composé de médecins.

Comme convenu, nous communiquons la date à M. Léon K<small>RYSIS</small>.

Au jour prévu, nous nous trouvons en effet devant des auditeurs de choix. Le matin même, nous avons reçu la fameuse enveloppe.

Nous traitons du sujet annoncé par l'organisateur de cette manifestation radiesthésique et, à l'issue de celle-ci, nous annonçons notre intention de faire quelques expériences.

Cette proposition parait porter à son suprême degré l'intérêt que l'auditoire attache à ces démonstrations.

— Mesdames, Messieurs, annonçons-nous, voici un

numéro de chacun des quatre grands quotidiens parus aujourd'hui même. Voici également une enveloppe cachetée contenant le nom du journal dont un spécimen est dynamisé au moyen d'un dessin capteur-émetteur se trouvant dans les Alpes-Maritimes. Le numéro en question dégage des radiations que l'on perçoit à la main nue.

Les quatre numéros circulent dans la salle et nous reviennent. Tous les auditeurs qui les ont eus en main déclarent que c'est « *Le Matin* » qui est irradié.

L'enveloppe est ouverte publiquement, elle contient bien le nom du journal ci-dessus.

C'est un mutisme général d'émerveillement !...

L'expérience a parfaitement réussi, dans des conditions d'absolue sincérité, en dehors du caractère de toute supercherie.

Afin de donner un véritable cachet d'authenticité au pouvoir émissif du capteur-émetteur, nous avons apporté avec nous quatre tubes en verre contenant respectivement du café, du sucre, du sel et de l'essence de rose.

Par mesure de précaution, ces tubes sont tous de dimension identique, bouchés de la même façon et recouverts d'un papier noir.

Ils sont préalablement soumis au contrôle de l'auditoire, et chacun peut se rendre compte qu'ils ne comportent aucun signe extérieur apparent, permettant de les différencier.

Prenant alors un tube au hasard du lot, nous le mettons sur le dessin capteur-émetteur tenu de la main gauche, la main droite appliquée sur l'ensemble, nous pointons un auditeur, c'est un médecin.

— Voulez-vous dire, Docteur, la nature des radiations qui vous parviennent : gustatives, sapides ou olfactives ?

Ce dernier fait comme s'il dégustait un liquide savoureux et annonce : c'est du café ! Ce qui est exact.

Dix fois l'expérience est faite avec un égal succès sur les quatre produits.

Nous relatons ensuite comment, par le même procédé, nous pouvons à distance et avec certitude transmettre des sensations colorées chargées de déterminer certains réflexes par résonance.

Exemple : en mettant du rouge-vif sur le dessin capteur-émetteur, nous déterminons une explosion de colère chez un sujet ordinairement calme. Avec du noir et du rouge, nous engendrons un sentiment vindicatif, avec le rouge foncé nous transmettons de la sexualité à une personne frigide, avec du vert-sale nous provoquons une frayeur, avec du jaune-or nous facilitons l'intellectualité, avec du mauve-clair nous développons la spiritualité, avec du violet-bleu nous amplifions des sentiments religieux.

En utilisant le même procédé, on peut corriger un orgueilleux, un ivrogne, un joueur, etc...

La conférence terminée, un autre médecin nous demande de passer un jour prochain à son cabinet. Le rendez-vous est fixé et, au jour dit, nous nous rendons chez le praticien.

Nous arrivons chez lui, il est 2 h. 20, et nous lui proposons, avant toute chose, de faire une expérience assez curieuse, comme on va le voir.

— Docteur, voici la photo d'une dame de nos amis que nous savons, en ce moment, dans les magasins, occupée à faire des emplettes, nous la savons aussi passablement constipée. Croyez-vous que ce n'est pas un service à lui rendre de la déconstiper ?

— Excellente idée, avoue le Docteur.

La photo est alors mise sur le capteur-émetteur avec un tube contenant un émollient légèrement purgatif.

Nous calculons au pendule combien de temps doit rester la batterie. Un quart d'heure trouvons-nous.

Ce temps écoulé, nous dissocions les éléments de la batterie et donnons au Docteur le numéro d'appel téléphonique de la Dame avec prière de l'interroger vers 4 heures.

Puis, nous nous occupons de différentes choses.

A l'heure dite, le Docteur, s'empare du téléphone.

— Allo ! Allo ! ! Madame X... ?

— Non ! Monsieur, c'est la bonne, Madame est alitée, elle vient de rentrer précipitamment prise de légères coliques...

Voilà, n'est-il pas vrai, de quoi ébranler le scepticisme de beaucoup de profanes dont le royaume de l'invisible ne semble pas prévaloir sur l'expérience positive ?

On dit que les murs ne parlent pas, que les dessins font partie de la matière morte... Quelle erreur !

Ils vivent et agissent selon leur histoire et leur influence s'étend à ceux qui les touchent ou les possèdent.

En réfléchissant un peu, on se rend compte que la matière, sous des apparences inertes, renferme plus d'un flux émotionnel et plus de sensations que ne le peut concevoir la matière grise du cerveau de l'homme ordinaire.

Voici un exemple ne se rattachant pas à des conditions physiques ordinaires.

LE CAS DU CHAPEAU INDUIT

La colère est un sentiment animal qui, sous le coup d'une violente explosion, d'un mécontentement, d'une animosité soutenue, jette son magnétisme dans toutes les directions, comme une gerbe circulaire d'étincelles et d'éclairs rouges, un peu à l'image d'un bloc de métal en fusion sous les coups puissants du marteau-pilon.

Nous donnons ci-dessous un cas saisissant illustrant les méfaits d'une explosion de colère de la part d'un chapelier :

Un Docteur de nos amis nous appelle chez lui afin d'élucider une question fort angoissante.

— Voilà ! nous dit-il, depuis quelques temps il se passe

ici des choses extraordinaires et je ne puis m'expliquer la cause de cet acharnement sur les miens et moi-même.

— Ma femme, en espérance de quatre mois, vient de faire une hémorragie mettant en danger sa santé et cela, sans raison pathologique apparente.

— Mon petit garçon s'est bêtement fracturé le bras droit.

— Autres détails assez mystérieux, ajoute le Docteur, je constate avec une certaine stupéfaction qu'une bonne partie de mes locataires, malgré des engagements souscrits, ne me paient pas.

— Et, voici encore plus paradoxal : des clients se sont fâchés tout rouge lorsque je me suis permis de leur demander de s'acquitter de leurs dettes anciennes.

— Drôle de conception de la part de débiteurs, n'est-ce pas, interroge le Docteur ?

— Bref ! Voilà les faits tels qu'ils se présentent et je vous assure que je ne suis pas le jouet de mon imagination !

— Pouvez-vous me dire où réside la cause de cette avalanche de catastrophes ?

Nous commençons nos recherches et presque aussitôt nous tombons en arrêt devant un porte-manteau où est accroché un chapeau.

— Ce chapeau, déclarons-nous, radie de façon inquiétante. C'est lui qui, par le phénomène de la rémanence et l'effet de la résonance, paraît être à l'origine de ces méfaits...

— Par exemple ! s'écrie le Docteur ! Cette fois, je

comprends, je me rends compte... Je vais d'ailleurs vous conter l'histoire.

*
* *

— Tous les ans, vers la même époque, j'ai pour habitude de me rendre chez mon chapelier pour lui faire donner une forme à quelques-uns de mes chapeaux.

— Il y a un mois environ, je me rends chez ce dernier et lui demande ce travail pour un chapeau.

— Posez-le là, articule entre ses dents mon chapelier.

— Je passe le reprendre demain, questionné-je ?

— Non ! Non ! Mille fois non... Docteur, j'ai du travail par dessus la tête, vous l'aurez dans quinze jours, pas avant...

— Pourtant, les années précédentes vous me le rendez le lendemain.

— Possible ! Possible ! rétorque le chapelier. Les années se suivent et ne se ressemblent pas... !

— La bonne humeur n'échappe pas à cette variation ajouté-je à son brocard ?

Mutisme du chapelier...

— Faites donc un effort, je vous prie pour me faire plaisir.

— Le chapelier, le nez dans ses cartons semblant chercher quelque chose d'introuvable, relève brusquement la tête, me fulgure de ses deux yeux brillants comme ceux d'un tigre à la chasse, empoigne mon chapeau et d'un geste, qui ne demande pas de réplique, l'envoie au fond de sa boutique, en articulant : passez demain !...

— Le lendemain, je vais reprendre mon bien. C'est le chapeau que vous venez de dépister débordant du magnétisme de colère de mon peu aimable chapelier. Et, ce sont ces radiations de colère aveugle et folle qui m'assaillent de leur violence.

— Il ne reste plus qu'à désastraliser votre chapeau conseillons-nous au Docteur. Mais dans ce cas il peut se produire un choc en retour, dont la première victime, après vous et les vôtres, sera le chapelier émetteur.

— Cela m'importe peu ! fit le Docteur, il ne récoltera jamais que ce qu'il a semé. Si, seulement, ce choc en retour pouvait le rendre moins hargneux et plus sociable, ce serait déjà un service à rendre à sa clientèle.

Nous procédons à la désastralisation du fameux chapeau : nous ignorons comment, dans la suite, s'est comporté le chapelier ; ce que nous savons c'est que le Docteur et les siens ont été dégagés de cet impondérable.

La science est un effort qui tend à ramener les phénomènes à des lois, et si aucune explication scientifique n'est possible en ce qui concerne le fait cité, il faut cependant en admettre le déterminisme, sans abdiquer la raison des lois naturelles, difficiles à découvrir malgré des faits bien établis.

*
* *

Certes, en théorie, on peut feindre de ne pas admettre l'évidence de ces faits, mais la relation de ceux-ci, exposée avec le plus profond sérieux, dépasse cette feinte pour les rendre irréfutables et intelligibles.

Le fait que l'œil humain ne saurait étendre son investigation aux astres, qu'il ne peut voir, n'empêche pas que l'exploration du ciel soit possible par l'astronome.

Prouver que la vue de l'homme n'atteint que ce qui est visible sans appareil, n'implique pas un renoncement catégorique à ce qu'il peut voir avec un télescope.

Ce sont là des choses qu'on n'a pas le droit de mettre en doute, pas plus qu'on ne peut nier l'influence d'un astre disparu depuis des millions d'années.

CHAPITRE VI

Manuscrits. — Epîtres. — Quel Jour Ecrire. — Rapprochements, Eloignements. — Un Cas Réussi d'Eloignement. — Les Lettres Anonymes. — Comment Découvrir les Auteurs. — Procédé Symbolique de Défense. — Les Livres.

LES MANUSCRITS

Etymologiquement, manuscrit désigne tout ce qui est écrit à la main sur lettres, actes, diplômes, parchemin, papyrus, briques, tuiles, pierres, etc.

Ce n'est certes pas à l'étude graphologique des documents anciens, des manuscrits du moyen-âge, des écrits de notre époque, ni des compositions littéraires et scientifiques d'un âge quelconque, que nous voulons en venir, mais à l'étude des radiations que chaque manuscrit est susceptible de dégager, et des sentiments qu'il est capable de susciter par résonance.

Avant tout, nous devons retenir que les pensées, les actes s'incorporent dans la matière, s'y agrègent et y subsistent immuablement sous forme d'astral des pensées et des sentiments.

C'est ainsi qu'un manuscrit est imprégné des formes-pensées et de la nature des actes de son auteur ou de l'événement qui le caractérise. Il transporte avec lui sa raison d'être, et par la suite, des siècles après, sa matière-support est capable de projeter les mêmes radiations et de provoquer des vibrations et des sensations qualitativement identiques à celles des faits physiques, psychiques et magnétiques de son passé auquel il reste farouchement attaché.

La puissance avec laquelle agissent ces radiations est une réalité incontestable. Et, ce n'est pas parce qu'on ne peut définir cette puissance, qu'elle échappe à toute analyse, qu'elle n'existe pas.

Une lettre peut donc être l'image des désirs, des sentiments, des émotions de son auteur ou de son fait.

Ces impressions interviennent dans le phénomène dit de « rémanence » des événements du passé déposés sous forme de clichés comme en magasin.

Un manuscrit peut donc projeter à l'extérieur le magnétisme persistant de l'histoire qu'il relate et perpétue.

Il est donc permis de se faire une conviction dynamique d'un flux induit d'origine subjective pouvant provoquer des réactions objectives.

*
* *

Les formes-pensées incluses peuvent être à tout moment le reflet d'un côté religieux ou d'une incrédulité, de sujets de morale ou de questions de goût, de plaisanterie ou de raillerie, d'habitudes naturelles ou acquises relatives à la pratique du bien ou du mal.

Sous l'impulsion, bonne ou mauvaise, de cette sorte d'induction, le manuscrit dégage des effluves en rapport avec l'état d'esprit de son créateur et la nature des exploits qu'il raconte.

Sous l'action particulière de ces émanations obscures, mais réelles, l'homme peut être influencé dans le sens de l'émission forgée par l'idée qui leur a donné naissance.

Ces radiations tendent à se reproduire, par discontinuité d'abord pour se développer ensuite à mesure que celui qui détient un manuscrit est envahi, submergé par ses radiations.

Partant de ce principe, une lettre de cachet, par exemple, pli qui contenait ordinairement un ordre arbitraire d'exil ou d'emprisonnement, dégage des radiations vert-salé, espèces de fantômes rémanents susceptibles d'engendrer des surprises fort désagréables, car cette lettre de cachet répand toujours autour d'elle des énergies spéciales, des palpitations analogues à son vécu.

Par contre, par ses radiations jaune-serin, une épître de Clément MAROT éveillera des sentiments de gaieté et d'élégance, une de BOILEAU émettra des radiations grises de raillerie.

Des lettres de PLINE le Jeune, épîtres ingénieuses et enjouées, où l'on sent l'effort de l'esprit, seront à radiations de couleur orangé de la forte intellectualité, mais trop puissantes pour le jeune étudiant.

Par extension de ce qui précède, l'écrivain-homme aura intérêt à s'entourer de lettres de Guez de Balzac, épîtres qui ont contribué au perfectionnement de la langue française, et dont les radiations jaune cambodge signifient haute personnalité littéraire.

La femme de lettres pourra s'entourer de lettres de Mme de Sévigné, d'un rose suave appartenant aux natures élevées. Elle y puisera des radiations littéraires débordant de sincérité, de spontanéité de style et de franchise de ton.

L'orateur recherchera les lettres ou copies de Saint Grégoire de Nazianze à vibrations bleu-foncé, au contact desquelles il puisera les qualités relatives à son art oratoire.

Une jeune fille bien élevée s'attachera aux lettres bleu-indigo de Mme de Maintenon, dont beaucoup sont un modèle d'urbanité et de rare science féminine. Mais elle évitera celles des femmes célèbres pour leur libertinage afin d'éviter l'envahissement de leurs radiations épicuriennes rouge-sombre.

*
* *

D'une manière générale, les lettres et les ouvrages recommandables rayonnent un jaune-orangé de toute beauté, tandis que ceux dont les auteurs décrivent avec crudité le côté vilain de la vie sont à négliger du fait de leurs radiations rouges entachées de noir, d'une conception impure ou artificielle.

Il n'est pas indiqué non plus de conserver des lettres ou des autographes d'hommes qui périrent sur l'échafaud après y avoir fait monter d'innocentes victimes. On risque alors d'être pris par leurs radiations rouge-sang de supplice, espèce de lueurs refroidies de ces crimes qui peuvent nous affecter insidieusement.

Comme on vient de le voir, les manuscrits dégagent l'essence même d'une mentalité pouvant s'attacher à celui qui les possède, car, par le véhicule de leurs formes-pensées, ils sont imprégnés de la matière vitalisée de l'expression des mœurs de leurs auteurs ou des faits qu'ils attestent.

Ce qui précède est suffisant, semble-t-il, pour laisser entrevoir tout le bien ou tout le mal pouvant se dégager de ces documents.

Ainsi s'explique peut-être le goût élevé d'un certain collectionneur fameux achetant aux enchères des lettres de Napoléon, d'Alfred de Vigny, de Pasteur, des poésies de Victor-Hugo, des manuscrits de ce dernier concernant ses œuvres durant son exil à Jersey, des billets doux, de couleur carminée claire de la forte et saine affection normale de Juliette Drouet à son « cher bien aimé », des dédicaces de Beaudelaire ; mais laissant volontairement ou instinctivement de côté des lettres de Joséphine de couleur bleu-gris, inquiète de la vertu de son Empereur campant sous les murs de Varsovie, négligeant encore les poèmes tourmentés d'un Verlaine, desquels émanent des radiations rouge-sale d'une vie agitée, souvent misérable.

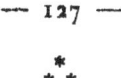

Voilà un des côtés de la vie qui nous enseigne que nos actes, nos paroles, nos pensées se répercutent dans le monde invisible de la matière, et par la suite donnent naissance à des actes, des paroles, des pensées identiques dans le plan physique et psychique de nos semblables.

Vivre n'est pas suffisant, il faut vivre intelligemment. Celui qui a connaissance de ces choses s'en préoccupe et s'organise en conséquence. Il évite ainsi beaucoup d'influences désagréables.

QUEL JOUR ECRIRE ?

Sait-on que le jour exerce une influence non négligeable sur une lettre écrite, qu'il s'agisse d'affaire commerciale, sentimentale ou autre ? Effet de résonance.

Sait-on, d'autre part, que chaque jour de la semaine correspond à une Planète, que cette Planète, à son tour, correspond à une couleur ? Phénomène de résonance.

Supposons une lettre écrite le lundi, jour correspondant à la planète Lune et au bleu-outremer. Cette missive sera, à n'en pas douter, imprégnée d'incertitude, d'inconstance, de sentiments capricieux. Et, si elle est destinée à une personne à laquelle on cherche à donner des conseils sages, de quiétude et de renoncement à un voyage, elle provoquera des effets contraires au but poursuivi. C'est-à-dire que le destinataire sentira se développer en lui le goût des déplacements et des aventures.

Si elle est écrite le mardi, jour de la planète Mars et du rouge violent, elle portera en elle le sens de l'inimitié, de la combativité, de la calomnie et inclinera à l'audace, à la violence, à l'insouciance du danger, à l'indépendance, au cynisme et à la colère.

Celle écrite le mercredi, jour de la planète Mercure et du noir, favorisera les relations familiales, commerciales et industrielles. Elle sera d'un excellent effet sur tout ce qui touche les voyages, les messages, l'argent, les intérêts et toutes les manifestations de l'esprit.

Si on écrit le jeudi, jour de la planète Jupiter et du bleu-indigo, le style sera sous le signe de la générosité, de la prudence, de la droiture, de la foi, de la sagesse et de l'ambition raisonnable. Le succès, le gain, le bonheur seront l'apanage des affaires bancaires, juridiques et religieuses.

Le vendredi, jour de la planète Vénus et du jaune-serin, préside aux choses de l'amour, aux affections, aux mariages, aux plaisirs, aux voluptés. Il faut donc écrire ses messages amoureux ce jour-là, ils seront imprégnés d'amabilité, de charme, de poésie, de séduction, d'amour enfin.

Les personnes ruinées feraient bien de se référer au vendredi, à Vénus et au jaune-serin pour tenter de remonter la pente, elles seront considérablement favorisées.

Le samedi, jour de la planète Saturne et du gris, concerne tout particulièrement tout ce qui touche les choses de la terre : engagements écrits, baux, achats ; il s'applique également aux mineurs, charbonniers, plombiers. Mais, pour les étrangers aux professions ci-dessus énoncées, ce sont des phrases de mélancolie, de jalousie, de misère qui couleront de la plume, ils s'exposeront en outre à voir s'écrouler tous leurs projets.

Le meilleur jour, à tous les points de vue, est incontestablement le dimanche, jour du Soleil et jaune-or, de la réussite dans les projets. Ce jour-là comporte tous les dons de l'Esprit-Saint. Une lettre écrite le dimanche radie l'honnêteté, la générosité, la fidélité ; elle apporte honneur, élévation, célébrité, puissance.

Il va sans dire que ces caractéristiques sont considérablement renforcées dans leur manifestation si l'on prend soin de disposer en face de soi la planète correspondante dessinée sur un papier à sa couleur. (Fig. 3).

Fig. 3

RAPPROCHEMENT-ÉLOIGNEMENT

En principe, lorsqu'il s'agit de rapprocher ou d'éloigner deux personnes, nous nous servons des signes planétaires, bien ou mal aspectés, suivant le cas d'un rapprochement, d'un éloignement ou d'une rupture par accord ou désaccord oscillatoire.

∗∗

Le travail commence le lundi, jour de la Lune, pour se terminer le dimanche, jour du Soleil.

Chaque jour exige que l'on dessine, sur papier blanc, la planète correspondante, bien ou mal aspectée. Le dessin du premier jour se fait sur un centimètre carré en progressant journellement d'un centimètre pour atteindre sept centimètres carrés le septième jour. Le tout est progressivement empilé et intercalé entre les deux photos à rapprocher ou à éloigner.

Le septième jour, les sept carrés sont mis entre les deux photos face à face pour rapprochement et dos à dos pour éloignement.

∗∗

Un père, une mère et leur fille viennent nous consulter :
— Voici deux photos, nous dit le père. Voulez-vous nous dire ce que vous en pensez au point de vue affinités ?
— Après un rapide examen radiesthésique, nous déclarons que le jeune homme semble très épris de la jeune fille, mais que celle-ci ne partage pas les mêmes sentiments.

— Très juste, confirme le père.! Des promesses de mariage ont été échangées en présence des membres des deux familles, mais ma fille manifeste l'intention formelle de ne pas assurer l'exécution de ces promesses, pour le motif très raisonnable qu'elle ne l'aime pas, et ne l'aimera jamais, que, par ailleurs, nous avons obtenu des renseignements fâcheux sur le compte du fiancé.

— D'accord avec ma femme et ma fille, nous venons vous demander s'il est en votre pouvoir de nous aider à assurer cette rupture de fiançailles dans les meilleures conditions possibles et sans effets regrettables pour les deux familles ?

— A cet effet, nous dit le père, voici une lettre de rupture que ma fille doit adresser au jeune homme. Mais nous craignons que, dès réception de celle-ci, le jeune homme ne se livre à des actes de violence importuns.

— Rassurez-vous, affirmons-nous, l'éconduit acceptera raisonnablement cette décision, mais à la condition expresse que la lettre soit rédigée, datée et postée samedi prochain. Nous précisons que ce jour doit avoir une influence particulière sur le travail auquel nous devons nous livrer du lundi·au dimanche suivants.

Comme décidé la lettre est envoyée le jour convenu. De notre côté nous nous mettons en mesure de changer la nature des sentiments du futur ex-prétendant.

La semaine suivante, le père nous téléphone pour nous annoncer que le jeune homme a accepté, et que les inconvénients qu'il redoutait, à la suite de cette décision, ne se sont pas produits.

Tout s'est donc passé normalement grâce à l'influence

du jour qui a considérablement favorisé notre travail à distance.

Ce qui précède apparaîtra à certains comme un danger propre à faire tourner les têtes peu solides, à troubler les âmes mal trempées ; pour d'autres, au contraire, ce sera un moyen de s'adapter aux problèmes qui se posent dans la majeure partie de ces cas et aux solutions à leur donner.

Quant à ceux qui considèrent comme une présomption déplacée de vouloir pénétrer le domaine si délicat de l'amour, nous répondrons que, du moment que la chose est réalisable, c'est un service à rendre à ceux qui sont l'objet de divergences sentimentales avant leur mariage. D'autre part, n'est-ce pas un crime de ne pas rapprocher, de laisser errer deux âmes sœurs faites pour connaître l'excellence d'une vie familiale, et jouer leur rôle dans l'évolution générale ?

Ce faisant, nous avons la certitude de ne pas aller contre les facultés données par la nature et de ne pas les laisser inemployées.

Nous les aidons à se manifester et à s'utiliser. Dans le cas contraire c'est une transgression de la loi divine.

LES LETTRES ANONYMES

Il arrive que des personnes charitables ou de méchants inconnus s'intéressent à notre vie privée et nous écrivent des lettres aimables ou désagréables.

Dans les deux cas, ces lettres anonymes ne sont jamais indifférentes.

En premier lieu, nous avons affaire à des gens bienveillants gardant l'anonymat par discrétion, mais dont les desseins riches et généreux ne manquent pas d'une certaine noblesse et répugnent à se faire connaître en nous dénonçant les agissements louches de nos ennemis.

En second lieu, ce sont des individus méprisables, qui poussés par un sentiment de basse passion, sous l'influence d'une servile soumission n'ont pas le courage d'articuler ce qu'ils pensent, ce qu'ils écrivent ou font écrire, et se font nos correspondants équivoques en usant d'un moyen hypocrite pour nous dire ou nous faire dire incognito ce qu'ils croient être nos quatre vérités.

S'il ne s'agissait que de cela, il n'y aurait pas lieu de s'en inquiéter, car qui n'a pas ses défauts ?

Le plus souvent, ces quidams, qui cherchent à nous traîner dans la boue, ne voient pas les circonstances dans lesquelles ils barbottent eux-mêmes.

L'acharnement avec lequel ils cherchent à nous salir, à nous avilir, par des histoires surfaites ou inventées de toutes pièces, rappelle assez l'histoire de la paille et de la poutre.

Certaines lettres anonymes ne sont pas adressées directement, elles sont postées à l'adresse d'un membre de la famille, ou sont dirigées vers des individus suspects qui éprouvent un malin plaisir à colporter des révélations fantaisistes dues à l'imagination maladive de ceux qui s'occupent un peu trop des affaires des autres.

Quoiqu'il en soit, ce sont des procédés mesquins, mais pouvant nuire considérablement.

« Pas de fumée sans feu » dira celui à qui on a fait ces sortes de confidences. Il n'empêche que quiconque a recours à la lettre anonyme est pour le moins peu recommandable et n'a droit qu'au profond mépris de son destinataire.

Il en est qui ne signent pas, d'autres signent tout en ne signant pas ; la signature est tellement illisible qu'on ne sait pas s'ils s'appellent Dupuis ou Dubois.

D'autres encore signent d'un nom qui n'est pas le leur et font suivre cette signature d'une adresse parfois connue de la personne à laquelle s'adresse la lettre.

Souvent aussi la lettre anonyme est écrite par une tierce personne, ceci afin de dérouter les recherches graphologiques.

Enfin, un procédé très courant consiste à taper ou à faire taper la lettre à la machine à écrire, comme si la dactylographie était un refuge anonyme de tout repos.

Ces manières d'agir supposent une ignominie profonde et dénotent l'abjecte mentalité de ceux qui se livrent à de telles manœuvres pour empoisonner l'existence de leurs ennemis et semer l'opprobre autour d'eux.

— 136 —

*
* *

Heureusement, la radiesthésie veille. En effet, pour l'opérateur exercé, il n'est pas de lettre anonyme dont l'auteur ne puisse être dépisté et ensuite identifié.

Voici comment on procède :

Avant tout il s'agit de chercher, par orientation mentale, à identifier le magnétisme de l'auteur ainsi que la couleur de son aura, même s'il est question d'une lettre écrite par un intermédiaire ou à la machine à écrire, celle-ci étant l'expression « Sui generis » de celui qui en a conçu les termes.

A cet effet, on place la lettre anonyme sur un tissu noir, puis on la désimprègne à l'aimant ou au soufre.

On attend une dizaine de minutes, durant lesquelles, dégagé de toute préoccupation physique, et par désir mental, on concentre sa pensée sur la lettre afin d'y faire venir le fluide du coupable.

Ensuite, on place la lettre sur une circonférence chromatique, graduée à 360° et on cherche son angle azimutal.

Cette direction cardinale située, on a la couleur correspondante. C'est sur cette couleur — papier ou tissu — que l'on met la lettre durant un jour et une nuit.

Le lendemain, comme par une sorte de télépathie, on cherche par orientation mentale et avec le pendule, la direction du vrai correspondant sans se préoccuper de l'intermédiaire s'il y en eut un ou une.

Il est bien rare que le nom du véritable auteur ne vienne pas frapper la conscience intérieure du chercheur, en même temps que le pendule tourne sur la consonance de ce nom.

Le phénomène s'expliquerait comme suit :

Lorsqu'une personne écrit ou fait écrire à une autre personne, il se crée dans le cerveau de l'instigateur une couleur correspondante à la pensée émise. Ce fantôme coloré est assez puissant pour s'inscrire sur le papier sous forme de courants analogues à la pensée générée par le créateur. Le papier reflète ensuite le sentiment et l'expression de la conception de l'auteur et de sa méditation. Il en est le fidèle témoignage.

*
* *

Mais, dira-t-on ! Que se passe-t-il dans le cas d'une lettre tapée à la machine par un intermédiaire ?

Eh bien, voilà ! :

La pensée du véritable auteur a bien été émise et a pris une forme originale définie, une couleur caractéristique sous l'acte de méditation.

Les formes-pensées, au lieu de s'incorporer immédiatement à la lettre, tapée par l'intermédiaire, ont rebondi vers le coupable sans laisser de traces sur le document tapé machinalement par imitation de formes.

Or, comme la pensée du véritable auteur est plus forte que celle de l'intermédiaire, les radiations de ce dernier s'évanouissent à la désimprégnation pour faire place à celles du responsable et se fixent sur la lettre avec une force proportionnelle à l'énergie employée pour la concevoir.

Et, tout se passe comme si la lettre avait été écrite directement par l'auteur doublement responsable.

*
* *

En résumé, pas plus entre une photo et la personne représentée, qu'entre une lettre et son auteur, il ne parait possible d'établir une barrière infranchissable au phénomène de résonance.

Dans tous les cas, sans avoir recours à la radiesthésie et au moyen précité, si l'on reçoit une lettre anonyme injurieuse ou déshonorante, on dessine une main tenant un porte-plume. Le dessin terminé, il est ajouté à la lettre, puis, on coupe le tout en deux. Une partie est jetée au feu, l'autre est enfouie dans la terre.

Cette méthode symbolique a pour but de paralyser la main de celui ou de celle dont l'intention serait de réitérer cet acte inqualifiable.

La personne visée pourra donc aller calme et paisible au milieu des traits de ses ennemis, car ceux-ci ne pourront plus rien contre elle.

Cette méthode relève de l'idéoplastie, c'est-à-dire pas autre chose que le fonctionnement de l'esprit pour matérialiser une main et lui donner en pensée tous les caractères d'une main véritable.

Ceci nous montre qu'une représentation est capable de s'objectiver et, par conséquent, de mettre à la disposition de la pensée de l'acteur un jeu d'énergies susceptibles de donner à la figure de la main la même nature que la main naturelle.

LES LIVRES

Après les manuscrits, on peut faire les mêmes remarques sur les livres, lesquels peuvent être également à la base de nos joies et de nos misères, et nous offrir un champ aussi vaste d'observations sur la résonance livresque.

Il ne saurait s'agir, en ce bref examen, d'une étude complète, nous nous contenterons donc d'un rapide coup d'œil.

Posséder une belle bibliothèque est souvent un régal. Mais pense-t-on, un seul instant, aux radiations que peuvent véhiculer ces ouvrages ?

Songe-t-on au magnétisme de l'auteur qui, à l'exemple de la photo, se trouve reporté sur chaque exemplaire, à l'influence particulière d'un volume, de son objet saint ou tragique, noble ou licencieux ?

Très souvent, on achète un livre, on le lit ou on ne le lit pas, puis on le range sur les rayons d'une bibliothèque ou ailleurs. On l'oublie, mais lui ne vous oublie pas.

Il est toujours là avec ses radiations saines ou névrosées. Il ne cesse pas d'être le centre puissant de la mentalité de l'auteur et de sa production littéraire.

On ne pense pas qu'un livre est un potentiel fluidique permanent qui rôde, circule partout, à travers tout, pour y distribuer ses ondes impondérables de flux et de reflux, souvent accompagnées d'un ictus violent ou d'un raptus inquiétant.

— 140 —

Il projette diverses énergies rayonnantes qui, lorsqu'elles ont frappé l'homme, font un retour brutal sur elles-mêmes pour se rabattre à nouveau avec la puissance magnétique de l'auteur et la force de l'esprit de son œuvre.

Radiations invisibles, impalpables, subtiles, apparemment inoffensives, mais combien agissantes dans le cadre de la littérature qui l'anime.

Il faut d'abord distinguer deux espèces de littératures : il y a celle qui resserre, appauvrit, stérilise l'esprit et le mécanisme normal de la conscience, et il y a celle qui l'agrandit, l'enrichit, le fortifie, le vivifie et le fait rayonner bénéfiquement au dehors.

Certains ouvrages sont des modèles de limpidité, d'élégante précision spirituelle, d'érudition, de pureté de style avec intention altruiste, morale, religieuse, scientifique ou sentimentale.

Ceux-ci ne risquent pas de troubler l'ambiance des bibliothèques, ni la conscience de leur propriétaire. Car, en général, ils sont l'œuvre d'écrivains sérieux, honnêtes et de consciencieux observateurs.

Mais on évitera les ouvrages dont le style est inconvenant, impertinent, cru ; de conception artificielle, imaginaire, invraisemblable, comme c'est le cas de certains romans-feuilletons populaires ou policiers, aux récits d'aventures fantastiques et dramatiques, épousant toutes les formes jusqu'à l'immoralité et l'amoralité, pour emmener l'imagination du lecteur au-delà des prescriptions les plus élémentaires de la décence, de la morale et de la bienséance.

Eviter encore la littérature érotique dans laquelle on ne parle que d'amour, tantôt rude et sensuel, tantôt turbulent et despotique.

Cette littérature fait tourner la tête des faibles et des forts dans le sens des instincts étalés et auxquels répond cette prose.

Combien d'esprits médiocres, les livres d'amour n'ont-ils pas transfigurés ?

*
* *

Sans qu'on s'en doute, les moindres faits relatés, au cours d'un ouvrage, deviennent des exemples militant en faveur de l'irréel, nourriture artificielle de l'esprit et agents de son déséquilibre.

Tout est prétexte à entraîner l'émotion dans l'accès d'une ivresse passagère, quelquefois violente et, de fil en aiguille, amène à la passion brûlante d'une ardeur viciant de plus en plus profondément la conscience.

*
* *

Ainsi donc, sans le vouloir, on peut réaliser « une prise de conscience » pouvant devenir le principe du déséquilibre et ouvrir la porte à toutes les déviations morales pour dégénérer finalement en perversions et en excès.

*
* *

Si le livre sain est à la base organique de l'éducation, le mauvais peut, par sa seule présence, être un foyer émetteur nocif, prenant directement sa source dans les profondeurs de son sujet et remonter de là pour envahir toute la pensée du détenteur ou du lecteur.

Ces radiations sont capables de se développer en eux, malgré eux et de leur faire accomplir des actes qu'ils regrettent souvent après l'état de faiblesse momentanée dans lequel s'est trouvée plongée leur conscience.

Encore faut-il un milieu favorable pour qu'elles se développent. Cela revient à dire que tous les humains ne sont pas fatalement pris par ces radiations, parce qu'ils n'ont pas tous le même degré de sensibilité.

C'est ainsi que certains esprits timides, distraits, tristes, épuisés, émotifs, intellectualiseront mieux ces sortes de radiations. D'autres, au contraire, plus « tout feu tout flamme », moins vulnérables aussi, n'auront pas cette inclination pouvant se développer aux dépens de leurs qualités maîtresses et rompre l'équilibre de leur psychisme.

Comme on vient de le voir, la présence d'un livre, aussi bien que sa lecture, est un agent extérieur capable de nous pénétrer profondément, capable aussi d'exalter nos sentiments, nos appétits et nos tendances par l'effet de résonance.

Par un phénomène d'irradiation, le livre s'intègre dans notre jugement et dans notre volonté pour y modifier considérablement notre vie affective toute entière.

Parfois aussi, le livre a pu servir de support d'envoûtement, c'est-à-dire avoir été magnétisé maléfiquement pour faire le mal, même s'il ne nous était pas primitivement destiné.

*
* *

Mais alors, dira-t-on ! La vie serait impossible s'il fallait tenir compte de toutes ces forces cachées, plus ou moins saines, dont les objets les plus divers peuvent être pénétrés ?

Que non ! Si tout marche bien chez vous et dans vos affaires, continuez à vivre tranquillement. C'est qu'il n'y a rien de ce genre, ou vous n'y êtes pas sensible.

Mais, si vous constatez certains phénomènes troubles, certaines difficultés dans vos entreprises, cherchez chez vous, autour de vous, il y a certainement quelque chose qui prend son origine dans le perpétuel conflit des radiations invisibles qui vous entourent.

Dans ce cas, le moyen d'y parer est à votre disposition.

Prenez un pendule, si vous n'en possédez pas, une alliance suspendue à un cheveu de jeune fille fera très bien l'affaire. Faites alors un tour d'horizon, la main gauche tendue en antenne, l'autre tenant le pendule oscillant dans le sens du corps. Lorsque vous passerez dans la direction de quelque chose de contraire, le pendule tournera dans le sens contraire des aiguilles d'une montre.

Ainsi averti, il ne vous restera qu'à localiser et à déterminer, enfin à détruire ou enlever le support maléfique.

Si, par impossible, vous ne vous sentez pas de force à faire cette prospection, adressez-vous à un bon radiesthésiste.

CHAPITRE VII

Le Saint Suaire de Turin. — Les Stigmates. — Les Vraies Reliques. — Les Deux Magies. — Le Spiritisme. — Les Reliques Profanées.

LES RELIQUES

On appelle relique une partie du corps d'un saint, un objet ayant été à son usage, ou ayant servi à son supplice, de la terre de son tombeau, son image ou encore son effigie.

**

Notre-Dame de Paris possède des reliques qui sont d'une grande valeur. Exemple, le jonc de la couronne d'épines du Christ. Comme autres reliques précieuses citons la Tunique de Jésus en l'église d'Argenteuil (Seine-et-Oise), le Saint Suaire de Turin, brillant d'une lumière toute spéciale et dont les empreintes ont été révélées par la photographie aux infra-rouges.

Ce travail magnifique est dû à M. Colson, professeur de physique à l'Ecole Polytechnique, et à M. Vignon, professeur de biologie à l'Institut Catholique de Paris.

Grâce à leurs travaux inlassables, ils sont parvenus à faire ressortir, sur photographie, les circonstances émouvantes de la Passion du Christ.

Passion voulue et organisée par ceux-là mêmes qu'il était venu sauver de la colère céleste.

Divine condescendance soulignant l'humilité d'une incarnation préconçue.

Vers l'an 2000, le Christ cosmique reviendra pour sauver, cette fois, ceux qui avaient la garde de son Eglise, qui devaient la faire rayonner spirituellement et qui, progressivement, l'ont laissée tomber dans un matérialisme plus ou moins profond.

Lorsqu'Il reviendra, il apportera avec Lui une ère spirituelle de mille ans. Mais jusque là les hommes ne connaîtront ni trêve ni repos, ils s'agiteront avec frénésie, l'ancien et le nouveau monde auront des comptes à régler, les Religions s'opposeront avec cruauté, les races se détruiront avec un raffinement inconnu jusqu'ici.

A cet effet, notons que les philosophes du Ciel ont prévu que c'est vers l'an 2000 que se fera le passage de la ligne des équinoxes dans le Verseau céleste.

LES STIGMATES

Pour en revenir à notre sujet, ajoutons qu'en renversant les valeurs du négatif photographique du précieux Linceul, MM. Colson et Vignon ont obtenu une silhouette du Christ au visage admirable, malgré les meurtrissures occasionnées par les épines et les coups.

Doux visage aux yeux clos, Visage de Christ-Roi, dont le royaume n'est pas de ce monde, visage qui nous est livré maintenant comme un nouveau testament et dont pourront s'inspirer les œuvres humaines.

On croirait Le voir à travers son Linceul, dans l'ombre du tombeau, écrit M. Girard Cordonnier, membre de la Commission du Saint Suaire.

Par ailleurs, la photographie a fait surgir du Linceul le décalque fidèle du coup de lance donné sur le côté droit — notez bien le côté droit, — le traversant obliquement, des cercles livides autour des blessures à vif, des cernes attestant les sueurs sanglantes dont s'est recouvert le corps du Christ au moment où il agonisait, des traces de la flagellation sur le visage et sur le corps, notamment sur le dos et les mollets, comme lacérés par les lanières armées de balles de plomb, les stigmates des clous plantés dans chaque carpe au niveau du pli de flexion du poignet et non, comme on le représente quelquefois, à tort du reste, dans la paume de la main, et quantités d'autres empreintes de sang coagulé.

Et, M. Girard Cordonnier d'écrire :
« La science, émerveillée, s'est levée pour balbutier
« l'histoire du Christ au sépulcre. Elle explique les
« images modelées, elle explique le sang, étonnée
« cependant d'une réussite si heureuse des empreintes,
« mais devant le visage elle s'arrête, elle ne sait pas
« pourquoi le Visage est si beau malgré les stigmates
« de la souffrance, pourquoi un supplicié garde dans la
« mort toute sa majesté ?

« La science, voulant conduire les hommes à connaî-
« tre la vérité sur le Saint Suaire, s'arrête au bord d'un
« abîme, devant un sommet inaccessible...

Nous avons fait allusion au Saint Suaire pour faire remarquer que, si le Linceul peut, dix neuf siècles après, nous révéler la silhouette du Christ, il est à présumer que son image, ainsi extraite, est encore animée de ses radiations, comme peut l'être la photo, l'écrit d'un humain, des milliers d'années après sa mort.

La science nie les influences des reliques, et pourtant certaines d'entre elles sont encore de véritables émetteurs dont beaucoup sont à action curative, au moins prophylactique. Elles sont environnées d'une ambiance qui rayonne du centre vers l'extérieur.

Des reliques portent en elles une valeur presque conjuratoire, souvent plus puissante que la prière elle-même, et valent parfois mieux que les recettes scientifiques pour mettre la grande loi de l'énergie universelle en mouvement.

De ce fait, il existe des reliques pour conserver et protéger les biens et les êtres, et pour les garder contre toute influence maléfique.

Parfois c'est un morceau de la Sainte-Croix, un fragment de l'habit d'un saint ou d'une sainte, de la terre de son tombeau, un évangile porté sur soi, une sentence religieuse, une image, une médaille, etc.

Charlemagne avait, dit-on, fait encastrer dans le pommeau de son épée un débris de la lance ayant percé le flanc du Christ.

*
* *

Les vraies reliques s'appuient sur des patronages authentiques, se rapportent à des ardeurs sacerdotales puissantes, à des spéculations théologiques et à des saints admis par la religion.

Mais il y a un côté occulte maléfique, pour certaines reliques, reconnues ou non par l'Eglise, qui ont pu servir de support à la magie diabolique, à des messes noires, cérémonies du culte infernal, parodies licencieuses de la Sainte Messe.

Ces dernières rejoignent les rites anciens du folklore primitif, sorte d'héritage des Druides, des prêtres païens, utilisé par les religieux défroqués de notre époque, ou tout simplement par des individus aux machinations machiavéliques et à leurs opérations sataniques.

*
* *

S'il existe de bonnes reliques, il peut s'en trouver de mauvaises auxquelles s'attache la magie noire des saints plus ou moins canonisés ou n'ayant jamais existé.

Comme on peut le concevoir, le fait de détenir une bonne ou mauvaise relique est souvent le secret de bien des réussites, de bien des insuccès dont on ignore la cause.

LES DEUX MAGIES

Rappelons en passant qu'il existe deux magies : une blanche et une noire.

La magie blanche, celle de l'Eglise, est l'œuvre prodigieuse de tous les saints essentiellement purs, souverainement parfaits.

La magie noire est celle des sortilèges, des envoûtements, des évocations, des sorts ou maléfices jetés aux hommes, aux animaux et aux objets.

Ces deux magies s'appuient également sur l'occultisme et le magnétisme selon la direction de la volonté du mage blanc ou noir, et, chose trop peu connue, sur le spiritisme.

La thèse fondamentale de cette dernière doctrine occulte est qu'une communication existe entre les vivants et les morts.

Le spiritisme est une arme à deux tranchants, car il y a le spiritisme vrai et pur de l'Eglise, et il y a le spiritisme faux et impur de la sorcellerie et du maléfice.

Le vrai spiritisme s'exerce par l'invocation des bons esprits, le faux — véritable contre-religion — par l'évocation des mauvais esprits sous les formes les plus variées des passions les plus basses, les plus viles et les plus abjectes.

Les esprits évoqués par les spirites de la sorcellerie donnent lieu à des manifestations assez imprévues : coups frappés dans les murs et les meubles, apports et projections d'objets, prise de possession d'un corps humain (incorporation), maladies mystérieuses, maisons dites hantées visitées par ces esprits errants.

Les esprits évoqués par les spirites sont affamés des choses de la Terre, assoiffés du fluide vital des vivants. Ce sont, généralement, des esprits bas, incomplètement désincarnés flottant dans notre atmosphère, dans celle de la Lune et celle de ses satellites : Lilith et Néomie.

Ces esprits, pour la plupart, repoussants et obscènes, cherchent toutes les occasions pour descendre, et s'attacher aux vivants et aux choses terrestres (enveloppes vides, écrits, livres, images, photos, effets d'habillement et de literie, meubles et objets divers) dans lesquels ils s'incrustent avec leurs vices et leur souffle pestilentiel. Par leurs audacieuses emprises, ces esprits happent, aspirent et engloutissent les bonnes radiations pour y déposer les leurs. Toutefois, ils craignent la pointe et le tranchant des sabres et des épées.

C'est un des côtés maléfiques des reliques mauvaises, ouvrant la porte à un vampirisme ravageur pouvant engendrer des maladies diverses, telles que nervosité, déséquilibre, anémie pernicieuse, amaigrissement douteux, folie, etc, chez ceux qui y sont sensibles ou chez ceux qui commettent l'imprudence de s'engager à la légère dans leurs sentiers fertiles en pièges de toutes sortes.

En voici un exemple :

Une Dame du département de la Seine-Inférieure nous écrit :

— Je vous adresse sous ce pli une enveloppe souillée de terre, portant les traces de coups de chaussures cloutées. Comme vous le verrez, elle contient des reliques également maculées.

— Depuis dix huit mois, que j'ai trouvé cette enveloppe, le malheur, la maladie s'acharnent implacablement sur mes quatre enfants, mon mari et moi-même. Nous sommes constamment assaillis de troubles indéfinissables, nous ne dormons plus, nous avons la fièvre et sommes littéralement épuisés faute d'un repos normal. Bref, nous sommes en plein désarroi, car personne ne peut rien pour nous.

— Pouvez-vous me dire si cette enveloppe, ou son contenu, est bien la cause de nos mystérieuses misères ?

A la réception de cette lettre, notre premier soin est de nous mettre en garde contre les dégagements possibles de l'enveloppe, nous allons la déposer en lieu sûr, dans notre laboratoire situé au fond de notre jardin, nous proposant de l'étudier un autre jour.

En regagnant notre bureau, une phrase nous frappe l'oreille gauche « Choses Saintes Profanées ». Sur cette indication médiumnique auditive, nous faisons demi-tour et procédons à l'ouverture de la fameuse enveloppe.

Notre surprise est grande en constatant qu'elle contient une image de Sainte Thérèse de LISIEUX et un sachet de terre de son tombeau.

Nul doute, nous sommes bien en présence de reliques profanées.

Les clous de souliers n'indiquent-ils pas que quelqu'un les a furieusement piétinées ? Sans doute, un de ces athées, épouvantable pilier de toutes les névroses, de toutes les haines, du blasphème et de l'impiété ?

***

Avec toutes les précautions d'usage, et afin d'éviter le phénomène de l'imprégnation et du choc en retour, nous procédons à la désastralisation de cette terrible enveloppe.

Nous avons là une tâche aussi délicate qu'ingrate, car nous ne nous dissimulons pas le danger réel d'une telle opération.

Mais, ne faut-il pas regarder les choses en face et détruire la cause du malheur de ces pauvres gens ?

L'opération terminée, nous nous désimprégnons énergiquement, et attendons.

Quinze jours après nous recevons la lettre suivante :

— Monsieur,

— Vous avez fait renaître l'espérance et la santé dans ma maison, vous avez su arracher les ronces de notre malheur. Enfin, vous avez apporté la paix dans nos cœurs et dans nos chairs.

— La joie de vivre se présente maintenant pour nous sous la forme d'une revanche sur les hommes méchants. Grâce à vous nous sommes délivrés de notre cauchemar, et avons la santé.

— Veuillez, etc.

***

On peut discuter sur la nature de ces radiations, leurs conditions anatomiques et physiologiques, leur rôle dans la vie psychique ; il est difficile de mettre en doute leur existence.

A vrai dire, ce qui est en question, c'est beaucoup plus le caractère violent du magnétisme induit que ses mouvements tentaculaires par lesquels ce magnétisme cherche son complément dans l'être vivant soumis à son action perturbatrice.

Sans doute, y a-t-il là aussi une prédominance de milieu, d'ambiance de tels organes de sensibilité intérieure de ceux qui les subissent ?

C'est pourquoi, il faut établir un rapport entre l'individu envahi par des radiations de cette nature et les troubles physiologiques et psychiques difficilement identifiables, comme ceux que nous venons de signaler.

Un homme sensé ne se refusera pas à admettre cette histoire comme une chose réelle, il en recherchera plutôt le sens ésotérique.

Ce qui relève de l'observation immédiate, c'est que des reliques profanées peuvent être infiniment dangereuses. Et, ceci n'est pas un mythe, puisque sans être prévenus de notre travail à distance, ces pauvres gens ont été rapidement libérés de leur infortune misérable par la rupture d'un équilibre oscillatoire néfaste.

Sans doute, nous objectera-t-on, le malheur se serait aussi bien abattu sur cette famille, si, au lieu de choses saintes, il ne s'était agi que de l'enveloppe ou du papier servant de support à la figure de la Sainte ?

A cela nous répondrons :

Comment alors expliquer que de nombreuses expériences, faites sur inconnu, ont démontré qu'une hostie consacrée diffère totalement, par ses radiations, d'une hostie non consacrée ?

N'avons-nous pas là la preuve incomparable que cette synthèse ajoute quelque chose de nouveau à notre savoir dans le domaine de nos joies et de nos misères.

*
* *

A ceux qui voudraient s'exercer dans ce sens nous présentons la figure 4.

CHAPITRE VIII

L'arsenal de l'Antiquaire. — L'Astral des Choses. — Un Envoûtement par Objet Interposé. — Localisation de l'Objet. — L'Enlèvement de l'Objet.

BIBELOTS ET OBJETS DIVERS

Les radiations font partie intégrante et permanente des choses.

*
* *

Lorsque nous pénétrons chez un antiquaire, nous avons sous les yeux une série d'objets les plus divers représentant tous les états d'âme : simplicité ou orgueil, raison ou folie, générosité ou avarice, amour noble ou vicieux.

Nous y trouvons les plus coûteux vestiges ayant appartenu à des dissipateurs morts sans un sou vaillant, ou à des héritiers peu soucieux de leur valeur artistique, vestiges qu'un commissaire-priseur, dans une pathétique liquidation, a dispersés aux quatre coins du monde.

Il y a là des momies égyptiennes, des poteries incrustées, des coffrets précieux, des ébènes sculptées, des coupes d'agate, des onyx nuancés, des vases de porphyre de différentes couleurs : rouge, vert, bleu, noir, au poli extraordinairement beau, rappelant, par leur présence, les victoires d'un ALEXANDRE, ou les défaites d'un sauvage et cruel CAMBYSE, ou encore les priapées romaines.

Plus loin, ce sont des camées finement gravés, au rayonnement suspect, qui ont été portés par des personnages douteux ; des bracelets de formes diverses ayant paré des poignets de dames de chevaliers, de courtisanes célèbres, d'aventurières intrigantes ; des bagues superbement enrichies de pierres précieuses, parfois fatales.

*
* *

On y trouve aussi des harnois, des armures, des armets, des casques, des shakos, des arquebuses, des pistolets curieux, des rapières de duel à la lame damasquinée, des poignards ciselés, des épées de vieux soldats, des lances de toutes les tribus, des flèches empoisonnées, des statues, des golems, des fétiches de tous les méridiens, des portraits nobles, des gravures licencieuses ou ridicules voisinant avec des tabatières, des faces-à-main, des calices, des crucifix, des chasubles et des uniformes de toutes les armes et de toutes les époques.

Monceau de gloire et de défaite, de piété ou de magie où tout se livre combat au milieu d'originalités, de banalités fanstasmagoriques ou ordinaires du passé, qui attirent nos regards et sollicitent notre bourse.

Très souvent, nous nous laissons aller à l'acquisition d'un ou de plusieurs de ces souvenirs que nous emportons avec autant de dignité et de respect que le prêtre lorsqu'il porte les derniers sacrements à un mourant.

*
* *

Pauvres de nous ! Comme dirait un autochtone de la Cannebière... Nous risquons, sans nous en douter, d'emporter l'ennemi de notre repos, le cauchemar de nos nuits, les vicissitudes de notre infortune.

En effet, que d'histoires, plus ou moins dramatiques ne sont pas attachées à ces objets ? Que de crimes, peut-être, ne furent pas commis à leur sujet ? Que de tragédies n'ont-ils pas accompagnées ?

Leurs radiations sont d'autant plus intenses qu'ils ont été longtemps portés, palpés ou détenus. De là à leur attribuer un pouvoir émissif il n'y a qu'un pas.

Cela nous fait envisager du même coup que le nouveau détenteur peut subir l'action des sentiments divers dont ils ont été chargés, être envahi par les radiations de leur passé autant que par celles des personnes qui les ont antérieurement possédés.

Il s'agit là du phénomène dit « Astral des Choses ». Nous avons dit dans notre Tome II « SECRETS DES COULEURS » que cet astral se divisait en trois parties : astral de fabrication, astral du milieu et astral de constitution, nous devons y ajouter l'astral de possession, et c'est ce dernier qui nous intéresse ici.

Il importe de bien se pénétrer que chacun de ces objets traîne avec lui les souvenirs de sa vie : civilisation, culte, divinité, mœurs, victoire, défaite, assassinat, vente aux enchères, etc, dont il fut le témoin, il est encore un support magnétique puissant, capable, par son pouvoir, de nous troubler, de confisquer, d'accaparer notre quiétude à son avantage et surtout au désavantage de notre équilibre et de notre santé, toujours par résonance.

En voici un exemple :

Nous sommes sollicité par M. M......, écrivain célèbre, auteur de plusieurs ouvrages remarquables sur la valeur clinique des signes extérieurs de l'homme.

— Monsieur ! nous dit M. M...... je suis aux prises avec quelque phénomène mystérieux.

— Normalement, je devrais pouvoir bénéficier du fruit d'un long et pénible travail portant sur des années d'études et d'observations. Mais, chaque fois que je suis sur le **point de réaliser une affaire, tout s'effondre subitement,** lamentablement, tout me glisse dans les mains...

— Je me sens pris à l'âme par l'âme de quelque chose de magique, je me sens plongé dans un immense désert d'indécision, d'incertitude et de malchance ; un souffle d'aridité annule mes travaux les plus féconds, traverse mes pensées et me met dans l'absolue impossibilité de sortir des projets cependant fort prometteurs. Je me sens envahi, pris comme dans une glu, la glu de la magie noire.

— Je vous dis cela, car dès ma prime jeunesse j'ai eu la passion des choses occultes et des bibelots plus ou moins fantastiques.

— J'en possède encore un certain nombre, et je me demande anxieusement si l'un d'eux n'est pas à l'origine de mes déboires ?

— Je me demande aussi si je ne suis pas victime d'un

de ces génies malfaisants qui s'incorporent dans des objets de cette nature ?

— J'en ai presque la conviction ! Je vous assure que je ne suis pas le jouet de quelque opiniâtre illusion.

— D'autre part, ajoute M. M......, chaque soir, ou presque, une figure grimaçante, épouvantable, semblant avoir ramassé sur son visage toutes les horreurs, toutes les hideurs de notre monde, fait escorte à ma femme, l'enserre de ses griffes immondes et la torture de façon inquiétante.

— Voulez-vous étudier mon appartement et me dire, si cela vous est possible, où se trouve l'objet maléfique, car il y a ici un objet envoûté, cela ne fait aucun doute.

Nous nous mettons au travail.

En effet, après quelques coups de sonde radiesthésique, nous percevons nettement les radiations de quelque chose **d'insolite**.

Nous prospectons d'une chambre à l'autre, d'un coin à un autre, d'un objet à un autre, sans cependant pouvoir localiser exactement.

Nul doute, nous avons affaire à un phénomène maléfique, mais avec des images multiples se déplaçant, se réfractant, se réfléchissant avec une rapidité et une facilité déconcertantes.

En matière de radiesthésie, nous savons qu'un corps est générateur d'images permanentes ou temporaires, fixes ou mobiles, qui déroutent parfois le prospecteur le plus habile. Il faut donc savoir distinguer le rayonnement réel d'un corps de l'une des nombreuses images auxquelles un objet peut donner naissance.

Ces images peuvent être déformées, renversées, réduites ou amplifiées, mais, le plus souvent, elles émettent des radiations analogues à celles émises par le corps générateur.

Les images sont le fait de rayons incidents réfléchis par les murs, les glaces, les vitres, les objets polis et certaines forces extérieures, comme les rayons solaires ou lunaires, le lever ou le coucher de l'un de ces luminaires, la présence d'un élément radio-actif ou électro-magnétique. A savoir que les incidences dues à la radio-activité ne se manifestent pas la nuit ou par temps couvert, en raison de ce que les rayons solaires ou lunaires qui les font ordinairement éclater sont obturés par les nuages. Mais ces images peuvent naître sous l'action de la lumière artificielle.

Il nous faut donc avoir recours à un dispositif extincteur d'images pour localiser exactement l'objet des troubles. En l'espèce, il s'agit d'une pointe accompagnée d'une résistance solénoïdale que l'on tient verticalement dirigée vers le sol.

Ainsi armé, nous reprenons notre prospection et ne tardons pas à rencontrer l'objet générateur de maléfices.

Face à une table de chevet nous sommes arrêté par une petite barque en bois occupée par trois rameurs de bronze.

— 161 —

— Un de ces rameurs est maléficié, annonçons-nous à M. M......
— C'est celui du milieu !...
— Oh ! fit M. M...... voilà une révélation qui vaut son pesant d'or, car elle me met sur la voie !
— Cet objet, voyez-vous, est un cadeau offert par une personne suspecte d'antipathie. Au surplus, cette personne fait de la magie noire. Comprenez-vous ?
— Il s'agit maintenant de vous débarrasser de ce bibelot inquiétant, conseillons-nous à M. M......
— Faites le nécessaire pour cela, nous est-il répondu !

Soigneusement nous nous emparons du rameur indésirable, l'enveloppons dans un tissu noir et allons le jeter à la Seine non loin de là.

Et, ce fut tout ! Les troubles ont disparu. M. M...... a pu donner libre cours à son activité intellectuelle, à ses recherches scientifiques et tirer avantage de ses intéressants travaux.

Cet exemple expliquerait, semble-t-il, le phénomène de transfert, par objet interposé, d'états affectifs, comme un magnétisme induit, tendant à reproduire indéfiniment les termes mêmes des pensées de l'envoûteur. C'est en tout cas ce que l'on peut appeler l'astral d'envoûtement.

Ce fait particulier semble établir que divers états affectifs peuvent s'incorporer aux objets, et sont capables de se répéter sous forme d'émotions impondérables, en provoquant une multitude de réactions physiologiques incoordonnées dont on ne doit pas négliger l'importance.

Ici, comme dans le cas des reliques profanées, nous avons rompu un accord de résonance mauvais établi entre un être vivant et un objet maléfique.

Ce ne sont pas les seules forces qui contrarient et paralysent le libre épanouissement de la vie. Nous allons en aborder d'autres qui émeuvent les forces intimes de l'âme, et sont autant de mystères qui se manifestent au-delà de la vie commune.

CHAPITRE IX

Les Chefs-d'Œuvre. — Les Maîtres. — Le Sentiment Artistique. — Rembrandt. — Œuvres Diverses. — La Joconde. — Flora. — Le Christ. — Le Divin Maître. — Les Œuvres Tourmentées. — La Contemplation d'un Tableau d'Art. — L'Esprit se pose sur la Matière. — L'Expertise Radiesthésique. — L'Art et l'Amour.

LES TABLEAUX D'ART

Il n'est pas inutile, croyons-nous, de dire un mot sur les ouvrages de peinture qui, en dehors de l'influx magnétique du maître, de l'artiste ou de l'élève, gardent en eux une personnalité définie, un caractère particulier, une influence propre.

*
* *

On sait que beaucoup de chefs-d'œuvre sont, pour la plupart, dans les cathédrales, les musées, les collections privées ou les pinacothèques du monde entier, et que, par conséquent, il n'est pas permis à tout le monde de s'en rendre acquéreur.

Mais il existe des copies ou des photographies de ces œuvres d'art, lesquelles sont suffisantes pour agir, selon leur nature, au même titre que les originaux, et peuvent attirer des sympathies ou projeter des antipathies, émettre des sensations agréables ou radier de l'agitation, communiquer des effluves sentimentales ou transmettre des vibrations d'inquiétude.

Parmi les Beaux-Arts, la peinture est une des plus belles manifestations de l'intelligence humaine, car elle reflète le plus le monde intérieur avec ce que la nature et les hommes présentent de plus pittoresque ou d'aimable, et le monde extérieur avec tout ce qui se passe sur terre et dans les sphères célestes, en illuminant à l'infini tout ce qui se joue dans la vie des hommes et dans la vie des cieux.

D'ailleurs, certains de ces chefs-d'œuvre ne procurent-ils pas les plus pures jouissances, ne surprennent-ils pas les yeux par l'éclat subtil de leurs couleurs, par les jeux fugaces de leur lumière ?

Par l'intensité de leur vie, par leur naturel, par leur intimité ne sont-ils pas capables de déterminer les plus nobles sensations ?

Les peintres — paysagistes, portraitistes, animaliers, imagiers, fabulistes, humoristes — de toutes les époques, de toutes les écoles célébrèrent les spectacles de la nature et les scènes de la vie matérielle ou spirituelle — esthétiques, aristocratiques, mondaines, bourgeoises, rurales, guerrières, politiques, religieuses, intellectuelles — avec la ferveur d'une aimable mystique, par des prestiges radieux de couleurs.

Beaucoup élevèrent leurs œuvres aux plus hauts sommets de l'art par l'opulence de leurs tonalités, comme incarnées dans des formes séduisantes ou rustiques, dans des poses et des gestes élégants ou campagnards.

*
* *

Tous se sont efforcés de concilier la beauté et la vérité dans le souci de leurs compositions de plein-air ou d'intérieur.

Les uns, en vrais connaisseurs de la nature et de l'homme, peignirent le monde avec ce qu'il contient, avec ce qu'ils voyaient ; tantôt sous des aspects graves et farouches, et ce afin d'exprimer la nature et l'homme sous les formes les plus variées, sans se préoccuper des choses surnaturelles.

D'autres, thaumaturges ou visionnaires, brossèrent des sujets de la Bible, des mythologies et des oracles afin d'emporter l'homme au dessus des réalités terrestres, pour célébrer aussi, par des étincelles occultes, les extases devant les splendeurs célestes, enfin, sans doute, pour mettre en lumière des scènes fictives ou imaginaires aux reflets mystérieux en transposant en phénomènes surnaturels des visions contemplées avec les yeux de l'esprit.

D'autres encore, répudiant les rêves et les rêveurs, se firent les interprètes positifs de scènes légères et égrillardes touchant parfois à la licence ; aux scènes populaires, aux actions de brigandages et de risques ; aux figures de rudesse, de force dramatique jusqu'à la violence barbare.

D'autres, enfin, hostiles à toute audace charnelle, négligeant les scènes picaresques, traitèrent plus spécialement des portraits, des étendues maritimes et fluviales avec leurs navigateurs et leurs riverains, des paysages classiquement idéalisés d'apothéoses diverses.

Il n'est pas jusqu'aux « impressionnistes » descendants en ligne droite des « naturistes » dont les œuvres sont couleurs et taches, qui ne firent école sur quelques autres adoptant comme facture un procédé particulier dit « pointillisme » consistant à décomposer les tons par des touches séparées.

Comme derniers venus, les « cubistes » ramenant les formes à des graphiques schématiques, à des figures géométriques et qui, sur les trois dimensions des objets n'en représentent que deux, de sorte que les objets apparaissent simultanément de face et de profil.

Pour en venir au sujet qui nous intéresse, constatons que nous décorons souvent notre intérieur au gré de nos caprices, de nos fantaisies et des occasions sans nous soucier le moins du monde si la représentation d'une toile est digne de nous, ou si nous sommes dignes d'elle, en un mot, si nous pouvons vibrer en accord de résonance avec la facture de l'œuvre.

On oublie trop facilement, ou on l'ignore trop souvent, que l'artiste qui exécute un tableau y couche tout son sentiment, toute sa pensée, que, par ailleurs, le sujet représenté est souvent l'expression d'un fait de la vie courante.

Ceci afin de faire remarquer que le tableau n'est pas seulement animé de la mentalité de l'artiste, mais encore du caractère de l'œuvre : noble, trivial, reposant, chagrin, calme, irrité, etc. Autant de radiations différentes qui peuvent s'en dégager et, par le phénomène de la résonance, exercer sur nous leurs diverses influences : confessionnelles, mythologiques, dramatiques, poétiques, heureuses, infortunées, etc.

Ces influences peuvent s'ajouter à nous sous forme de contre-parties invisibles qui nous prennent dans leurs filets gracieux ou terribles, lucides ou obscurs et pénètrent par tous les pores.

Prenons l'exemple d'une copie de bas-relief d'un ALEXANDRE et DIOGÈNE, ou d'une représentation de NAPOLÉON avant 1812, nous serons infailliblement gagnés par des radiations de conquêtes.

Ce n'est pas un tableau représentant PIZARRE, sorte d'aventurier espagnol, farci d'orgueil, desséché de cupidité, rougi de cruauté, qui nous apportera des radiations de modestie, de générosité et de bonté.

Une scène de BACCHUS, glorifiant les rites et les agapes du culte dionysiaque, sera à radiations d'ébriété, d'hébétude ou de folie : « NIL SIMILIUS INSANO QUAM EBRIUS » (Nul ne ressemble à un fou comme un ivrogne).

Ici les formes-pensées de l'auteur se traduisent par une couleur rouge-sombre, témoignant d'un sentiment de folie en puissance.

*
* *

Nous préférons les toiles lumineuses, les ravissants paysages d'un Claude LORRAIN, peintre du soleil, ou encore les œuvres d'un REMBRANDT, maître incontesté par sa puissance, la richesse éblouissante de son pinceau, sa science du clair-obscur dont il fut le premier à montrer toutes les ressources par la vie de ses carnations, la vigueur de ses ombres et l'éclat de ses lumières.

*
* *

Cependant, dans la carrière de REMBRANDT deux natures de radiations animent ses œuvres.

Exemple : prenons REMBRANDT et SASKIA, sa femme, par lui-même, nous décelons des radiations d'une facture scrupuleuse de félicité. En effet, cette œuvre a été brossée alors que REMBRANDT était dans la période la plus heureuse de sa vie, aux jours de ses ardeurs juvéniles, au moment où il était en pleine possession de ses moyens, débordant de fougue et d'espérance. (Fig. 5). Figure que nous avons empruntée à « LES CHEFS-D'ŒUVRE de la PEINTURE », par Max ROOSES et édité par Flammarion, Paris.

Ce sont des radiations à rechercher, soit sous forme originale, soit sous forme de copie ou de photographie.

Nous y puiserons l'encouragement et la satisfaction, devant une œuvre adroitement réalisée dans la quiétude absolue des sens et dans le plein épanouissement du génie.

— 169 —

Ne le prenons pas plus tard dans « L'Enlèvement de Ganymède ». Car, à cette époque nous le trouvons déjà accablé de chagrin et de tristesse à la suite de revers nombreux et d'épreuves pénibles.

A ce moment là, Rembrandt a l'âme démoralisée, ses forces physiques déclinent, un morne découragement s'empare de lui, et craignant l'uniformité, il abandonne l'orgie des couleurs pour verser dans des représentations austères, effarantes, souvent un peu décousues comme « Samson terrassé par les Philistins ».

Cette scène est d'ailleurs une des plus dramatiques de ses œuvres. Sauvage bagarre au cours de laquelle le martyr ensanglanté est terrassé par quatre soldats : l'un lui enchaîne les poignets, un autre lui crève un œil, un troisième le menace de sa lance, un quatrième lui maintient la tête contre terre.

Lorsque nous posons nos regards sur cette œuvre, nous devinons ce qui se passait dans l'âme du Maître et sommes empoignés par sa crainte, son incertitude, son inquiétude, sa nostalgie et son regret. Nous sommes envahis par l'expression de douleur et de cruauté de cette scène inhumaine et féroce.

Evitons, par conséquent, de telles représentations.

Ne nous attachons pas davantage aux œuvres de Ferdinand Bol, le meilleur élève de Rembrandt, car il répète assez fidèlement l'état d'esprit de son Maître au déclin de sa vie. (Fig. 6).

La « Barque de Dante » chef-d'œuvre d'Eugène Delacroix, nous incline à participer au drame de Dante et Virgile traversant le lac infernal dans une barque conduite par Phlégias. Au surplus, l'histoire, les radiations orangé mélangé d'écarlate, de ce roi légendaire nous guettent comme une proie facile.

On sait que ce dernier, pour se venger d'Apollon qui avait séduit sa fille Coronis, mit le feu au temple de Delphes. Il fut précipité dans le Tartare, où Tisiphone empoisonnait tout ce qu'il touchait.

On n'imagine pas à quel point une telle œuvre peut générer des formes-pensées pouvant se concrétiser, se matérialiser et pousser celui qui la possède à en devenir la victime de fait.

Mais, fera-t-on remarquer ! C'est de la mythologie pure ?

C'est parfaitement exact !

Il n'empêche que des toiles de cette nature sont pour un musée et non pour un particulier.

Un « Phryné devant l'Aréopage » de Gérome, dégage des radiations rose-foncé d'humiliation et de pudeur offensée, mais aussi d'autres plus insinuantes d'orgueil et d'avidité appartenant à un type de femme-courtisane habile à dissiper les fortunes, ainsi que des radiations de couleur jaune-clair de lubricité émanant des juges désarmés devant la beauté charnelle de celle qu'ils devaient condamner pour impiété.

— 171 —

*
* *

Par contre, nous serons favorablement influencés par l'heureuse composition de Greuze « Accordée au Village », par cette charmante jeune fille toute timide, une rose à son corsage blanc, et conduite par son fiancé. Scène de famille vraiment reposante et pure, montrant la clarté de l'esprit de son auteur.

*
* *

La poésie simple et profonde de l' « Angélus » de Millet, dont l'aura est d'un bleu profond, témoignant de sérieux et de respect religieux, nous incite à la prière, au moins au recueillement.

*
* *

Nous serons envahis, par résonance, par une ferveur spéciale, bleu-éteint, d'un caractère de sainteté avec la « Bénédiction des Blés », scène rustique traitée avec beaucoup de charme par Jules Breton.

*
* *

Une mystérieuse « Joconde » Mona Lisa, de Léonard de Vinci, nous trouble par son sourire prestigieux, à la fois bienveillant et dédaigneux. Nous restons rêveurs devant l'énigme de sa physionomie, de ses grands yeux profonds qui nous dévisagent, et scrutent jusqu'aux tréfonds de nous-mêmes. (Fig. 7).

Recherchons des Titien célébrant la beauté féminine, en particulier « Flora » d'une carnation satinée aux contours radieusement épanouis. (Fig. 8).

Attachons-nous à des Van Dyck aux dessins savants et simples, d'une délicatesse infinie et d'une frappante vérité.

Ne négligeons pas les Raphael, maître inimitable dans la peinture des madones, si débordantes de jeunesse, de fraîcheur et de chaste maternité. Nous serons noblement touchés par les radiations de ces dessins parfaits de la vie, par la justesse des mouvements et l'harmonie souveraine des lignes.

Voyons aussi les Lancret d'un artiste puissant, personnel quoique un peu réaliste.

Dans le même ordre d'idées, le portrait du Christ représenté crucifié n'est pas indiqué, en raison des radiations de souffrances qu'il émet.

Combien est préférable le Seigneur sans croix, sans stigmates, car Il est ainsi le reflet de toute la religion chrétienne. Il inspire la prière, préconise le pardon, réveille les vertus endormies, et semble exprimer le précepte « Aimez-vous les uns les autres ».

D'ailleurs, pourquoi toujours représenter le Christ dans son moment d'agonie ? Il n'a plus sa couronne d'épines, Il ne souffre plus, Il est heureux.

Pourquoi veut-t-on qu'Il soit malheureux ?

Les hommes comprennent mal ce qu'Il fut, et ne conçoivent pas mieux ce qu'Il est.

— 173 —

Penchons nos regards sur un CHRIST couronné d'épines (Fig. 9) et remarquons l'expression vraiment poignante de son visage tout entier. C'est comme le spectacle rémanent des actes d'atrocités des bourreaux qui se livrèrent sur Lui aux pires extrémités. Par contre, nous apprécions ce quelque chose de serein, de grandement céleste qui parcourt sa face au plus fort de la torture. Cette ineffable détresse nous touche et nous trouble.

Combien nous préférons le Sauveur dégagé de toute matérialité, ignorant la souffrance, connaissant la félicité.

*
* *

Examinons la Fig. 10, voyons ces yeux divins, ingénus et purs desquels se dégagent le calme et la douceur. Comme nous sommes frappés par l'effusion attendrie de ce visage candide duquel semble sortir une intense modestie immaculée comme venue du ciel pour symboliser tout ce qu'il y a de radieux dans le surnaturel.

Un sentiment hardi de surnaturel nous enveloppe en face de « LA CUISINE DES ANGES » de MURILLO. Le côté religieux de cette œuvre provoque un élan mystique véritable de couleur bleu-indigo.

*
* *

« L'EMBARQUEMENT POUR CYTHÈRE », de WATTEAU, crée en nous une tendance à nous laisser transporter dans cette île enchanteresse, patrie allégorique des amours. La sexualité s'y exprime dans tout son accent par une lueur blafarde assombrie.

*
* *

« Le Retour a la Terre » de Troyon, dégage un sentiment de liberté champêtre ; « Roger délivrant Angélique », d'Ingres, est d'un effet merveilleux contre les cauchemars, « La Récolte de la Manne » de Puvis de Chavannes, est synonyme d'abondance, « Le Printemps », de Lancret émet des effluves de renouveau et gagne le cœur des désespérés, « Le Repas du Soir », de J. Bail projette des vibrations d'esprit familial et de réconfort. Et, nous pourrions ainsi continuer longtemps, mais nous pensons que ces quelques exemples sont amplement suffisants pour faire comprendre le sens de l'étude que nous affectons aux radiations de copies de la vie apparemment inanimée.

*
* *

Ajoutons toutefois que des scènes légères et libidineuses dans une chambre à coucher ne seront pas d'un heureux effet, elles pousseront à l'infidélité.

Une scène d'ivrognerie dans une salle à manger engagera à l'usage excessif des boissons.

Un bateau en détresse sera pénible à la vue, un naufrage conduira à la faillite, une représentation de jeune fille-mère, chassée du toit paternel, tendra à communiquer ses radiations aux occupants d'un foyer. (Fig. 11).

Un ciel tourmenté et sombre, la tempête, les arbres tordus ne sont pas indiqués aux personnes nerveuses, inquiètes, mélancoliques et tristes.

Des œuvres de futuristes aux couleurs violentes, même savamment juxtaposées, sont à radiations irritantes, agaçantes ; leurs lignes irrégulières inclinent aux querelles et à la discorde.

— 175 —

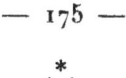

Pour clore ce chapitre, nous conseillons d'éviter les représentations touchant au monde interlope des mendiants, des gueux de toute sorte, des déclassés, des pauvres hères dépenaillés, et généralement tout ce qui vit en marge de la société.

On laissera de côté les exploits de mœurs de débauchés, de batailleurs, de piliers de tavernes, d'un moraliste comme Jean Steen.

On négligera également les scènes de chasse aux animaux sauvages, de combats livrés aux bêtes féroces aux mêlées furieuses et pathétiques, images de formes observées ou imaginées qui nous atteignent avec une flagrante pénétration et produisent sur nous un résultat défini.

Attachons-nous plus spécialement à ce que nous ont laissé les bons Maîtres des diverses écoles et des différentes époques, ou aux œuvres de leurs émules. Comme des toiles discrètes et poétiques d'un Puvis de Chavannes, tableaux remarquables par leur puissance synthétique, l'harmonie de leur composition, l'élévation de la pensée et la sobriété de leurs coloris.

Quelques-unes de ces œuvres nous mettent en accord de résonance avec l'empire du silence des nuits sereines, à l'heure où tout repose sur la terre.

Attachons-nous également à des scènes de Rubens où brillent la fécondité d'une imagination inépuisable, une énergie bienfaisante et une verve hardie.

La contemplation d'un tableau d'art nous met en présence d'une résurrection du passé au même titre qu'un cas de tristesse d'enfance reparaît dans la vieillesse, d'un sentiment de jalousie qui se réveille soudain alors que l'amour qui l'avait provoqué est mort.

L'image du peintre est rémémorée dans son œuvre, elle accompagne l'état affectif de cette œuvre, agréable ou pénible, triste ou joyeuse. Tous ces sentiments reparaissent spontanément lorsque des sentiments analogues surgissent dans le psychisme du contemplateur ou du propriétaire.

Ce sont là des conditions de la perception dont l'esprit ne peut jamais s'affranchir, puisqu'il pense toujours par figure et mouvement.

On est ainsi convaincu du bouleversement intérieur qui peut s'emparer de l'homme au spectacle d'un tableau d'art.

On entrevoit comment il peut recevoir, assimiler les radiations du substratum d'une œuvre sous forme de chocs émotionnels : affectif ou répulsif, conformes à l'élément représentatif et au système formé autour de son centre émetteur. On comprend aussi comment il est sensible aux excitations des radiations d'une œuvre d'art, comment il réagit, par résonance artistique, par simples réflexes et sans en prendre réellement conscience.

D'après Bergson l'esprit se « pose » sur la matière, il y laisse la marque personnelle de l'auteur par son côté mental, de telle sorte qu'il y a toujours une correspondance étroite entre la représentation, le sujet et l'artiste, même décédé. Dans ce cas, la résonance subsiste entre l'œuvre et la tombe de l'artiste.

Voilà qui fait comprendre pourquoi une œuvre d'art, par son rôle évocatoire, est capable de stimuler fortement les réactions motrices de ceux qui possèdent cette œuvre.

Pour toutes les raisons exposées au cours de ce chapitre, nous concluons que les Morts vivent dans leurs radiations terrestres, qui leur survivent ; autre postulat de la survivance de l'âme.

L'EXPERTISE RADIESTHÉSIQUE

Ce chapitre des Tableaux d'Art nous est un prétexte pour relater une application de la Radiesthésie dans l'art de reconnaître l'authenticité d'un tableau attribué à un auteur.

En effet, au moyen de la Radiesthésie, il est facile de dire si un tableau est de tel auteur, s'il a été entièrement brossé par lui, si des élèves y ont posé leur pinceau et à quel endroit, ou s'il s'agit tout simplement d'une copie.

Dans ce cas, le pendule est un moyen rapide d'investigation ne présentant pas moins de certitude que l'analyse à la lumière d'un laboratoire spécialisé.

Pour s'assurer l'authenticité d'un tableau, il faut, avant tout, posséder quelque chose de l'artiste, sa photo par exemple, même si ce dernier est décédé, ce quelque chose servant de témoin.

On passe le pendule au dessus du témoin et on attend qu'il tourne positivement sur les radiations rémanentes de l'artiste puis, le détecteur est présenté oscillant au-dessus du tableau à identifier.

Si le pendule tourne dans le même sens, on a la confirmation que l'œuvre est bien du Maître. Si, au contraire, il renverse sa giration, il est à présumer qu'il n'y a pas résonance et qu'on a affaire à une copie ou au moins à un tableau touché par un ou plusieurs élèves.

On peut encore, et plus simplement, faire la comparaison par photographies des œuvres d'un maître en les opposant à une toile à expertiser, suivant la méthode que nous enseignons au chapitre « Les Photographies ».

On ira même jusqu'à expertiser la signature, car il n'est pas plus malaisé, bien au contraire, d'imiter une signature que la facture d'un peintre.

Comme on le voit la Radiesthésie peut valablement aider les experts d'art.

L'ART ET L'AMOUR

Dieu nous accorde des points d'exemples, Il nous a donné celui-ci dont le récit a sa lumineuse importance.

***

M. M.... individualiste farouche, est un artiste talentueux ignoré.

Il possède un atelier de portraitiste et peint comme on respire, avec une surprenante autorité de Maître.

Considérant les commentaires humains comme des arguments sans valeur il a perdu de vue toute sa famille composée de parents indifférents, ingrats, égoïstes et, après avoir fait le tour des hypothèses, des incertitudes et du cirque qu'est l'existence, il se trouve dans la solitude sentimentale et professionnelle la plus glaciale.

Mais, au fond, l'amour de l'art masque mal, chez lui, l'amour sensuel de la femme.

Pauvre comme Job, il mène une vie de bohème sans le sou.

Il a beau hypothéquer l'avenir et la gloire, ses toiles ne se vendent pas ; il se débat dans le plus complet dénuement parmi les réalités infernales de la vie.

***

Parfois, une porte semble s'entre-bâiller sur son destin, mais pour quelques instants seulement, puis se referme brutalement sur son nez et son penchant naturel.

En vain cherche-t-il la route de l'élan et la sortie de la tempête humaine pour trouver l'arc-en-ciel sauveur.

*
* *

M. M.... nous rend visite.

— Je sais, dit-il, que vous pouvez beaucoup favoriser le sort de vos semblables qui se débattent dans le marais de l'adversité.

— Je suis de ceux-là et viens vous demander de vous pencher charitablement sur mon cas. Car, avec votre aide et votre puissance magnétique je pense pouvoir trouver ce quelque chose qui me manque : une femme digne de moi, une femme-messie, sorte de personnalité messianique.

— Doué d'un certain talent, je n'ignore pas que l'homme ne peut rien réaliser de merveilleux sans l'appui d'une effective sentimentalité féminine.

— Profondément croyant, je me sens capable d'un amour-religion.

— Savez-vous ce que c'est, un amour-religion, questionne l'artiste ?

— Il nous semble, si nos souvenirs sont exacts, que l'amour-religion est une modalité assez rare de l'affectivité humaine, une sentimentalité amoureuse doublée d'une sensibilité religieuse, une amitié dépassant les limites de l'affection ordinaire où le désir est une adoration pour exprimer ce que le langage normal de l'amour ne peut traduire, même dans les minutes enivrantes des transports passionnels. C'est à peu près la définition de Pierre GEYRAUD dans son livre « LES PETITES EGLISES DE PARIS » (1).

— C'est cela même, confirme M. M....

---

(1) Editions EMILE-PAUL Frères, Paris.

— C'est, sans doute, une façon un peu choquante de concevoir et de sentir l'amour, ajoute cet auteur ? Mais, il sait que chez certaines personnes l'amour-religion peut prendre la nature d'une véritable religion.

— Rien n'est beau, rien n'est émouvant, rien n'est puissant comme l'amour-religion. Il prend l'être tout entier et l'élève à des hauteurs sublimes où s'effusent en émanations masculines et féminines les aspirations de l'homme et de la femme revêtus du caractère divin de l'amour de Dieu.

— D'ailleurs, ajoute notre peintre, n'est-ce pas au contact de la femme que beaucoup de grands hommes se sont élevés pour étonner leur génération et pour passer à la postérité ?

— Sans le souffle sacré de l'amour, le génie n'est qu'une jachère improductive, sans lui la vie est un violon sans cordes, un tonneau sans cercles, une fleur sans parfum.

— Sans l'appui de cette force, il n'y a pas de chefs-d'œuvre ni de bonheur ici-bas.

— Rien de grand ne se fait sans ce messager des Dieux.

— J'ai bien de temps en temps des écarts de jeunesse, mais cela ne suffit pas à résoudre mon problème. Au contraire, la plupart du temps, j'en sors amoindri dans ma dignité. Je ne trouve pas dans ces passades cet halètement du cœur, ce soutien merveilleux des petits et des grands, des pauvres et des riches, des vilains et des beaux.

— D'autre part, mes contemporaines, au moins celles que je crois connaître, sont superficielles, frivoles et banales ; insuffisantes d'esprit, pauvres de cœur ; souvent animées d'un ridicule orgueil, d'une sotte vanité et gonflées d'arrogance et de dédain.

— Beaucoup de ces femmes, qui aiment par devoir ou font comme si elles aimaient, piétinent les pavés pour courir des amours, des mensonges et des magasins. Ces femmes fantasques, extravagantes et capricieuses je les juge incapables de diriger les chapitres de ma vie dans les sentes qui mènent aux cimes de la célébrité... Restent les exceptions...

— Voilà en peu de mots ma situation et mon état d'esprit.
— Pouvez-vous faire cette sorte de miracle : effacer le passé, reculer le présent et avancer l'avenir afin que je réalise ma vocation profonde d'être un peintre connu en collaboration avec l'amour vrai que je cherche depuis longtemps ?

Notre réponse est affirmative, mais à la condition que nous soyons tenu au courant des moindres détails d'une vie nouvelle qui va commencer pour M. M....

Vous voudrez bien, demandons-nous à notre interlocuteur, nous confier une de vos photographies de manière à posséder un support sur lequel nous allons appeler les radiations du sexe qui doit présider à votre succès.

Il est possible, ajoutons-nous, qu'avant peu de temps vous n'ayez que l'embarras du choix. Quoiqu'il en soit, chaque révélation dans ce sens doit nous être soumise aux fins d'étude radiesthésique sur les affinités.

Nous mettons la photographie en batterie et nous attendons.

Peu de temps après cet entretien M. M.... nous écrit :
— Cher Monsieur, votre travail commence à porter ses fruits. L'amour s'est déclaré... Je crois avoir trouvé la femme capable de recevoir les élans et les échos de ma flamme artistique et sentimentale.

— Au cours d'une promenade j'ai rencontré une charmante jeune fille au visage éclatant, délicat et charnel, empreint d'une certaine noblesse. C'est un idéal de séduction capable d'exalter la plus froide imagination.

— A toutes fins d'étude je vous adresse sa photographie.

Ce n'est qu'une fausse joie, car à l'étude radiesthésique et psychométrique cette jeune fille se révèle comme passionnée pour l'argent et capable de beaucoup de choses pour en obtenir.

C'est, au surplus, une personne sans mérites, sans vertus, sans pensées, mais souillée de fautes honteuses, avec une mentalité douteuse quelque peu élastique et une bonne petite dose d'égoïsme.

Rêve vite évanoui, qui créera vite un rêve nouveau.
C'est à recommencer !...

M. M.... doit reprendre sa vivante lassitude parmi les soucis des pauvres choses humaines.

Un peu plus tard M. M.... part pour une station balnéaire, (il nous en informe), afin de perdre le fil d'un sort peu enviable dans les limites sans bornes de la mer et du ciel confondus.

A nouveau il écrit :

— J'allais renoncer à chercher celle dont j'ai tant besoin lorsque, il y a quelques jours, une des plus jolies filles de la plage, où je villégiature, s'est mise sur ma route.

— Je sens pour cette femme une inclination croissante. Elle a déjà fait en moi quelque chose de miraculeux, elle a changé mon désespoir en espoir.

— Comme vous le constaterez vous-même c'est une personne jeune et fraîche, souriante et gracieuse. J'ajoute qu'elle a des manières distinguées, une dignité simple et aimable.

— Comme convenu je vous adresse sa photographie. Voulez-vous l'étudier et me dire ce que vous en pensez ?

Une fois encore il y a maldonne. En effet, d'après nos investigations cette autre jeune fille, apparemment sentimentale, est d'un matérialisme déconcertant, animée de principes bassement humains, ignorant la mystique du monde et mille choses du ciel, mais connaissant fort bien toutes les roueries de cette terre.

Incontestablement, c'est une beauté, mais une beauté fatale capable de donner congé à la fidélité du matin au soir et du soir au matin, en ce sens qu'elle est destinée à avoir de nombreux admirateurs. Et cela pose un terrible point d'interrogation.

Au surplus, elle donne l'impression d'une tête sans cervelle, mais pleine d'excentricités impétueuses et de tempêtes secrètes.

Ce n'est pas encore celle-là qui peut rendre l'artiste comme il veut être, tel qu'il doit être.

Sur ces deux faux départs, malgré l'arrivée incontestable de radiations du beau sexe que notre artiste n'a pas coutume de recevoir, nous décidons d'aller étudier son atelier, car nous sommes persuadé qu'un impondérable empoisonne sa vie autant qu'il contrarie notre travail.

Effectivement, rendu chez lui, notre attention est attirée par une toile indésirable représentant une soupe populaire. Ce tableau quoique brossé avec beaucoup d'art n'en est pas moins funeste, car son thème est une file de miséreux, grelottant sous la pluie, attendant leur maigre pitance à la porte d'un établissement charitable.

Descendez cette toile, conseillons-nous à M. M...., déchirez-la en mille pièces et allez jeter le tout à l'eau courante.

C'est cette représentation qui, par ses radiations tristes et affligeantes, bride et entrave votre sort. C'est elle qui baillonne votre destinée et vous attache au poteau de l'isolement professionnel.

Un peu surpris, mais docile et obéissant, l'artiste n'hésite pas à entreprendre cette œuvre de destruction devant donner naissance à son génie créateur et appeler l'âme sœur.

Deux mois et plus s'écoulent sans nouvelles de notre peintre.

Mais les Parques filaient en silence la trame de sa vie nouvelle.

Enfin, nous recevons une nouvelle lettre :

— Cher Monsieur, J'étais sur le point de m'engager sur la pente glissante du découragement lorsqu'un beau matin je reçois la visite d'une jeune femme venue me demander de faire son portrait en buste.

— J'exécute ce travail avec toute mon âme à l'immense satisfaction de ma cliente.

— A quelques jours de là je reçois à nouveau sa visite.

— Encouragée par votre talent, dit-elle, je viens vous prier de faire mon portrait grandeur naturelle sans artifices vestimentaires.

— J'accède à son désir et, sur le champ, je décide de procéder à l'esquisse.

— Après s'être dévêtue avec une grâce juvénile, la jeune femme apparaît à mon admiration comme un modèle digne de PRAXITÉLE.

— Une rumeur sourde circule dans mes veines en voyant cette poitrine haletante sous laquelle je devine un cœur gonflé d'émotion.

— Timidement, je lui prends la main pour la diriger dans l'attitude la plus naturelle de sa pose lorsque, par un concours de circonstances, mon visage frôle le sien, mes lèvres touchent les siennes, j'aspire l'haleine de sa bouche humide et profonde.

— Tout cela s'est passé en moins de temps qu'il ne faut pour le dire et sans la moindre privauté, car c'est une feuille blanche sur laquelle il n'y a encore rien d'écrit !...

— Mais une douce et terrible certitude nous gagne : je l'aime, elle m'aime, nous nous aimons.

— Elle me donne son petit nom : Juliette, nom admirable de simplicité et de modestie.

— J'entreprends donc le portrait que j'exécute avec toute ma science, tout mon optimisme, tout mon amour aussi. Ma palette m'apporte une facture extraordinaire d'une luminosité délicieusement féminine

La touche finale de l'œuvre tombe et tous les deux nous restons en contemplation muette, elle pour mon travail, moi pour la noblesse harmonieuse des plis adorables de mon modèle.

— Cette toile est une merveille d'inspiration, enivrante de ligne, de forme et d'allure, elle fait des envieux, suscite des amateurs, attire des curieux profanes et connaisseurs.

— Voilà où j'en suis, cher Monsieur, ne vous serait-il agréable de passer chez moi afin d'étudier cette toile ?

Nous nous rendons à cette invitation et procédons à l'examen de l'œuvre, expression magnifiée du corps d'un modèle digne d'une Vénus.

Elle a un beau sourire dans des yeux bleus d'une pureté enfantine, des yeux adoucis par une bonne volonté que l'on devine, un corps éclairé par des lignes et des formes discrètes.

— A l'étude, elle se révèle comme une femme d'excellente condition et de bonnes mœurs. Elle est intelligente, artiste et érudite. Sa nature est franche et loyale ; son affection sincère et constante. En un mot, elle nous apparaît comme pouvant, comme devant être votre rêve, affirmons-nous à M. M.... Elle est le point de départ de votre cœur, c'est votre idéal, dans lequel vous trouverez tout : illusion, bonheur, confiance, enthousiasme, car elle est avec vous en résonance de goûts et de sentiments.

— C'est au reste, une femme admirable de générosité, symbole de la vraie donation et de l'abandon d'un cœur confiant. Elle est prête pour être heureuse et à faire don d'elle-même comme d'une chose toute simple.

— Pour conclure, disons qu'elle sera la fée magique qui vous conduira au sommet de la plénitude de votre art.

— Je suis particulièrement heureux de ce que vous me dites, confesse le peintre, car elle m'a conquis et je veux la garder.

Les heures sont brûlantes, pensées, rêves et espoirs sont de feu et, comme ni l'un ni l'autre ne cherche un enivrement passager mais une union solennelle, ils se marient.

La vie a de ces délices insoupçonnées !...

A partir de ce jour, grâce au portrait de Juliette notre artiste peut entrevoir le havre de la renommée. Il le sent bien, un élément nouveau est entré dans sa vie, un élément amplificateur de la force de conception ; cet élément c'est Juliette chez laquelle une harmonie préétablie ne demandait qu'à être éveillée et à faire épanouir le génie.

En droit d'escompter la réalisation de ses espérances en travaux lucratifs, notre peintre a l'impression de commencer sa vie sous l'empreinte de la fine silhouette de Juliette à laquelle il doit sa hardiesse dans l'art et son bonheur dans l'amour, l'un inspiré par l'autre.

L'esprit du Maître bouillonne, il est animé de la fièvre créatrice, un formidable besoin de peindre le soulève, il veut accomplir sa mission la plus haute.

Il ébauche et réalise sans cesse en des touches délicates et expressives, il met ton sur ton à une allure inconcevable, son pinceau de beauté féminine lui fait concevoir des sujets d'une captivante, d'une palpitante objectivité qu'il semble puiser dans une immense contemplation éternelle et comme participant de la Femme et du Ciel dans un raid astral.

Libéré de toutes contraintes d'une existence pénible, plate, monotone et insipide, il prend son essor dans une vie transcendante de créations, sans une pensée aux plus heureux de ce monde, secondé par sa femme, qui a su allumer l'âme du Maître pour en faire le flambeau du succès et de la célébrité dans les cataractes de la jouissance artistique et sentimentale.

Ils peuvent crier « Vive nous ! Vive le génie ! Vive l'amour ! qui tombent avec le goutte à goutte des minutes, des heures et des jours sur la grande foulée de leur vie en commun enthousiaste de bonheur, exemple magnifique de la volonté du Créateur.

Aimer ! n'est-ce pas le plus sublime des arts comme aussi le plus puissant des leviers ?

Les heures sonnent toujours au cadran de la vie pour qui sait attendre confiant les yeux fixés sur les aiguilles du destin.

Et, voilà comment une toile ténébreuse et maléfique peut empêcher un homme de vivre sa vie, de peindre son poème ; comment aussi une femme peut lever l'interdit qui plane sur un génie, chasser le sort adverse, brûler l'hésitation, dissiper les tribulations et faire briller le soleil radieux de la Gloire.

Mais, dira-t-on, comment concevoir que, d'un portrait fait au moyen de différentes couleurs, on puisse extraire de quoi faire l'analyse physique et psychique de la personne représentée ?

On comprend assez bien qu'une photographie reflète les radiations de la personne photographiée, mais pour un portrait sur toile, on ne voit vraiment pas comment ?

Le processus est le suivant :

Le peintre qui exécute un portrait, photographie avec ses yeux, puis reproduit avec le magnétisme de ses yeux les lignes, les contours et les effluves humains du modèle.

C'est un travail qu'il accomplit sans trop s'en rendre compte et il n'y a pas lieu de supposer autre chose qu'une intelligence technique se servant d'expressions visuelles.

Grâce à son magnétisme, l'image qu'il reproduit, d'après le naturel, porte l'empreinte des manières, des habitudes, des préjugés, des mœurs du modèle.

C'est un dédoublement matérialisé de ce dernier, type d'ectoplasme émané de l'original et reporté sur la copie.

On conçoit dès lors qu'un radiesthésiste exercé puisse, par métapsychique mentale, faire surgir à la surface d'une toile inanimée les qualités et imperfections du sujet représenté.

Quoique ces phénomènes soient dépourvus de toute garantie scientifique et semblent singuliers aux physiciens, ils n'en existent pas moins pour les occultistes qui les considèrent comme réels, mais inaccessibles au sujet à l'état normal.

Cette faculté d'extraire des radiations psychiques de la représentation d'un organisme vivant au moyen d'une chose considérée comme uniquement matérielle relève précisément de la métapsychique mentale.

Quant à **expliquer** le phénomène de l'apport de radiations féminines sur une photographie de sexe masculin il faut envisager cet autre phénomène dit de « Téléplastie » c'est-à-dire l'objectivation de forces caractéristiques féminines **dont s'imprègne** la photographie masculine et, par extension légitime, la personne représentée.

Sous la conduite psycho-magnétique de l'opérateur il se crée chez l'homme une ambiance qui tient de la femme, un centre psycho-moteur à manifestation physiquement réelle, autour duquel vient papillonner tout ce qui est féminin.

Ceci n'exprime pas autre chose que l'identité de fonctionnement entre deux ou plusieurs individus de sexe opposé, lesquels sont actionnés, à leur insu dans leur sentimentalité, par de simples représentations photographiques.

En tenant compte de ce qui précède il est facile d'admettre que le fluide psychique peut s'attacher à des photographies et rebondir sur les personnes correspondantes.

FIN DE LA DEUXIÈME PARTIE

TROISIÈME PARTIE

LES ÉDIFICES

CHAPITRE X

Châteaux et Ruines. — Vestiges Pernicieux. — Un Château Envoûté. — Tragique Solitaire. — Une Chambre à Coucher où l'on ne peut Dormir. — Macabre Découverte. — De Trésor Point. — Châteaux Renaissance.

LES CHATEAUX

Que dire de l'aura mouvementée de ces antiques châteaux, au puissant corps de logis, quelquefois taillés dans les ruines des autres ?

Ensemble de bastions armés de grosses tours flanquantes ou de guet, dont les hennins d'ardoises dressent vers le ciel leurs pointes à girouettes, comme des casques de gladiateurs.

Demeures ancestrales entourées de fossés profonds, de colliers de guerre de machicoulis, de vieux murs percés de meurtrières, de bretèches et d'archères.

Vastes et imposantes masses flanquées de tours coniques, immenses entonnoirs renversés où tant de vassaux furent jetés pour avoir refusé le droit au Seigneur de poser la jambe dans le lit nuptial de ses vassales, représentation symbolique du droit de cuissage qui, dans les premiers temps du moyen-âge, donnait au Seigneur le droit de passer, avec la femme d'un serf, la première nuit de noces.

*
* *

Que de manants, taillables et corvéables à merci, furent enfermés dans les sombres cachots, dans les oubliettes affreusement humides, pour avoir refusé de payer la dîme, cette dîme rendue obligatoire par Charlemagne et abolie par la Révolution de 1789.

Se fait-on une idée de ces vastes cuisines aux dalles larges et sonores résonnant sous les pieds bottés comme des coups de marteau de Titan ?

Pense-t-on à ces vieilles cheminées profondes comme le Tenare ?

— A ces immenses salles bardées d'armures et de harnois de joute, cuirassées de panoplies où, en ce temps-là, se trouvait le centre de la vie courante ; seules et uniques pièces lieu de rendez-vous de toutes les décisions, point de départ de toutes les délibérations : internements, jugements et exécutions sommaires, expéditions guerrières, repas en commun ; salles à la fois tribunaux et confessionnaux ?

— A ces puits-précipices à gueule d'ombre, dans lesquels furent précipitées, dans le vide effrayant de leur tourbillon glacé, tant d'innocentes victimes ?

***

Pense-t-on à l'histoire de ces châteaux dont certains gardent encore la marque si féroce, d'un belliqueux et violent Charles Le Téméraire, la rémanence de la cruauté d'un Jean-sans-Peur, de l'agonie terrifiante d'une Marguerite de Bourgogne étouffée entre deux matelas, de la légèreté d'une Marguerite de France, de la vie folâtre de quelque duchesse de Saxe, des horribles souffrances des assaillants grillés par l'huile bouillante et le plomb fondu ?

Imagine-t-on ces murs écroulés, sortant à peine de terre, recouverts de mousse et de vigne vierge, nids de vautours qui ne sont plus que nids de verdure ?

Réalise-t-on ces fondations médiévales, anciens piliers d'édifices désarticulés, fendus, ébréchés, mis en pièces, disparus même avec le temps, les guerres, les incendies, la vétusté, ou démantelés sur l'ordre de Richelieu, vestiges semblant dire à l'homme : « Hodie mihi, cras tibi » ? (Aujourd'hui à moi, demain à toi).

Que d'histoires, que de radiations auxquelles s'alimentent tant d'affreux souvenirs pleins de mystères et de tristesse !

LES VESTIGES PERNICIEUX

Les années ont pu passer, les tempêtes, les bourrasques, les tornades, les furies, les cataclysmes ont pu prendre, à tour de rôle, un peu de leur physionomie première, ils n'ont pas, pour cela, effacé une seule ride de leur passé.

Vestiges demeurant les témoins fidèles des événements qui ont présidé à leur édification, aux mœurs de leurs occupants ou à leur destruction.

Ils sont encore entourés d'une sorte de vortex que l'on peut détecter radiesthésiquement, ce qui permet de retracer assez fidèlement le passé radiant — ne pas confondre avec radieux — des faits de guerre, des crimes et des tortures, qui se dégage de leurs ruines et flotte comme les ondulations incolores que l'on voit au-dessus de la campagne les jours d'été ; un peu aussi comme le Colisée de Rome qui, de nos jours, nous révèle toujours les radiations de terreur des martyrs chrétiens jetés aux lions, ou des prisonniers que l'on avait alors coutume de mettre à mort en présence d'une foule assoiffée de sang et avide d'émotions sadiques.

Vestiges souvent pernicieux par leur histoire incrustée dans leurs pierres ; forteresses mortes, mais toujours parcourues de vibrations exprimant la fermentation de ces rayonnements insidieux qui nous enfoncent dans leur carrière âpre et sanglante.

Leur « aura » reflète l'état d'âme de leurs anciens occupants, de leurs mœurs banales ou brutales, avec leur couleur gris-plombeux, en rapport avec la fantasmagorie de leur passé vague, trouble ou terrifiant ; cette aura, sans qu'on s'en doute, entre pour une bonne part dans la balance des biens et des maux de cette terre.

— 198 —.

Si l'on visite le donjon de V<small>INCENNES</small>, on perçoit encore l'ambiance d'une certaine nécromancie exercée sous le règne de Catherine de M<small>ÉDICIS</small>, et que nous avons relatée au chapitre des Téraphims.

UN CHATEAU ENVOUTÉ

Qu'on veuille bien nous permettre de relater ici un fait très caractéristique de radiations nocives émanant de certains châteaux.

La Baronne de C... désire vendre sa vieille demeure, mais, auparavant, elle tient à s'assurer qu'un trésor ne sommeille pas dans une quelconque cheminée, derrière un panneau tournant, sous quelque chausse-trape, dans un souterrain ou dans une oubliette.

Les trésors ! Il suffit de se décider à vendre une de ces propriétés historiques ou d'en acquérir une pour qu'immédiatement la pensée d'un trésor germe dans le cerveau du vendeur ou de l'acquéreur.

Il y a beaucoup de trésors, mais imaginaires. En réalité, ils sont moins nombreux qu'on ne le pense généralement. Cependant, il en existe de fameux qui n'ont pas été découverts et dont la terre garde encore le secret.

La Baronne nous dit que son château fut la propriété de toute une lignée dont sa fille est la dernière descendante.

— Ce château, déclare-t-elle, n'a jamais pu être habité de façon continue sans que les propriétaires successifs n'eussent été subitement ruinés ou gravement malades.

— Il existe comme une sorte d'envoûtement que je reconnais moi-même, car me trouvant là depuis un mois à peine, je suis dans l'obligation de lever le siège..., et de m'éloigner si je ne veux pas être la victime d'un fluide mystérieux qui m'empoigne par tous les sens, trouble mon sommeil, compromet ma santé et me met dans une situation précaire d'équilibre cérébral.

— Parmi mes aïeux, il y avait beaucoup de diplomates, et à ce titre, tous étaient tenus éloignés de ce fantastique château, mais chaque fois que l'un d'eux s'y fixait définitivement il recevait, peu après son installation, la visite de l'huissier ou du médecin.

— C'est effarant ! mais c'est ainsi.

— Voulez-vous, nous demande la Baronne, venir sur les lieux afin de chercher s'il n'y a pas d'objets précieux enfouis dans quelque endroit de ma propriété ?

Le déplacement est décidé. Nous nous rendons à Montauban où nous arrivons un dimanche matin vers 7 heures 1/2.

Nous allons prendre le petit déjeuner dans les environs.

Vers 9 heures une voiture vient nous prendre pour nous conduire à une vingtaine de kilomètres de la Patrie de Le Franc de Pompignan.

※
※ ※

A mi-chemin, nous apercevons l'échauguette en encorbellement du fameux château, debout sur sa motte, se haussant par dessus les bois de la vallée comme pour déjouer l'invasion possible d'un châtelain voisin.

※
※ ※

Donnant libre cours à notre imagination, nous nous représentons un château aux lignes formant un ensemble bien proportionné, avec des pierres douces aux yeux et au cœur, des pierres étant là pour l'amour de l'art et de Dieu ; un château entouré de végétation, animé d'une faune domestique, fourmillant de nichées d'oiseaux, bourdonnant de mille insectes, embaumé du parfum de mille fleurs.

※
※ ※

Après un voyage assez pénible, pour la voiture, nous arrivons en haut de ce nid d'aigle portant un nom ressemblant fort à un magnifique désert.

TRAGIQUE SOLITAIRE

La façade principale de ce tragique solitaire offre le spectacle d'une architecture à la fois Médiévale et Renaissance, avec des grâces un peu mièvres, attestant, au milieu de ses pierres disjointes, un sentiment tourmenté à l'excès, où règnent encore les traces d'ambitions féodales démesurées, rejetant tout ornement extérieur pour prendre un aspect rude et sévère parmi les roches dénudées et les falaises abruptes de ce pic désertique, dont le passé horrible ne laisse pas de refléter le souvenir émouvant de ses étranges péripéties.

— Tel que vous le voyez là, nous dit la Baronne, le château fut rasé en 940 et reconstruit presque aussitôt sur ses anciennes fondations. A nouveau, partiellement détruit en 1200, il fut réparé et modifié au xiv° siècle.

Nous avons devant nous une masse imposante juchée, on ne sait trop pourquoi, sur des arêtes rocheuses et éloignée de toute manifestation de la vie ordinaire.

Habituellement, une ferme se couche aux pieds d'un château, comme une mère nourricière gonflée de sève. Mais là, rien...

D'où nous sommes, on surplombe de plus de cent mètres le lit de la GARONNE.

Vraiment ! On se demande pourquoi un château dans un endroit si aride, n'ayant même pas la douce caresse d'un verger, ni le miroir d'une eau calme. Pas le moindre indice de la vie rurale. Pas un moineau, pas un chien, pas même une poule à se rouler dans la poussière. Il n'existe rien de tout cela.

Quoique ce château donne l'impression d'être loin des voies d'invasion, il porte néanmoins des traces de mousquetades, donnant à penser que plus d'un assaillant usa sa rage et son armée.

Ce n'est certes pas un de ces châteaux donnant l'aspect d'une véritable demeure seigneuriale, où la vie s'est déroulée splendide, hospitalière et noble, dans le raffinement d'une cour de courtisans et de courtisanes. Son aspect est plutôt celui d'un repaire de bandits, d'où l'on partait, la nuit tombée, pour attendre et rançonner quelque pélerin attardé et l'expédier dans un autre monde, s'il ne pouvait fournir la somme demandée.

Nous pénétrons à l'intérieur.
Il y règne un beau désordre. Ça et là, de grands et vieux meubles presque noirs, quelques poteries, sur les planchers maintes vieilles choses dans une ambiance de sombre tristesse.

En montant les escaliers branlants, pour aller au premier étage, un grincement s'élève de chaque marche fléchissant sous notre poids. De nombreuses chambres garnies de meubles vermoulus défient la loi de l'équilibre sur des planchers éventrés par le temps, aux fenêtres pendent des rideaux en lambeaux.

Dans les combles, c'est un désordre plus inextricable encore, où les chouettes vivent en pays conquis.

Au sous-sol, ce sont des caves sinistres avec inscriptions de prisonniers.

Voilà, en peu de mots, la description du cadre dans lequel nous devons exercer nos facultés radiesthésiques, afin, si possible, de découvrir le magot, lequel, sans aucun doute, n'aurait pas été de trop pour la Baronne. En effet, en raison des empiètements cruels de la vie, celle-ci, avec un courage indomptable, en est réduite à donner des leçons de piano pour conserver son fief maléfique et pour faire donner à sa fille unique une instruction convenable.

Ce jour-là était un dimanche. Nous décidons donc de ne commencer nos recherches que le lendemain. Au reste, les ouvriers, commandés pour les fouilles, ne devaient arriver que le lundi.

LES SQUELETTES IGNORÉS

Les heures libres sont employées à explorer sommairement ces lieux mornes et tristes.

Le soir venu, nous nous mettons à table, si l'on peut dire, car il n'y a plus aucun confort. Enfin, au cours de la soirée, la Baronne nous fait le récit détaillé de nombreuses aventures plus ou moins tragiques de sa propriété.

Pour l'écouter, nous sommes nonchalamment assis sur le coin d'un billard, lorsque soudain, nous nous sentons envahi par d'inquiétants fourmillements et une sensation étrange de froid à en faire claquer des dents.

Que se passe-t-il, nous demandons-nous ?

Prenant notre pendule, nous explorons la salle et trouvons une cave étanche contenant six squelettes.

— Madame, déclarons-nous à la Baronne, il y a ici sous ce billard quelque chose comme un petit cimetière...

— Vous plaisantez ! dit-elle. Ne vous laissez pas autosuggestionner. Sans doute, tout à l'heure n'aurez-vous pas l'occasion de l'être.

— Nous n'attachons pas d'importance à ce que vient de dire la Baronne.

L'heure est venue de nous rendre chacun dans notre chambre, et à l'aide d'une bougie nous gagnons la nôtre.

Dans un silence de tombeau, flottent des airs bizarres.

UNE CHAMBRE A COUCHER OU L'ON NE PEUT DORMIR

A peine couché, à peine glissé dans les draps, nous aurions bien volontiers quitté cet endroit lugubre, car au fond de cette immobilité complète, de ce silence mortel, semblaient monter des souterrains des craquements sinistres, des grignotements mystérieux, accompagnés parfois d'un remue-ménage étrange dépassant l'imagination.

Nous ne sommes guère impressionnable au point de nous laisser gagner par la peur. Mais, vraiment ! cette ambiance n'a pas le privilège d'engendrer le sommeil, et nous nous demandons, non sans quelque anxiété, si nous ne sommes pas victime de quelque hallucination, mais la sensation glaciale qui nous parcourt nous rappelle à la réalité.

Dans la pénombre de cette chambre, une cohorte de clartés obscures ondoie et vagabonde tristement sur les murs et les meubles, on croirait voir ces derniers remuer.

Nous ignorons comment quelqu'un d'autre, à notre place, se comporterait ; pour notre part, avouons-le, cette atmosphère nocturne nous décoche un rayonnement de maléfice certain, (parmi les éclairs et les zébrures noires et rouges), des événements extraordinaires qui se sont déroulés là, et dont les murs et les meubles sont imprégnés.

Peu à peu, le sommeil vient et nous sommes, très tard, plongé dans les bras d'un MORPHÉE quelque peu agité.

Le lendemain, au petit jour, nous sommes debout et, çà et là, errons au hasard de ce sinistre château.

Avant toute chose, la Baronne décide de s'assurer si vraiment une excavation existe sous le billard. L'histoire des squelettes l'intrigue...

— Peut-être, questionne-t-elle, le trésor est-il avec les ossements ?

Des ordres sont donnés aux ouvriers et tout le monde descend dans la douve. Le mur est attaqué à la pince et à la pioche, mais l'épaisseur en est imposante. Ce n'est que vers quatre heures de l'après-midi que la dernière pierre tombe, suivie d'une trombe d'eau malpropre qui se déverse sur nous.

La preuve de la cavité est faite.

Reste la question des squelettes.

Nous faisons flamber une botte de paille à l'entrée de l'ouverture, ceci afin de détruire les gaz délétères, et aussitôt, le plus hardi des ouvriers, impatient de savoir ce que peut contenir le gouffre, se lance dans la brèche.

MACABRE DÉCOUVERTE

A peine est-il disparu qu'il lance un crâne, puis deux, puis trois, des tibias, des cubitus, des côtes, et d'autres os nombreux encore.

Cette macabre besogne terminée, nous pouvons reconstituer six squelettes.

Les traits austères de la Baronne en sont parcheminés par l'émotion, sa fille terrorisée tremble comme une feuille au vent.

* * *

Dès lors, notre opinion est faite sur les causes troublantes qui, depuis des générations, mettent successivement en coupe réglée, la santé et la bourse des occupants de ce château fantastique.

Et, voilà comment de pauvres squelettes, dans la noire solitude de leur long sommeil dans l'invisible, peuvent perturber la vie des hommes et, par leur fuyante complexité, intriguer et déconcerter l'esprit le mieux informé.

* * *

Il nous faut ensuite penser au véritable motif de notre présence en cette demeure infernale. Le trésor...

DE TRÉSOR POINT

Nous procédons à la recherche radiesthésique du métal précieux par la méthode des recoupements.

Deux heures après, nous pouvons assurer à la Baronne qu'il n'y a rien, absolument rien...

Elle en est consternée au point de s'effondrer dans un vieux fauteuil.

Ce désappointement surmonté, elle se reprend à espérer.

— Là, croyez-vous qu'il n'y a rien, interroge-t-elle avec force ? Et, là encore ! et là aussi... ?

— Non, Madame, inutile d'insister, il n'y a rien.
— Creusez toujours, creusez encore ordonne-t-elle aux ouvriers. Mais la terre se refuse à livrer le moindre louis d'or.

Devant cette évidence indéniable, nous quittons l'inconfortable vieille ruine de ce grand retrait dont le souvenir glacé aura toute notre vie la ferveur de notre mémoire, ne serait-ce qu'au titre de deux accidents mystérieux dont nous avons été victime au cours de notre séjour et que nous nous excusons de ne pas relater ici.

Le matérialiste, souvent fataliste, nous reprochera sans doute de citer des faits semblant relever de la pure imagination, mais nous, nous savons estimer les causes de pareils phénomènes qui ne sont pas des idées creuses, ni le résultat de vagues rêveries.

Si pour quelques uns, il y a un quart de vérité, les trois autres quarts sont trouvés par l'occultiste dont les scrupules tendent à étudier et à enregistrer des manifestations dans les restes psychiques du passé : idées, souvenirs, sentiments, désirs, volitions, etc, pouvant nous solliciter par le phénomène de résonance.

*
* *

L'œil physique humain perçoit les deux couleurs extrêmes dans la décomposition de la lumière. Pourtant, au-delà du rouge, il y a les infra-rouges ; au-delà du violet, les ultra-violets. Cela n'est pas contestable. Il en est de même pour le corps physique et l'aura des choses, sorte d'images et de remous d'une incessante manifestation.

*
* *

En toute chose, l'univers est plus grand que le champ de la perception humaine. Il se prolonge dans le temps et dans l'espace ; dans l'invisible du monde extérieur, accessible seulement à quelques uns, mais agissant pour tous les êtres vivants.

Voilà, n'est-il pas vrai, la preuve que les morts vivent dans leurs radiations terrestres qui leur survivent ?

LES CHATEAUX RENAISSANCE

Combien sont plus attirants, agréables et réconfortants les châteaux Renaissance avec leur architecture harmonieuse, engendrant la mesure, la sagesse et l'équilibre. Ils flattent les sens physiques par la joie des yeux, par la douceur du bien-être.

*
* *

Chez ceux-ci, rien ne cherche à nous émouvoir, ni à nous étonner, si ce n'est un accord parfait avec la flore la plus imprévue. Chez eux pas de pont-levis, pas de poterne mystérieuse, pas de donjon inquisiteur, pas de cachot meurtrier.

*
* *

On est comme émerveillé par leurs tours cylindriques, crénelées par tradition, et souvent par analogie des formes du passé. On est cloué d'admiration devant leurs fenêtres à créneaux inoffensifs, leurs poivrières perchées sur leurs corbeaux et comme suspendues dans le vide, d'où l'on découvre la plaine, les prairies hachurées de haies et de rideaux d'arbres ; décor dans lequel ils font figure de manoirs modernisés, de forteresses transformées en maison de plaisance.

Ce sont, pour la plupart, des demeures seigneuriales où la vie se manifeste à un rythme méthodique, hospitalier et glorieux, dans un décor parfois prestigieux, au milieu d'hôtes de marque.

On y mène toujours la vie de château, à la fois simple, familiale, intelligente, charmante et hospitalière.

Quoi qu'on dise, ces fiefs gouvernent encore la campagne de leurs munificences comme les charités qui en découlent.

Certains descendants d'une vieille aristocratie ont gardé l'intelligence et la générosité de leurs aïeux, et, avec un luxe souvent excessif, ils continuent avec sérénité, sans vanité, la tâche qui leur a été léguée.

Parmi les plafonds écussonnés, les cheminées armoriées ou blasonnées, les grandes tablées n'ont pas perdu de leurs traditions.

On danse, dans des salons refaits, sous la lumière moderne au milieu des grands médaillons ovales à figures antiques d'ancêtres dégagés de toute activité terrestre, au milieu des trophées, des têtes de cerfs, tandis qu'à l'extérieur murmurent des fontaines jaillissantes, et que les oiseaux envoient leurs gazouillis dans mille directions.

Malgré un semblant hautain, où se glisse un peu de modestie, ces enceintes sont gaies, leurs radiations bienfaisantes ; à l'encontre de leurs anciens, les châteaux-forts, elles conservent peu de secrets, moins de rayonnements dramatiques, beaucoup moins d'histoires guerrières.

Elles sont aussi pauvres en légendes que les autres en sont riches, légendes souvent plus vraies que l'histoire qu'elles complètent, qu'elles suppléent, surtout lorsqu'il s'agit de périodes lointaines ou obscures.

On y tient cercle de culture et d'aimable savoir, de tenue et de goût, de conversations éblouissantes d'esprit et de philosophie.

Les sports y sont à l'honneur, la chasse et le tennis y prennent une grande place.

On y est charitable, on aime entourer de bien-être et de confort les déshérités.

N'y entre pas qui veut, mais l'élu y est reçu avec la plus affectueuse et la plus fidèle hospitalité.

C'est une concession rare qu'il faut savoir apprécier à

sa juste valeur, car on emporte de cette ambiance quelque chose d'extrêmement bénéfique.

Ici l'aura est généralement belle et brillante. La régularité et la correction des formes-pensées produites sont d'un beau bleu de sympathie et de dévouement, ou d'un rose éclatant de l'affection et du noble idéal, expression de sentiments beaux et élevés.

Voyez-vous, cher lecteur, tout ceci n'est que de la littérature mais c'est aussi de la Radiesthésie car, tout n'est pas également bénéfique dans les choses puissantes d'une époque qui rompit avec les errements de l'éducation médiévale.

C'est d'une autre portée esthétique que les traditions gothiques mais c'est cette évolution qui, au fond, provoqua la crise de la Réforme, mouvement religieux et politique qui, au début du XVIe siècle, a brisé l'unité catholique et soustrait à la foi et à l'obédience traditionnelle de l'Eglise, particulièrement à l'obédience des papes, la plus grande partie des pays septentrionaux.

Avec un sens plus large, il faut voir là un mouvement devant s'appliquer à tous les efforts dans et hors l'Eglise pour rénover la vie chrétienne et l'organisation du clergé.

Ce profond ébranlement des esprits, préparé par des hérétiques, n'a pas été sans heurts, ni combats, ni sans effusions de sang.

Il suffit, pour s'en rendre compte, de penduler une de ces demeures Renaissance, les meubles, objets d'art religieux et divers qu'elle renferme et les radiations plus ou moins subtiles qui peuvent s'en dégager.

Nous en trouvons un frappant exemple dans la tour, dite des évêques, du château de Saint-Jean-Pied-de-Port.

CHAPITRE XI

Les Prisons. — Les Murs Radient. — Contiguïté de Radiations. — Les Arènes. — Ce que Racontent ces Endroits. — Les Massacres de la Saint-Barthélémy. — Le Bûcher de Jeanne d'Arc. — Les Cimetières. — Les Abattoirs. — Un Cas Curieux.

LES PRISONS

Après les châteaux, jetons un coup d'œil rapide sur les prisons ou leurs emplacements, lieux où croupirent les criminels de plusieurs générations, où tant d'innocents périrent incompris, où d'autres souffrirent jusqu'à la mort, terrassés par la plus abjecte iniquité.

Lorsqu'on évoque ces endroits, rien de plus dramatique ; on est saisi de frayeur en pensant à ces crimes accumulés dans l'ombre humide, dans le silence froid de ces geôles, de ces cachots et de ces oubliettes.

On est pénétré par les émotions violentes exprimées et traduites par tant de visages crispés, émotions émises et criées par tant de voix impuissantes devant l'injustice des hommes.

Dans la néfaste atmosphère de ces prisons circulent en permanence les radiations obscures de ces enfers tragiques, tendant à susciter par résonance des sensations cénesthésiques de faim, de soif, de fatigue et de douleur.

Derrière ces lieux, défiant les outrages du temps, existe encore une masse d'actions et de pensées, de douleurs, d'impressions d'horreur et d'épouvante.

Par leur thème émouvant, ces lieux continuent à radier l'effet des passions qui inspirèrent tant de souffrances, tant de crimes injustifiés !

Ne suffisait-il pas souvent de déplaire à quelque puissant Seigneur ou Ministre, croyant avoir une mission divine à accomplir, pour être emprisonné, muré vivant, ou exterminé ?

Ce fut le cas de Jehan du CHASTELET, Baron de BEAUSOLEIL, et de sa femme, Martine de BERTEREAU, les deux célèbres rabdomanciens — aujourd'hui on dit radiesthésistes — auteurs d'un nombre considérable de prospections en eaux souterraines et en gisements miniers.

En effet, ils finirent leurs jours dans l'enceinte d'une prison d'Etat, le premier à la BASTILLE, la seconde à VINCENNES, où ils moururent.

Cela se passait vers l'an **1640**.

On affirme que le Cardinal de RICHELIEU obéit à un mouvement d'humeur suscité par le refus de la Baronne de BEAUSOLEIL d'enseigner au Ministre de LOUIS XIII les secrets de son art.

Et voilà comment, en ce temps-là, un Ministre faisait jeter en prison ceux-là mêmes qui, après avoir reçu la considération royale, avaient rendu tant de services au royaume.

Nul doute que l'homme un peu sensible, vivant à proximité ou au-dessus de ces permanentes émanations, ne ressente, avec plus ou moins d'acuité, l'engourdissante méditation des condamnés. Nul doute qu'il ne soit gagné par elles, et finisse par en être incommodé, troublé ou malade.

Il risque au moins d'être en proie à ces forces invisibles, puissamment malfaisantes, dont l'action dissolvante trouve un support complaisant dans le fluide persistant des tourments, des agonies de ces malheureux, hâves, décharnés, usés par les privations et qui ont crié leurs affreux supplices dans le noir silence de leur trou funèbre, sorte d'antre de TROPHONIOS où ne rient plus de toute leur vie ceux qui y pénètrent.

LES MURS RADIENT

Tout cela y est encore présent : les murs, fidèles gardiens de leur tragique passé, suintent toujours ces terrifiantes vérités du souvenir le plus sombre. Tout s'y promène comme un fleuve des enfers roule ses eaux noires et épaisses où viennent s'alimenter les ombres des morts de ces sinistres endroits.

*
* *

L'adulte, suivant son degré de résistance, s'en défendra plus ou moins longtemps, avec plus ou moins d'insensibilité, mais, à la longue sera fatalement leur victime.

Les plus vulnérables, les enfants, qui naissent et grandissent dans l'ambiance d'une telle géhenne de criminalité et de torture, seront plus exposés à cette action funeste, à l'emprise de ces foyers de sacrifices dans lesquels se sont évanouis les plus purs espoirs, les plus beaux idéaux.

*
* *

Il faut éviter ces emplacements, où, durant des siècles, les détenus, d'une voix sans écho, ont hurlé leur désespoir, leur détresse, leur vengeance pour mourir de la main d'un bourreau, pour sombrer ou dans le suicide volontaire de la faim, ou par la carence alimentaire organisée.

*
* *

La présence de radiations de cette nature est encore radiesthésiquement contrôlable place de la BASTILLE où tant d'illustres détenus furent incarcérés, maltraités et souvent sacrifiés.

Ces radiations persistent également autour du donjon de VINCENNES. On y perçoit, à la main nue un fourmillement très désagréable ; une sensation glacée semble vous parcourir, et l'on se sent comme enveloppé par le souvenir magnétique de tous ceux qui sont passés là.

Ce sont des endroits qui dégagent des influences nocives, voltigeant comme une nuée de corbeaux autour d'un charnier.

CONTIGUÏTÉ DES RADIATIONS

Ces radiations sont là, confuses, infiniment mobiles, inexprimables ; elles demeurent, pour ainsi dire, extérieures à ces emplacements, elles flottent à leur surface comme des feuilles mortes à la surface d'un étang, et soutiennent entre elles des rapports de contiguïté, de continuité dans la nature intime de chacune d'elles.

Elles restent tournées vers l'adaptation aux vivants pour se fixer en eux, s'épanouir en eux, proportionnellement à la sensibilité dont ils disposent.

Ainsi s'explique l'action nocive de ces radiations rémanentes dont les concepts sont extérieurs les uns aux autres, ainsi que les objets sur lesquels a été couché un magnétisme de même ordre pouvant s'attacher au plus fruste comme au plus développé par le phénomène de résonance.

LES ARÈNES

Essayez de jeter un regard furtif sur une arène, entrez !... Quelle nudité froide ! Les fondations ou les vestiges des murs n'offrent aucune image autre que celle du souvenir des carnages perpétrés. Antithèse humaine laissant transpirer les actes de sauvagerie et le caractère assoiffé de sang de l'homme de l'époque, expert en torture.

Allez rue Monge aux arènes de Lutèce, à Senlis, à Saintes, à Autun, à Nîmes, toutes gardent le souvenir des luttes sans merci entre l'homme et les animaux. On y détecte encore les radiations des scènes d'horreur commises et conduisant toutes à des sensations vagues de la notion de leur existence persistante.

Les arènes de Rome n'attestent-elles pas encore le raffinement et le maximum de cruauté dans les sacrifices inhumains des générations qui nous ont précédés ? Ne nous reportent-elles pas au temps où florissaient les arts et la licence, où les souverains se délectaient de supplices variés ?

Ces ruines, sous des apparences insignifiantes de vétusté, gardent en elles, autour d'elles, les vibrations d'une civilisation évanouie, au cours de laquelle des millions de spectateurs sont venus se repaître de scènes sanglantes de gladiateurs, de criminels condamnés, de combats effrénés de chars, et de prisonniers de guerre que l'on sacrifiait publiquement.

CE QUE RACONTENT CES ENDROITS

Ces endroits racontent, en un mutisme tragiquement éloquent, ces mœurs sauvages, la bestiale curiosité des foules trépignantes d'impatience, attendant avec une irritation maladive, l'exécution des victimes promises à leurs yeux avides de criminelles sensations.

De tels endroits ou voisinages ne sont certainement pas faits pour procurer le calme aux habitants de leurs parages ; ceux-ci sont capables en effet, d'éprouver des sensations pénibles, analogues à celles proprement douloureuses des victimes, sensations tendant à se manifester, à s'intellectualiser pourrait-on dire, par des représentations destinées à légitimer leur présence.

LES MASSACRES DE LA SAINT-BARTHÉLÉMY

Il en est de même de l'emplacement d'un carnage comme celui de la cour du Louvre, au moment du massacre de la Saint-Barthélémy.

A cet effet, il est bon de rappeler que Catherine de Médicis, inquiète de la puissance grandissante de Coligny, en vint à faire admettre à son fils que les protestants étaient à la veille de recommencer la conjuration d'Amboise. Le roi, obsédé par les demandes réitérées de sa mère, aurait, dit-on, répondu : « Vous le voulez ? Eh bien, qu'on les tue, mais qu'on les tue tous ».

La France entière fut ensanglantée par les caprices d'une femme impitoyable. C'est à Paris que fut donné le signal de l'horrible massacre.

Au Louvre, précisément, le carnage commença vers cinq heures du matin, et comme la plupart des victimes égorgées partageaient, la veille encore, les jeux du roi, elles furent surprises, désarmées et abattues comme des moutons, soit dans les appartements du roi, soit sous les yeux de Charles IX qui, d'une fenêtre assistait, dit-on, à la tuerie.

Ce drame, le plus triste du fanatisme religieux, a laissé des traces aux endroits où furent commis ces meurtres. Ce qui semble plus invraisemblable, c'est que le magnétisme des assassinés s'est retourné contre les assassins (Catherine de Médicis, son fils et les Guises) responsables de ces hécatombes sans nom, ainsi que sur les bijoux et objets affectionnés ou portés par ces tristes personnages bijoux et objets qui, par résonance, peuvent nous prendre dans le tourbillon de leurs souvenirs barbares.

Il n'est donc pas indiqué de posséder un bijou, un bibelot, une lettre, un livre, un meuble de ces derniers, car ces objets ne manqueront pas d'affecter leur détenteur dans le sens de leur passé.

LE BUCHER DE JEANNE D'ARC

Rendez vous à Rouen, rue du Vieux-Colombier, vous percevrez toujours les radiations de la Sainte brûlée vive.

Quand on relit l'histoire, on est frappé de stupéfaction en apprenant que Jeanne d'Arc, en cette minute suprême, pendant que sa chair se carbonisait, rendit le dernier soupir dans le plus haut degré d'apaisement. L'autorité sereine de son visage, si étonnamment dégagé des choses de la terre, n'était-elle pas le reflet de sa vie tournée vers le plus haut idéal ? Vers Dieu !

Que s'est-il passé ?

Par quel moyen suprême, la pucelle d'Orléans, ligotée au poteau de son bûcher, rendue au plus bas de sa substance, a-t-elle puisé, en cette minute atroce, cette force surhumaine ?

Par quel exploit mystérieux a-t-elle pu surmonter les terribles morsures des flammes ?

Quel envoyé du Ciel est venu près de la relapse pour adoucir d'un geste ses meurtrissures terrifiantes ?

Par quel miracle son cœur ne fut-il pas carbonisé ?

Ce qui a fait dire à ses exécuteurs : « Nous avons brûlé une Sainte ».

Nous sommes persuadés que, même encore de nos jours, l'emplacement du bûcher est toujours alimenté par des radiations diffuses de la Sainte et, qu'autour de cet emplacement, rôdent aussi les radiations de cruauté de ses assassins trépassés, lesquels, comme des voraces posthumes, cherchent encore à se nourrir des traces de leur forfait.

On peut être certain d'y trouver aussi les radiations de l'inique Evêque de Beauvais, Pierre Cauchon, tristement célèbre pour avoir jugé la Sainte. Mort en se rasant, son corps fut déterré et jeté à la voirie.

Cette description nous fait entrevoir les différentes combinaisons entrant dans le souvenir des sentiments, source d'états affectifs dont les éléments représentatifs ou leur emplacement sont comme une synergie, un ensemble persistant de systèmes psychiques de nature dynamique s'offrant à la répétition des phénomènes primitifs.

La reviviscence des actes du passé est donc certaine, quoique difficile, sinon impossible à expliquer, mais elle peut être identifiée par la radiesthésie.

Quand une affirmation ne peut pas être établie par les faits, elle reste le postulat de la métapsychique. C'est précisément le cas pour les arènes, les prisons et autres lieux de ce genre.

Les radiations persistent donc avec une puissance singulière, si nous en jugeons par leurs effets, perceptibles radiesthésiquement. Mais certains sujets présentent des facultés de captation nettement sensibles à ces radiations, en sympathisant, c'est-à-dire en étant en syntonie avec elles.

LES CIMETIÈRES

Si le cimetière est un endroit sacré où repose la matière inanimée de ceux qui ne sont plus, les vestiges physiques de celle-ci peuvent nous influencer et exercer sur nous une action quelquefois nocive, au moins mystérieusement troublante.

Nous pouvons être désagréablement touchés par la froide abstraction qui émane des pierres tumulaires et des monuments funèbres.

Pour beaucoup de personnes, le corps vivant n'est qu'une combinaison de forces et de substances semblables à celles observées dans les minéraux et les végétaux. Elles estiment qu'après la mort, toute l'économie humaine disparaît brusquement dans le néant de la désintégration pour devenir terre, minéral, herbe, etc. Elles affirment ainsi trancher une question qui demande tout de même un peu plus de réflexion.

A notre humble avis, il est manifeste qu'il en va tout autrement, n'en déplaise à nos matérialistes.

Nous estimons que les restes du corps humain continuent à vivre leur vie dans le même Univers qui leur a donné naissance et qui les a réduits au silence apparent de la mort totale. Ce que laisse derrière lui le défunt perpétue les forces que son corps physique employait de son vivant. Sans doute, sa personnalité a disparu, mais son individualité persiste par delà les choses périssables de la matière.

Pour nous, la mort n'est qu'une dissociation des principes de l'homme ou des sept « chakras » : la matière retourne à la terre, l'éthérique se dissout, le corps astral s'éloigne, le corps mental s'intègre au corps causal, au corps bouddhique et à l'âme dans l'incorporel. Ni les uns ni les autres ne perdent ce qui a fait impression sur eux au cours de la vie terrestre.

Les ossements, par exemple, éléments médiums, restent le reflet magnétique des actes du passé du mort, tout comme ses photos, ses écrits, ses travaux gardent les traces et les empreintes précises d'un psychisme « post mortem » en relation avec l'esprit du mort.

*
* *

Partant de ce principe, il est facile de concevoir qu'une tombe, une photo, un manuscrit peuvent nous transmettre certaines sensations antérieures du défunt telles que : idées, souvenirs, sentiments, désirs, volitions, etc.

Quoi qu'il en soit, du point de vue occulte, on doit chercher à comprendre ce qui se passe dès que l'étincelle de vie quitte l'enveloppe corporelle.

*
* *

Après la mort, l'esprit semble devoir subir diverses épreuves en refaisant sa vie en sens inverse. C'est-à-dire qu'il commence par les événements qui ont immédiatement précédé la mort.

Au cours de ces épreuves, l'esprit doit se dépouiller des marques de ses passions terrestres et subir un travail de purification ou de désintégration. S'il ne se purifie pas, il tombe dans le noir astral.

C'est précisément cette sorte d'astral vagabond qui peut se manifester magnétiquement dans l'orbe de la tombe, nous guetter et nous happer au passage par son vampirisme, surtout si nous y sommes sensibles par résonance.

Cet astral peut se nourrir de notre force vitale, à moins d'être suffisamment informé et de se neutraliser de manière à ne pas se laisser prendre par l'exhalaison de haine, de souffrance et d'inquiétude passées, toujours vivaces, qu'il peut traîner avec lui.

LEURS RADIATIONS

Ces radiations se manifestent un peu à la manière des feux follets, sorte de flamme légère et fugitive produite par les émanations de phosphure d'hydrogène, spontanément inflammables, qui se dégagent des matières animales en décomposition.

Cette flamme vaporeuse, toujours vivante, travaille dans la tombe, entre la matière décomposée et l'esprit qui l'habitait. Ainsi, un homme décédé reste longtemps en résonance avec sa femme, du fait qu'il regrette sa vie et jalouse les vivants par delà la mort. Sa purification, quand elle se fait, est lente, longue et souvent difficile ; ce qui a fait dire à certains occultistes que, durant ce temps dont la durée est variable, la veuve peut être une calamité pour tout autre vivant qui l'approche.

Il n'est pas toujours nécessaire de se rendre dans un cimetière pour subir l'action des radiations qui s'en dégagent dans un double mouvement de translation et de rotation rapide. Les habitations se trouvant dans un certain axe des environs immédiats et, par conséquent, leurs occupants peuvent être pris par l'amas confus des souvenirs de certains morts et par le mouvement tourbillonnaire qui accompagne toujours la matière primitivement animée et dont les radiations cheminent d'Ouest en Est.

Au point de vue radiesthésique, le pendule bat dans cet axe et précise ainsi la présence de ces émanations volatiles souvent nocives.

Si tout le monde peut en subir l'influence sans les voir, le clairvoyant les discerne sous forme de petites flammes brasillantes ressemblant assez bien à ces pâles lueurs que l'on aperçoit certains soirs par delà les montagnes. Il peut ainsi distinguer l'action bénéfique ou maléfique de ces effluves.

C'est ainsi que la flamme magnétique d'un homme pieux apparaîtra bleu-dévotion ; celle d'un égoïste, grissale ; celle d'un criminel, cramoisi-foncé, etc. L'une ou l'autre de ces auras peut déteindre sur nous, et, à la longue, nous pénétrer suivant notre degré de sensibilité, de réceptivité et notre aptitude au phénomène de résonance.

*
* *

La meilleure façon de parer à toute éventualité de ce genre, si l'on se trouve dans l'axe du rayon fondamental d'un cimetière, c'est-à-dire, à l'Est de son emplacement, le moyen le plus efficace pour se soustraire à l'emprise de son flux obscur, consiste à disposer dans les angles des murs, une série de tiges de fer rond. Ces tiges forment ainsi autant d'éclateurs qui ne laissent rien passer. C'est là un fait solidement établi aujourd'hui.

LES ABATTOIRS

La proximité d'un abattoir, pour des raisons analogues à celles que nous venons d'énumérer, peut déterminer des effets identiques. Ce voisinage est, pour le moins, à éviter si l'on ne sait pas se protéger de ses radiations violentes de tuerie.

Ici, nous constatons que l'âme-groupe des animaux sacrifiés crée une aura généralement hideuse et sombre comme le fournil du diable. Par ailleurs, ces endroits où tueurs de bétail : « vautiers », « moutonniers », « saigneurs », « écorcheurs », aux tabliers noircis par le sang caillé, aux chandails souillés de sang coagulé, où s'entassent peaux sanguinolentes, cœurs arrachés, poumons en lambeaux, têtes vides de chair et de cervelle déterminent une atmosphère lourde agissant de l'extérieur sur les personnes sensibles vivant à l'Est de ces emplacements.

Voici un cas assez curieux que nous avons observé :

Un Monsieur nous dit que chaque fois qu'il tousse ou éternue, il est pris d'une violente céphalée frontale et occipitale ou, plus fréquemment encore, d'une migraine ophtalmoplégique.

— J'ai vu, dit-il, je ne sais combien de spécialistes, j'ai tout fait, tout essayé : quinine, pyramidon, aspirine, rien ne m'a réussi. Personne n'a jamais pu me dire la cause de cet insupportable douleur intermittente et quasi chronique.

Nous l'étudions et concluons rapidement à un phénomène extérieur d'ordre nocif. Notre premier soin est de lui demander s'il n'habite pas aux environs d'un abattoir ?

— J'habite en effet à 150 mètres d'un édifice de ce genre, affirme-t-il.

— Dans ce cas, voulez-vous nous dire si votre habitation n'est pas à l'Est de cet édifice ?

— Effectivement, déclare-t-il, je suis exactement à l'Est de l'abattoir !

— Eh bien ! Monsieur, ne cherchez pas ailleurs la cause de vos troubles. Elle semble résulter de l'influence morbide de ce lieu, lequel exerce un retentissement nerveux par la voie du sympathique, ce qui explique le caractère du syndrome de paralysie des muscles moteurs de vos yeux.

— Rentrez chez vous, procurez-vous quelques tiges de fer rond, disposez-les verticalement dans les angles des murs et des fenêtres, entre le foyer émetteur et votre chambre à coucher. Cela fait, vous attendrez une quinzaine de jours pour nous mettre au courant du phénomène nouveau.

Les quinze jours écoulés, l'intéressé nous annonce que le trouble a disparu le quatrième jour, après la mise en

D'après Elsen

Fig. 15

batterie du dispositif extincteur, sans aucune récidive. Nous en avons des nouvelles, le phénomène dure depuis dix mois.

*
* *

Ce sont là des faits que nous nous bornons à constater, sans prétendre les expliquer, tant ils sont en dehors de notre propre psychologie. Mais ce qui n'est pas contestable, c'est que ces radiations peuvent solliciter notre accord de résonance comme l'estomac appète les aliments.

CHAPITRE XII

La Magie. — Laboratoire et Oratoire. — La Pensée et la Magie. — Défense Personnelle. — Choc en Retour. — La Magie du Verbe et de la Graphie. — Les Loges Diaboliques. — Les Maisons Hantées. — Les Magistes. — Les Maisons de Jeu. — Travaille ou Meurt. — Les Maisons Malfamées.

LA MAGIE

Magie ! Voilà un terme souvent pris dans un sens péjoratif et à l'évocation duquel plus d'un épiderme se sent parcouru par un frisson de frayeur, ou qui désigne simplement une superstition sans portée à laquelle on n'attache que peu d'importance.

Par définition, la Magie ne rentre pas dans le formulaire scientifique parce qu'elle échappe au jeu normal des facultés humaines. Et, cependant, c'est une science qui repose sur l'ensemble des lois cachées de la Nature.

Il ne faut pas croire que la Magie se limite à des opérations banales et inoffensives dont sont bannies la malice et la méchanceté, ou, qu'elle ne comporte, au contraire, que des machinations équivoques ; elle s'exerce autant dans le domaine du Bien que dans le domaine du Mal.

Soulignons qu'il y a deux sortes de Magies : une bonne et une mauvaise, la blanche et la noire. Comme dans les caractères de musique une blanche vaut deux noires, la Magie blanche est une fois plus forte que la Magie noire, le Bien triomphe toujours du Mal.

**

La Magie noire a pour science la Goëtie, la Magie blanche, au contraire, s'appuie sur la Théurgie.

On sait que la Goëtie est la technique la plus obscure de la Magie noire opérative, de l'envoûtement de haine ou de la séduction pernicieuse.

C'est une sorte d'incantation lugubre qui sert à appeler les esprits malfaisants. Tandis que la Théurgie est une forme de contre-charme, un aspect très évolué de la Magie blanche pour se défendre des agissements de la Goëtie par enveloppement psychophysique ; car c'est au moyen de la Théurgie que l'on évoque les forces bénéfiques supérieures ou les esprits célestes.

**

La bonne Magie est purement spirituelle, elle suppose une culture assez développée de l'âme et une aptitude pour la spéculation de l'Invisible.

La mauvaise Magie est essentiellement intellectuelle, elle évolue dans le cercle étroit du Visible, de la haine, de la vengeance et des mauvaises actions.

**

Fait de la bonne Magie celui qui prie, exorcise, désenvoûte, magnétise, guérit au moyen de son fluide bénéfique, ou utilise les nombres sacrés, les oraisons, les évangiles en vue de contrebalancer les courants de l'esprit du Mal et d'écarter les forces mauvaises qui barrent la route aux faibles.

Fait de la mauvaise Magie celui qui mobilise son pouvoir pour faire le mal, celui qui jette un sort, envoûte par incantations secrètes ; celui qui, pour satisfaire ses appétits bas et vulgaires, gêne, contrarie ou terrasse ses semblables.

Fait de la Magie satanique celui qui charcute, martyrise une photographie, une poupée représentant ou symbolisant une victime.

Fabriquer des talismans, des pantacles, des fétiches c'est encore de la Magie.

C'est toujours faire de la Magie que d'empêcher ou de favoriser un mariage, un voyage, une affaire commerciale ou sentimentale.

LABORATOIRE ET ORATOIRE

Lorsqu'on pénètre dans un laboratoire hermétique ou un oratoire magique, on est étonné du nombre des objets qui meublent ces lieux.

Rien n'y manque : la robe du Mage, l'autel, la table, le pentagramme, les quatre étoiles à six branches, les sept métaux planétaires, la cassolette ou brûle-parfums, le sel, l'eau, l'aspersoir, les parfums, la baguette et la lanterne magiques ; la corde pour faire le cercle, les bougies, la sonnette, les plumes de corbeau, le canif, le poinçon d'acier, l'encrier, l'épée magique, le stylet, les ciseaux, le compas, le rituel, le calice ou tout autre objet ayant servi à l'exercice d'un culte, les sept talismans planétaires, les sept oraisons mystérieuses de l'enchiridion, les psaumes de la Vulgate, etc, etc.

Comme on le voit c'est tout un arsenal qu'il faut à la Magie.

LA PENSÉE ET LA MAGIE

L'homme est la conséquence de la pensée de Dieu. A son tour l'homme est capable de penser. Dès lors, la pensée accompagne toute manifestation de l'esprit. Chaque création mentale tend à se concrétiser, à se matérialiser et à donner naissance à des formes, des faits, des événements.

Par la pensée l'homme a le pouvoir de faire le Bien ou le Mal, à des distances considérables.

On ignore trop le pouvoir de la pensée poussée à fond, elle peut produire des phénomènes occultes extrêmement **mystérieux et regrettables pour ceux dont la connaissance est fermée au monde invisible.**

Dès qu'une pensée est émise, elle entre en circulation dans le Visible et dans l'Invisible. Elle vit sa propre vie dans le Temps et dans l'Espace, elle fait corps avec la matière animée et inanimée, elle a le pouvoir de se reproduire très loin dans le futur.

Dans le Visible, c'est sur les vivants, les objets qui les environnent, qui sont à leur contact et qu'ils affectionnent, que la pensée du magiste plane, descend, s'accroche et réside.

C'est ainsi que, dans l'enchaînement de ces causes et de ces effets, si nous sommes dépossédés de l'un de ces objets et si un magiste ou un sorcier se met en tête de nous tyranniser à distance, il est probable que, si nous ne sommes pas protégés, nous échapperons très rarement à l'emprise de ses mauvaises actions.

Qu'on y prenne garde, à défaut de nous-mêmes ou de nos objets, le magicien sataniste peut se servir de photographies, de cheveux, de vêtements, d'un élément physiologique quelconque pour faire le « volt » ou le golem d'une personne, se mettre en rapport télépathique avec cette dernière par l'un des supports ci-dessus dynamisés à sa sensibilité, lui faire subir les fantaisies de son imagination maladive ou malsaine, sorte de nécrophobie ou perversion du sens génital qui consiste à chercher satisfaction sur les vivants et les morts.

— 237 —

Dans le cadre des mêmes principes, ces maléfices peuvent s'exercer sur les animaux, les substances vitales, les plantes et les fleurs.

Dans ces conditions, les éléments que nous venons d'énumérer deviennent le réceptacle du fluide psychique et magnétique de l'opérateur et, subsidiairement, le truchement de ses volontés.

La réalité de ces faits n'est pas contestable, même de la part d'empiriques qui, cédant à la tentation de jouer avec des forces qu'ils connaissent mal ou pas du tout, sont encore plus dangereux pour ceux qui sont installés dans un honnête mysticisme, dans un positivisme béat ou dans l'excès d'une négation par trop simpliste.

Ceci nous fait comprendre le phénomène de l'influx psychique qui pénètre les êtres et les choses de telle sorte qu'il est facile d'entrevoir les moyens de communications ou de transfert pouvant être utilisés à des fins diverses en vue notamment d'opérations magiques déconcertantes : comme empêcher la consommation du mariage, ou annuler les possibilités sexuelles. Cette dernière opération s'appelle nouer l'aiguillette.

Le nouement de l'aiguillette est une technique qui tend à provoquer à distance l'impuissance sexuelle au moyen du camphre ou de l'essence de cèdre, un jour favorable, le lundi ou le samedi.

L'aiguillette se dénoue le vendredi avec le lis, le lilas, la rose ou la myrthe, ou le dimanche au moyen de parfums d'adjuration comme l'encens, la myrrhe et le benjoin liturgiques.

C'est donc par les parfums, mobiles évocateurs, que l'on peut recouvrer ou faire renaître les aptitudes physiologiques sexuelles.

DÉFENSE PERSONNELLE

Puisque nous en sommes là, parlons un peu de la défense personnelle.

Une pensée de haine ou d'amour émise chaque jour à l'adresse d'une personne et concentrée dans l'esprit de celui qui l'émet est obligée de se réaliser.

C'est en ce sens qu'on peut dire qu'il y a une question de pensée dirigée de la part de l'émetteur et de sensibilité chez le récepteur, mais il y a aussi et surtout une question d'affirmation.

« Affirmer ce que l'on désire, nier ce que l'on ne veut pas ».

« Le Bien est plus fort que le Mal ».

« Je tiens dans la main un glaive terriblement aiguisé et suis prêt à en frapper celui qui voudrait me torturer ».

L'affirmation procède de la pensée et de la volonté. C'est une force psychique et magnétique ayant la matière comme support.

« Je suis une parcelle de Dieu, comme la poussière, la fleur, l'oiseau, la terre, le soleil, les étoiles, je puise mes forces dans les limites sans bornes de la substance universelle ».

L'affirmation peut être accompagnée de la « négation ». Ex. : « Nulle circonstance, nulle créature n'ont d'influence sur moi ».

Mais il ne faut pas confondre la négation de protection avec la négation sans affirmation de tout, même de **Dieu**.

Combien d'individus qui, manquant d'élan, de confiance, dont l'esprit est peuplé de doutes et de pensées négatives, sont instables, hésitants, doutent de tout, même d'eux-mêmes et voient leur vie remplie de difficultés ?

Si l'on veut éviter l'influence de la pensée pernicieuse, il faut, sans révolte et sans rancœur, bannir la haine, l'orgueil, la jalousie et le doute. Il faut fuir ceux qui regardent au-dessus d'eux, ceux qui ne sont jamais satisfaits de leur sort, ceux qui pleurnichent toujours. Il faut fuir aussi les grincheux et les vaincus de la vie.

Il faut, au contraire, si l'on veut être fort, heureux et courageux, fréquenter les hommes optimistes, ceux qui réprouvent l'envie. A leur contact on se dynamise des fluides de confiance qu'ils dégagent.

On peut ajouter à cela le port d'un talisman, d'un pantacle pectoral en plomb comme l'étoile à six branches inscrite dans un double cercle. On peut encore avoir recours aux sept oraisons merveilleuses, aux sept conjurations des sept jours de la semaine.

Voilà de quoi se protéger contre les puissances du Mal.

Une pensée émise, une prière dite avec foi ne meurent pas, elles continuent à vivre et à proliférer dans l'Invisible pour revenir, un jour ou l'autre, retrouver l'émetteur.

C'est ce qu'il est convenu d'appeler « choc en retour ».

Tant mieux si la pensée était bonne, tant pis si elle était mauvaise.

CHOC EN RETOUR

Le « choc en retour », sous le signe du Bien, c'est la satisfaction sous des formes diverses de félicité, de santé et de réussite dans l'accomplissement des désirs.

Le « choc en retour », sous le signe du Mal, c'est la main invisible qui frappe l'homme méchant avec l'outil dont il s'est servi. C'est le juste châtiment occulte infligé par le Corps Astral des victimes au Corps Physique de ceux qui se sont rendus coupables d'avoir voulu ou fait du mal à leurs semblables.

Justice Immanente dont l'effet magique se fait sentir avec la même violence. Ricochets funestes qui atteignent le fauteur avec la même rigueur.

« **On récolte ce que l'on a semé** », « Qui a frappé par l'épée périra par l'épée » nous dit l'Evangile.

Ajoutons que le Choc en retour est une nécessité immanente.

Dans les opérations magiques malfaisantes l'opérant s'expose à de biens curieux transferts. Le choc en retour peut aller jusqu'à la consomption mortelle, principalement si celui qui est visé est tant soit peu informé des moyens magiques et rituéliques de protection.

LA MAGIE DU VERBE ET DE LA GRAPHIE

Lorsque la voix évoque une chose, un être, un saint, en nommant cette chose, cet être, ce saint il se produit un train de vibrations qui, par la tonalité vocale de l'émission de la langue, crée et anime le phénomène en rapport avec la pensée.

On comprend ainsi tout le mal ou tout le bien qui peut résulter de l'énonciation d'une formule exécratoire, imprécatoire, sainte ou déprécatoire ; d'une lettre ou d'un pantacle.

Dans tous les cas, ce rite mystérieux, redoutable ou bénéfique, se rattache à la magie du verbe et de la graphie, ou encore à la « Notarique » laquelle consiste à prendre la première lettre de chaque mot d'une phrase pour en faire un autre mot. Exemple : « AGLA » contraction de la phrase « Atha Gabor Leotam Adonaï », (Adonaï est fort dans l'éternité), « I.H.S. » « Jésus Hominum Salvator », (Jésus Sauveur du Monde). De nos jours la Notarique est très à la mode. On trouve notamment S.P.A. J.O.C.F. C.P.D.E. S.N.C.F. T.C.R.P. S.O.M.U.A. A.A.R. S.I.T.A. etc, etc.

*
* *

C'est avec une formule de haine que l'on peut jeter un sort, c'est avec une formule sainte que l'on peut se défendre des nauséeux vertiges des arcanes de la magie maléfique.

Qu'on le veuille ou non, ce sont là des choses solidement établies et dont l'influence n'est pas niable.

*
* *

En Octobre 1934, à la suite d'une conférence faite à S..... un médecin nous demande de l'accompagner chez un de ses malades.

Ce malade est fermier voisin d'un autre fermier ennemi déclaré du premier

Chaque fois que le second entend le premier dans sa cour, il lui crie par dessus son mur : s.l.ud, tu cr.v.ras cette année !...

Et, tous les jours cette phrase de haine frappe les oreilles du premier fermier comme le supplice de la goutte d'eau. Sa santé en est ébranlée au point que le médecin, malgré sa thérapeutique, désespère de le sauver.

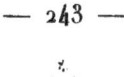

Nous avons vu ce malade, et comme c'était un brave homme sans défense, nous nous sommes tourné dans la direction de l'habitation du second et nous avons prononcé ce qui suit :

« Homme méchant cesse de tourmenter cet homme « bon. Je te le commande. D'un geste j'annule tes impré-« cations. Ne sois pas rebelle à ma volonté car ta magie « criminelle pourrait se retourner contre toi ».

Quelques semaines plus tard, les rôles sont renversés, le premier reprend de l'ascendant, le second est plongé dans une torpeur noire.

Mais comme il faut être bon, même avec les méchants, nous sommes allé le dégager de son « choc en retour » en le priant charitablement de ne plus désormais se livrer à de telles vengeances.

Une jeune fille de 16 ans quitte le domicile paternel pour suivre un « flirt ». Le père nous rend visite et nous met au courant des démarches infructueuses de la police pour retrouver sa fille.

Nous lui demandons une photographie de cette dernière.

Immédiatement nous décelons que la fugitive se trouve dans la région de NEMOURS, mais que sous *dix jours la jeune fille sera de retour*, après avoir abandonné son Adonis à sa méditation.

***

Deux jours après cette visite, en prospectant sur la photographie de l'émancipée de la tutelle paternelle, nous trouvons qu'elle rôde dans Paris.

Nous en informons le père, et afin que notre travail ne soit pas mis au compte de la coincidence, nous lui écrivons que *sa fille réintégrera le domicile paternel sous quatre jours.*

C'était un jeudi, or, le lundi suivant le père nous téléphone pour nous annoncer que sa fille est rentrée le dimanche.

Le lendemain il nous écrit : « Ma fille a réintégré mon domicile le 5 courant. Il me reste donc à beaucoup vous remercier pour votre clairvoyance, la sûreté de vos indications et votre travail à distance.

***

Le père et la mère d'une jeune femme, en complet désaccord avec son mari, nous disent que la vie conjugale est insupportable entre les deux conjoints.

— Mon gendre, nous dit la belle-maman, dérobe les objets personnels et les vêtements de ma fille. Dernièrement il lui a soustrait un manteau de fourrure de grande valeur.

— Voici la photographie de mon gendre.

— Nous voudrions que ce manteau lui soit rendu.

Le manteau sera restitué sous peu, articulons-nous.

Effectivement, quelques jours après la jeune femme rentre en possession du manteau dont elle avait été indûment dépossédée.

Magie du verbe dans les trois cas précités.

***

Une fermière est en butte aux réclamations de ses nombreux créanciers.

La faillite secoue les portes. Le moment est critique. Il s'agit de faire venir d'urgence les fonds nécessaires.

Nous enfermons dans un cercle les nom, prénom et date de naissance de la fermière ainsi que la signature de Jupiter, son carré magique, les noms de ses anges, de son roi, de ses ministres et ses nombres mystiques.

Huit jours après, la fermière reçoit les concours nécessaires au rétablissement de l'équilibre financier de son exploitation.

Magie de la graphie dans ce dernier cas.

C.Q.F.D. dans tous les cas !..

***

Nous pourrions citer de nombreux faits de cet ordre, mais revenons à ceux qui sont envoûtés de quelque façon que ce soit.

Nous leur donnons un nom puissant d'exorcisme à prononcer afin qu'ils puissent se mettre au rythme de l'unité de la substance, d'après laquelle Dieu est tout (Panthéisme) : « A.U.M. », prononcer « aoumm » trois fois en respirant profondément et successivement après chaque articulation.

***

Voici une autre formule déprécatoire :

Prendre du lierre à l'arrachage, le plier, le tordre au-dessus de la fumée d'encens et dire :

« Saint-Michel, chef de la milice céleste, Toi qui terrassas le principe du mal, Toi qui as dit et mets en analogie « Je meurs où je m'attache » je progresse par ton intercession. Sois-moi favorable et permets que je me défende contre l'adversité pour mon plus grand bien ».

Il est à retenir que la fumée d'encens sert à projeter sur le plan Astral la pensée visualisée et imagée par le lierre, dont l'action se répercute ensuite sur le plan Physique.

*
* *

Voilà de quoi étonner le profane du monde de la Connaissance et du Savoir, le profane qui ne voit pas l'ombre de ses pères au tombeau, qui nie l'Esprit de ses aïeux et qui n'admet pas que l'âme de ses ancêtres puisse souffrir ou jouir dans le Grand Mystère de l'au-delà.

Voilà aussi pour celui qui sait se servir utilement de son mysticisme parmi les dédales étranges de la magie malfaisante.

Voilà encore pour celui qui, fort de son initiation, sait passer, le flambeau d'Eleusis en main, à travers les bourrasques des envoûteurs-persécuteurs, des géomanciens de mauvais aloi et du funeste grouillement d'énergies nocives des sorciers noirs sentant le soufre à quinze pas.

LES LOGES DIABOLIQUES

On entend par loges diaboliques ces huis clos où s'exerce la magie noire, où des individus en robes rouges couvertes de figures géométriques étranges, en compagnie d'animaux hideux et répugnants, invoquent à l'aide de procédés sataniques, des esprits impurs, afin de pratiquer leurs rites orduriers.

Ce chapitre, à lui seul, mériterait une longue étude, mais nous ne pouvons aujourd'hui que le résumer brièvement.

Il est difficile de concevoir combien agissantes sont, sur les cerveaux les plus puissants, les radiations émises de ces endroits impudiques et immoraux. Radiations très dangereuses pour les facultés cérébrales, projetées au moyen d'électuaires sataniques, c'est-à-dire de lotions faites avec des jus d'herbes et des graisses diverses servant à enfoncer les individus dans le plan de la lubricité, autrement dit dans les sphères inférieures de l'astral.

En vérité, ce que nous voyons autour de nous n'est qu'une chose infime à côté de ce que nos autres sens peuvent recevoir à notre insu.

Le clairvoyant ne s'y trompe pas, il sent beaucoup plus de choses que ne peut le soupçonner l'homme non averti. Si tout n'est pas dévoilé au premier, le second discerne une grande partie de ces forces considérées comme mystérieuses.

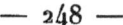

Quoi qu'il en soit, c'est tout un monde inconnu qui nous montre que ces rites produisent des effets variés, que la majeure partie des hommes n'envisage même pas ; parce que l'homme ignorant ne voit pas, ne veut pas voir, ne veut pas se rendre compte de ces forces invisibles, mais en subit, malgré tout, les effets nocifs accessibles à ses sens, à défaut d'instruments scientifiques divers.

S'il est victime de troubles indéfinissables, il n'essaie pas de réagir, il supporte en ignorant impénitent ou en incrédule obstiné, avec ses facultés endormies ou déformées, des effets désastreux qu'il pourrait éviter en combattant ces forces maléfiques, ou tout au moins en essayant de les vaincre par les forces du Bien.

Rappelons une fois de plus à ces négligents intraitables que toute matière, tout éther, toute vibration composés d'atomes, sont vivants.

Cette conclusion s'applique aux radiations rémanentes en particulier qui, par résonance, peuvent vibrer en accord avec notre individu.

Nous devons prendre l'habitude de considérer que la vie existe partout autour de nous, dans toutes les formes qui nous entourent : écrits, photos, bibelots, objets divers, meubles, immeubles, terrains, etc.

Il convient d'ajouter que ces radiations exigent, pour se manifester, des conditions biophysiques avec terrain analogue, correspondant ou simplement accueillant.

Tel est l'état des plantes, dont nous voyons par exemple les fleurs s'ouvrir et se fermer sous l'action journalière de la lumière et de la nuit, ou même les feuilles, chez certaines espèces sensibles, réagir à de simples influences tactiles.

MAISONS HANTÉES

Le phénomène de la maison hantée est aussi vieux que l'humanité.

Certes, il peut y avoir des cas de supercherie, de plaisanterie ou autres, mais on aurait tort de s'en tenir uniquement à ces dernières considérations.

Dans ce domaine, FLAMMARION a fait de nombreuses observations et a démontré un certain nombre de cas de hantise objective affectant certains lieux sans qu'il ait pu leur donner une explication satisfaisante.

Voici un cas qui a été radiesthésiquement contrôlé du point de vue influence mauvaise résidant dans les murs :

Aux environs d'ANNECY, il existe une villa inhabitée et inhabitable. Elle fut vendue par la veuve d'un premier propriétaire, mais les deux autres propriétaires qui s'y succèdent sont dans l'impossibilité de l'habiter et de la garder.

Il s'y passe des phénomènes curieusement extraordinaires et inhabituels, notamment des cas d'anéantissement et d'hébêtement chez les occupants.

En 1938, quatre médecins, en villégiature à ANNECY, entendent parler de cette villa hantée et décident d'aller vérifier sur place ces phénomènes, ou plutôt de chercher à découvrir le ou les mauvais plaisants auteurs de cette supercherie.

Ils emportent chaises et table pliantes, jeu de cartes et bougies, car cette villa n'est plus ni meublée, ni éclairée, elle est complètement abandonnée.

Il est 23 heures lorsque les quatre médecins pénètrent dans la maison de campagne. Ils allument des bougies et se mettent à jouer aux cartes en fumant force cigarettes dans un calme absolu, dans un silence plus pesant que celui qui écrase les tombes d'un cimetière de campagne.

Une partie se termine, puis deux sans que rien ne se manifeste. Et nos médecins de rire à gorge déployée.

Tout à coup, on ne sait trop comment, deux d'entre eux roulent à terre, entraînant dans leur chute l'installation et l'éclairage de fortune.

Ils se redressent et rallument les bougies. Quoique un peu décontenancés, ils se remettent à jouer.

Mais, presque aussitôt ils sont chacun gagnés par un malaise suspect et se sentent mystérieusement et irrésistiblement poussés dehors en proie à la plus vive terreur.

L'expédition n'a duré qu'un peu plus d'une demi-heure, et nos médecins n'en sont pas encore revenus.

*
* *

Voilà un cas de hantise qui élimine toute action de voisins du lieu ou de quelque farceur.

Ce cas nous conduit à envisager le sujet d'un dédoublement objectif entraînant la manifestation des phénomènes précités; il y a sans doute là le fait d'une résonance entre le propriétaire mort et son ancienne demeure.

Dès lors, rien ne s'oppose à invoquer la présence du double du mort. D'ailleurs, on apprend par la suite, que dans cette villa, à quelques années de là, celui qui l'habitait se livrait à des opérations magiques plus ou moins recommandables, et qu'il s'y est suicidé.

Ce fait prouve qu'en dehors du corps physique, il existe une entité humaine indépendante et que la mort de la matière est seulement l'abandon par le corps physique de cette entité, ce qui, également, doit faire éliminer l'hypothèse de l'anéantissement de l'esprit après la mort **du corps physique.**

LES MAGISTES

Des causes visibles et invisibles de nos joies et de nos misères physiques et psychiques il serait inconsidéré d'exclure les agissements préjudiciables de certains magistes du sortilège et du maléfice. Magistes, aux accointances louches et dominatrices, qui se transfigurent en Esprits mauvais pour troubler les consciences, abuser les confiances, piquer du virus de leur perversité les femmes mal équilibrées ou mal défendues ; souiller les vierges, faire irruption dans la vie béate des jouisseurs, maintenir les hommes captifs dans leurs vices, enchaîner l'énergie des esprits inquiets ou négateurs, envoyer leur souffle pestilentiel ou de luxure sur les dépravés, engendrer des troubles mystérieux, déterminer des plaies, des blessures suspectes et des maladies occultes.

Cette sorte de besogne malfaisante reçoit son explication dans l'envoûtement magique. Et, si cette technique n'a pas toutes ses précisions de méthode et de pratique, dévoilées au public, elle n'en est pas moins agissante et dangereuse entre les mains d'agents exercés.

*
* *

Quelles que soient les méprises, les supercheries et les légendes, des faits de cet ordre n'en sont pas moins réels et redoutables et nous devons nous incliner devant les impératifs de l'évidence.

LES MAISONS DE JEU

Le jeu est une des plus viles passions de l'espèce humaine, passion donnant l'illusion d'une vie facile, quand le sort sourit, mais qui mène au suicide lorsque l'adversité se met en tête de dépouiller, de ses derniers deniers, celui qui a l'imprudence de tomber dans ses filets.

*
* *

Les endroits où se rencontrent les joueurs sont pleins de contradictions, la lumière et les ténèbres s'y combattent farouchement sous de fallacieux espoirs et de réels désespoirs.

*
* *

La vue de l'argent exerce une éblouissante fascination sur les sens avilis des joueurs en pleine convoitise ; l'action de leurs funestes penchants anime frénétiquement leur passion palpitante.

*
* *

L'aura chez les joueurs est de teintes différentes chez les gagnants et les perdants. Celle du gagnant est certainement plus agréable à voir dans ses effets colorés, car elle donne la couleur d'une âme satisfaite, dévorant des yeux un gain vulgairement acquis. Elle est généralement d'un rouge-tango, couleur de la convoitise, enrobée d'un gris-noir de l'égoïsme.

Celle du perdant est du rouge écarlate de la colère et du ressentiment éprouvés à la suite d'un échec. C'est une image du sort qui s'acharne contre le joueur et que celui-ci rend responsable de son infortune.

Bien souvent, cette aura est assombrie d'un grand point central noir correspondant à la haine que nourrit le perdant à l'adresse de ceux qui lui ont gagné son argent. La haine n'est-elle pas quelquefois l'expression d'un désir de vengeance ou une sorte d'appel au suicide ?

Les maisons de jeu ! C'est là que très souvent se joue le dernier acte du drame d'une vie à la Panurge.

Le dernier billet de cent francs est l'ultime planche de salut du joueur qui, flagellé par la martingale, n'aura bientôt plus dans le vide de son gousset qu'une tête de mort comme emblème de sa détresse, et, dans la nuit d'une cruelle tristesse, il attendra la fin du « rouleau ». retraite trompeuse, car, croyant donner fin à son triste sort, il l'aggrave davantage dans le plan astral. Si son acte de lâcheté l'a éloigné de son malheureux destin terrestre, il l'a précipité dans une vie de l'au-delà digne d'un suicidé.

Là, dans ces maisons de jeu, résident les radiations vagabondes de tous les gens ruinés, les traces de leurs imprécations, de leurs gémissements, de leurs faces agitées par l'appât immoral du gain, commencé à l'aurore d'une ivresse erronée, souvent terminée au crépuscule d'une ruine totale, et dont le refuge imaginaire n'est plus qu'un bout de corde, une baignade mortelle, ou un filet de sang à la tempe.

Ces lieux où tant d'impuissantes loques humaines sont venues périr pour la fortune et le luxe, ces lieux dégagent quelque chose de particulièrement nocif qui agrippe, par ses mille tentacules, l'imprudent qui s'y aventure, et lui fait subir les singularités de la ruine dans toutes les pompes des souvenirs horribles de teinte livide du suicide.

Ces maisons sont redoutables non seulement pour leur voisinage, mais encore pour leurs emprises sur les âmes faibles. Ce sont des gouffres sans fond qui absorbent et désagrègent par les esprits élémentals qui y fourmillent.

Ces abîmes sont peuplés d'anciennes formes-pensées humaines, se répétant indéfiniment et agissant sur les cerveaux qui leur sont exposés.

Il est manifeste que leur action ne se produit pas avec une égale intensité chez tous les individus, mais leur principe agissant est puissant tant qu'une désastralisation n'a pas été faite.

— 256 —

Un homme vigoureux ne subira qu'une faible induction, passagère s'il n'insiste pas, mais celui qui est victime de débilité, de névrose ou d'un trouble physiologique quelconque sera plus exposé à l'induction magnétique des formes-pensées persistantes et des élémentals errants.

Comme on vient de le voir, par les deux chapitres précédents, les sensations feraient partie intégrante de la matière pour nous prendre par notre cerveau, par nos entrailles, par nos muscles, par nos glandes et affecter les organes de notre vie intérieure, soit par des radiations physiologiques périphériques, soit par un retentissement dans notre conscience. Retentissement à l'image d'une aberration mentale très proche du délire, véritable désintégration psychique se rapprochant de la folie.

Ce qui précède est la preuve la plus claire que des humains peuvent travailler à une fin qu'ils ne connaissent pas et dont ils n'ont même aucune idée approximative.

Cette remarque s'adresse surtout à l'homme fatigué physiquement et moralement, ayant subi de violentes secousses, des chagrins prolongés, incapable de réunir ses idées. Souvent encore, il s'agit tout simplement d'une oisiveté pernicieuse, ou d'une abdication totale de la volonté, encourageant les circonstances extérieures par lesquelles s'introduisent de perfides suggestions.

TRAVAILLE OU MEURS

« Travaille ou meurs » telle est la loi. Travail est synonyme de vie, c'est pour elle que nous devons être prêts à l'importance de notre tâche quotidienne.

Voilà pour le spécimen de l'humanité, dont la vie n'est pas achevée et qui ne discerne pas ses possibilités latentes.

Il ne sait pas, ce spécimen, que le cœur aux limites de la force et de la misère peut encore trouver de nouvelles réserves d'énergie capables de le faire sortir des profondeurs malsaines du jeu.

Et, au lieu de déserter ses devoirs domestiques et sociaux, il ferait mieux de s'intégrer à ses obligations et à ses traditions. Il devrait méditer sur le précepte de J. J. Rousseau :

« Celui qui ne trouve plus d'intérêt dans la vie,
« c'est, en général, celui qui s'est enfermé dans son
« égoïsme et qui a perdu toute la notion de ses devoirs
« envers la collectivité ; qu'il sache sortir de lui-
« même, se donner une idée qui le dépasse, il retrou-
« vera les raisons de vivre ».

Malheur à l'isolé, à moins qu'il sache s'imposer à la masse par des qualités maîtresses et par son mérite personnel.

Ajoutons que si cet isolé désespéré pensait, quelque peu, qu'il n'est pas seul à suivre le même chemin, à subir les mêmes épreuves, à avoir les mêmes soucis, de pareilles déceptions, des souffrances aussi nombreuses, il se rendrait compte que de cet ensemble de choses, qu'il s'attribue à lui seul, peuvent encore fleurir et croître les plus belles pensées de la vie, que sa place est dans la société. Peu importe son genre d'existence et sa situation, il a une tâche à remplir ; petite ou grande, elle a son importance.

Pense-t-il, cet égoïste, pense-t-il au petit chemin qui lui reste à parcourir par rapport à l'immense voyage des vies successives ?

Qu'il s'élève au-dessus des mesquineries quotidiennes. Qu'il dépose son fardeau de misères pour penser à l'avenir, le Grand avenir, le seul qui compte vraiment, l'Avenir de son âme qui sera un grand matin, s'il la prépare sans songer à l'automne et à l'hiver de sa vie terrestre.

Qu'il chasse les pensées tristes.

Qu'il aime la vie qui lui reste, la rende belle, bonne et joyeuse en pensant qu'il vit après avoir vécu et qu'il mourra pour renaître.

Qu'il ouvre les yeux devant l'éternité qui lui appartient. Un rien, moins qu'un rien, peut encore faire naître des heures de calme, de quiétude et d'allégresse.

Ce n'est pas perdre son temps que de méditer ainsi, il n'y a que les âmes lourdes pour ne pas le comprendre.

C'est une expérience intime que chacun possède, à moins d'être diaboliquement entêté.

Seule la persévérance dans l'erreur est l'effet du diable. « Perseverare tantum diabolicum ».

LES MAISONS MALFAMÉES

> « L'homme n'est ni ange ni bête, et le malheur veut que qui veut faire l'ange fait la bête ».
> PASCAL.

Toute émotion s'accompagne d'une décharge nerveuse, a dit SPENCER, elle se diffuse, elle s'irradie dans la matière environnante, ajouterons-nous.

C'est ainsi que les murs d'une maison malfamée, obéissant à une loi d'irradiation, libèrent une énergie redoutable qui se canalise dans des directions multiples et peut déborder les voies ordinaires pour se transférer en sensations d'ordre physique et psychique correspondantes dans les environs immédiats ou chez ceux qui fréquentent ces lieux.

Ces radiations inavouables naissent, croissent et s'épanouissent dans l'être humain qui s'en nourrit par l'ébranlement qu'il en reçoit au plus profond de lui-même, et, par résonance insolite, reçoit la marque infâme de sa monstrueuse inconscience.

Une des erreurs les plus flagrantes de l'homme est de croire que sa sensibilité individuelle échappe à l'emprise de ces radiations.

Il est bien certain que la fréquentation de ces maisons a souvent pour résultat un dévergondage de l'imagination, libertinage basé sur l'immoralité sexuelle. Cette fréquentation fait pénétrer des images qui demeurent dans la mémoire et qui, malgré tout ce que l'on peut dire sur les prétendues nécessités physiologiques, ont une influence morbide sur la pensée et la conduite ultérieures.

Des influences particulièrement troublantes émanent donc de ces maisons de prostitution, et par cela même sont loin de rayonner **bénéfiquement**.

Autour de ces maisons, au-dessus d'elles, rôdent, planent des vibrations de basse perversion cherchant toujours s'il n'y a pas quelque victime à dévorer, mais qui ne dévorent que les faibles ou les imprudents qui se laissent attirer, fasciner par les multiples charmes du vice de ces femmes en carte, muses déréglées, désaxées, affadies et corrompues parmi la foule des misères créées par l'amour uniquement sexuel et dont le moindre inconvénient est de flétrir toute fraîcheur de sentiment de ceux qui les approchent.

Ces maisons où sont passés des êtres obturés, plus corrompus les uns que les autres et dont les formes-pensées pareilles à des larves, des lémures, des esprits élémentals impatients de s'incarner, désireux de se manifester, déroulent autour d'elles leur hallucinant cortège pour mieux prendre possession de leur proie.

Ces maisons où s'écoule une vie trompeuse, pleine d'émotions vulgaires, ne radient qu'une poésie désordonnée dont l'effet est assuré comme celui d'un drame de l'amour, pour ceux qui y sont venus chercher des distractions onéreuses et humiliantes, pour le seul plaisir d'acheter à bon compte de dégradantes sensations purement organiques, parfois de cuisants regrets ; conséquence tragique et inéluctable de leur ignorance à savoir refréner leurs appétits charnels et la force proprement agissante de leurs tendances !

Combien de nobles visages portent le cachet malpropre de ces endroits priapiques, pour s'être jetés dans la fiévreuse tourmente des amours à bas prix, et avoir voulu bénéficier des plaisirs paraphernaux de ces femmes aux charmes frustes, ravalées au simple rôle d'instrument de plaisir, et dans les bras desquelles ils sont venus perdre leur argent, leur santé et leurs illusions ; quand ils n'ont pas pollué à tout jamais en eux les sources pures de la vie.

L'aura de ces maisons, comme celle des gourgandines qui les occupent, est semblable à une grande tache de pétrole sur un tas de boue noire, sorte d'irisation malpropre auréolant les occupants de tous étages, de tous les mauvais acabits de la luxure et du vice.

Voilà la nature des radiations qui tournent, voltigent autour de ces maisons.

On comprend dès lors qu'une telle ambiance ne soit pas recommandable, et que le fait de les détecter par les moyens ordinaires de la radiesthésie psychique est l'apanage d'êtres plus évolués que les spécimens de l'humanité courante.

FIN DE LA TROISIÈME PARTIE

QUATRIÈME PARTIE

LES FIGURES GÉOMÉTRIQUES

CHAPITRE XIII

Les Figures Géométriques. — Le Talisman. — Le Pantacle. — Explications des Pantacles. — Le Pouvoir des Pantacles. — Les Fétiches. — Golems et Téraphims. — Les Amulettes. — Les Phylactères.

LES FIGURES GÉOMÉTRIQUES

Notre intention n'est pas d'entrer dans les grandes lignes de l'art talismanique et pantaculaire, ni de tenter de dégager leurs règles traditionnelles en entier (1). Nous voulons seulement effleurer ce vaste sujet en expliquant brièvement dans quel esprit il faut voir cette science, vieille comme le monde, à quelles préoccupations elle correspond et à quelles lois générales elle est soumise.

Les ignorants s'étonneront sans doute que des convaincus attachent tant d'importance à ces petites choses insignifiantes, apparemment inanimées, que les naïfs qualifient de légendaires, de formules creuses, caduques et désuètes, d'une signification sans portée.

---

(1) Voir « Amulettes, Pantacles et Talismans » de Jean Marquès-Rivière, Payot, Paris.

Pourtant, beaucoup de ces ingénus ne sont pas toujours les derniers à s'y référer en accrochant à leur voiture une poupée ou un Saint Christophe, un fer à cheval à l'entrée de leur habitation, en portant du poil d'éléphant ou un morceau de corde de pendu.

Ces innocents ne soupçonnent pas que ces symboles ne sont qu'une algèbre qui aide à saisir les pensées dépassant la limite de la logique froide et de la raison pure.

S'ils se donnaient seulement la peine de soulever l'ésotérisme de ces légendes, ils en trouveraient une signification profonde, plus profonde que leur scepticisme qui ne prouve rien, pas plus d'ailleurs que leur incrédulité.

Ils ne songent pas non plus, ces inexpérimentés, que le problème leur est bien mal connu, qu'il y a là autre chose qu'une illusion, et que, ce faisant, même sans s'en rendre compte, ils perpétuent des traditions qui ont leur raison d'être ; que, très souvent, ce qu'ils appellent légende n'est qu'une déformation de la vérité que seuls connaissent les magistes, lesquels, par le jeu compliqué de toutes les figures de la géométrie occulte, sont capables de se servir du clavier de toutes ces forces appartenant au domaine de l'idéoplastie métapsychique.

L'idéoplastie englobe tous les faits d'extériorisation, de sensations, de mouvements par les idées dans le monde extérieur.

La métapsychique, c'est la science des phénomènes de l'âme, qui dépassent la psychologie ordinaire, ou ce que Richet appelait « Science qui a pour objet des phénomènes dus à des forces ou à des facultés inconnues de l'esprit ».

LE TALISMAN

Le talisman est un objet porteur de dessins allégoriques, de figures géométriques, de Génies, de Dieux, de Saints, traduisant des courants de pensées, des marques d'usages, des aspects de mœurs, des actes religieux ou non, des inclinations, des dispositions, des virtualités, des causalités sur lesquels il a été prononcé une conjuration, des paroles sentencieuses ou vengeresses.

Le talisman est parfois une véritable œuvre d'art, une réelle équation métapsychique d'une puissance virtuelle irréfutable en ses axes, diagonales, bissectrices, angles extérieurs et intérieurs.

Il peut être considéré comme la charpente active du pantacle et, selon le cas, former des lignes de force, ou chakras, par lesquelles le symbole astral inclus s'irradie autour du détenteur, lignes de force pouvant être autant de canalisations facilitant l'introduction des influx magiques ou autres.

La tradition talismanique comporte des rites, des formules et des coutumes d'origines diverses qui s'associent, se superposent et souvent se confondent intimement avec l'antique technique de la sorcellerie des âges les plus reculés.

C'est ainsi qu'au THIBET, c'était et c'est encore un enseignement de cérémonies fort anciennes ; en CHINE, les signes ont toujours été utilisés pour capter les forces secrètes ; en INDO-CHINE, c'est la suite de la magie écrite japonaise ; aux INDES, ce sont encore des incantations écrites qui servent de base aux diverses magies.

Il en était ainsi en EGYPTE et en GRÈCE. Les Arabes eux-mêmes, malgré des mouvements importants de leur population, ont, de tous temps, pratiqué un véritable culte pour les talismans. Aucun autre peuple n'a peut être subi une emprise si puissante d'une science propre à produire des effets contraires aux lois naturelles.

Ces courants magiques gagnèrent, de leur ferveur, les premières communautés chrétiennes qui firent des talismans, un art magico-religieux, s'attachant à des symboles variés faits sous forme d'étendards, de bannières, d'ornements sacrés tels : les médailles, les scapulaires, les chapelets, les crucifix, les croix, les cierges, etc.

Au moyen-âge, le Seigneur rassemblait ses vassaux sous des emblèmes à lui.

A l'époque des croisades apparaissent les blasons obéissant à des lois immuables et prenant un caractère régulier.

A partir du xiie siècle, on établit les chartes et les répertoires destinés à fixer l'authenticité des armoiries et des différents ordres de la chevalerie.

Chaque blason de famille devient propriété régulière et transmissible.

*
* *

C'est une véritable science héraldique du blason, des écus, des tables d'attente — chef, pointe, dextre, senestre — ; de couleurs dites « émaux » ou « métaux » — gueule, azur, sinople, sable, orangé, pourpre — ; de fourrures — hermine, contre-hermine — ; de hachures conventionnelles, de pièces honorables — chef, pal, fasce, bande, barre, etc — découpées, amincies, raccourcies, combinées entre elles pour donner le sautoir, la croix ou le pairle ; de rabattements ; de meubles proprement dits comprenant des figures : figures de fantaisie, hommes, animaux, plantes, maisons, châteaux, armes parlantes, outils, pièces de costume ; d'ornements extérieurs indiquant le rang, la charge, les dignités ou la fonction du possesseur.

*
* *

Après les nobles, les villes, municipalités, corporations, confréries, chapitres eurent aussi leurs armoiries.

*
* *

De nos jours encore, chaque Nation n'a-t-elle pas son pavillon à ses couleurs nationales, avec des marques particulières ? Enseignes adoptées par les navires et les formations militaires. Chaque section ou compagnie de régiment n'a-t-elle pas son fanion ? Chaque société sa bannière ? Chaque groupement politique ou para-militaire son étendard ? Chaque religion ses insignes ?

Il convient de remarquer que c'est bien le symbole qui mène l'homme. Au reste, c'est le symbole qui crée l'idéal et l'anime. C'est un signe métaphorique de ralliement et d'attachement. C'est l'emblème de l'honneur et de la bravoure, témoignage irrécusable sur lequel s'appuie l'esprit de corps, de caste, de sacrifice et d'abnégation ; il représente le sentiment racial, national, provincial, domanial ou familial.

Sur ce point, le symbole est une représentation concrète, une forme allégorique rendue agissante par sa signification, dont l'importance est une explication large de notre postulat en ce que cette représentation touche au fond de notre sujet, sur les couleurs, les signes, les figures et leurs influences bonnes ou mauvaises..

LE PANTACLE

Il faut bien se garder de confondre le talisman avec le pantacle. En effet, ce dernier, tout en étant une forme plus évoluée du premier, possède une technique qui va des conceptions les plus primitives aux formes religieuses progressives de transformation.

*
* *

En dehors de sa figure géométrique, qui lui sert de support, le pantacle s'appuie sur des noms magiques purs tels que : Tétragrammaton, Adonaï, Sabaoth, Iod, El, Melech, Elohim, etc ; des légions, Entités, Egrégores, Archanges, Anges, Esprits dominateurs, Séraphins, Chérubins, Vertus, Puissances, Principautés et Divinités diverses ; ou des noms impurs tels que : Belzébuth, Samael, Asmodée, Baphomet, Nemrod, Ghimmel, Lilith, Néomie, etc.

Tout le vocabulaire de la magie pourrait y passer, mais restons-en là.

*
* *

A ce sujet, soulignons que le nom agit par la force magique de son signe. Ce nom est vénéré ou redouté. C'est la magie du nom.

Les Génies qui voient leurs noms correctement écrits se soumettent à toutes les aspirations.

En conséquence, il ne faut pas croire que ces noms, ces figures, sont soumis aux choses par une pure convention. Ils ne sont pas vains, ni sans importance. Ils découlent d'une science qui peut être bonne, mais aussi redoutable, notamment lorsque le mage y fait entrer les charges magiques destinées à faire le mal.

*
* *

Souvent le pantacle se réfère à un jour de la semaine en conjonction avec une planète, une couleur et un saint.

Exemple :

Lundi, Lune, Bleu, Gabriel,
Mardi, Mars, Rouge, Samael,
Mercredi, Mercure, Noir, Raphaël,
Jeudi, Jupiter, Bleu-indigo, Sachiel,
Vendredi, Vénus, Jaune-serin, Anael,
Samedi, Saturne, Gris, Cassiel,
Dimanche, Soleil, Jaune-or, Michaël.

D'où les pantacles stellaires, basés sur une planète bénéfique ou maléfique, suivant le but poursuivi.

Il en est d'autres comme Saint Hubert pour les chasseurs, contre la rage ; Sainte Barbe pour les artilleurs, les sapeurs, les mineurs, les femmes mariées ; Saint Michel pour les maîtres d'armes, les boulangers, les pâtissiers et d'autres encore aussi nombreux que variés.

Il en est pour entrer partout sans être vu,
Passer inaperçu,
Se déplacer incognito,
Empêcher un voyage,
Charmer, séduire, dominer,
N'avoir peur de personne,
Contre l'envoûtement,
Attirer la bienveillance,
Obtenir gain de cause dans un procès,
Calmer les méchants,
Subjuguer les femmes orgueilleuses,
Combattre un ennemi,
Faire face aux réclamations des créanciers et obtenir d'eux de nouveaux délais, voire même des capitaux frais.

Contre l'épilepsie, les maladies, les fièvres, les accidents,
Contre l'incendie, la foudre, la grêle, le suicide,
Acquérir tel ou tel talent,
Connaître telle ou telle science,
Pour se transporter partout sans danger,
Contre la tentation.
Pour faire ouvrir toutes les portes,
Pour faire avorter tous projets malveillants,
Pour se garder la fidélité conjugale,
Contre les animaux sauvages,
Pour transmettre des pensées et des sensations,
Pour annuler les actions des sorciers,
Calmer les méchants,
Arrêter la parole d'un ennemi, etc, etc.

On en compte ainsi plus de deux cents différents avec action déterminée.

Citons encore les **72** noms de Dieu pouvant faire autant de pantacles.

*
* *

Nous inspirant d'auteurs célèbres, comme Eliphas Levi et Jean Marquès-Rivière, nous les donnons ci-dessous avec leur nom, leur Génie, leurs attributions, le verset du psaume en latin qui leur est propre et leurs notations caractéristiques ; moins préoccupé de l'exactitude de leurs figures que du réel intérêt qu'ils présentent.

*
* *

On remarquera que les **72** noms de Dieu se terminent tous par un des quatre noms divins suivants : iah, el,

IEL, AEL. Mais, comme en magie pantaculaire il n'est pas permis de livrer publiquement un travail complet — à l'exemple du Temple de la Philosophie, laissé inachevé, se trouvant dans le Parc d'ERMENONVILLE (Oise), tout près du tombeau de Jean-Jacques ROUSSEAU — c'est à dessein que nous livrons un travail incomplet afin de bien montrer que nous observons la règle traditionnelle, pour montrer enfin que la magie pantaculaire est un champ illimité, aux perspectives infinies, dans lequel pivotent les racines du lointain passé, où germent les radicules de l'insondable avenir.

Celui qui saura reprendre ce travail en entier, le reclasser et le compléter, pourra converser avec tous les esprits de tous les ordres, se faire obéir par toutes les puissances naturelles du Bien et combattre toutes celles du Mal qui pourraient être déchaînées.

PLANCHE N° 5

1. L'alpha, le commencement supposant la fin, la monade de l'homme, le pouvoir créateur, le mage, la crosse épiscopale ou abbatiale emblème du pouvoir spirituel.
   — Pour l'illumination spirituelle, contre les ennemis.
2. Le binaire, la dualité universelle, la double ellipse, l'union du masculin et du féminin, le Tropos et son activité pénétrante, le Pathos et son mouve-

ment enveloppant d'amour et de tendresse, les deux générateurs.

— Contre les douleurs morales, les possessions, les obsessions, les attaques injustifiées.

3. Aspect de la Trinité, mystère des nombres, le premier grand nombre sacré, le portique de l'initiation, le triangle équilatéral, le Logos, le Ternaire loi primordiale de la création.

— Pour être à l'abri des vampires, des incubes et des succubes, contre les langues perverses.

4. Le signe du soufre, la croix philosophique, les quatre éléments : Air, Terre, Eau, Feu ; les quatre Génies, le symbole le plus caractéristique du Créateur.

— Pour le succès matériel, la force physique, contre les traîtres, les tourments d'esprit, les calamités.

5. Les deux pôles opposés, le feu et l'eau, la figure du Bien et du Mal, du chaud et du froid, de la vie et de la mort. Le sourire royal se lit dans la grimace du sauvage.

— Pour le retour à la prospérité, la paix, contre les affaires malheureuses, les catastrophes.

6. Symbole du grand nom Tétragrammaton, les 6 jours de la création, la monade se heurte au courant contraire du binaire ; d'où énergie humaine.

— Pantacle du devoir, de l'involution, de l'accouplement, du travail. Pour obtenir la faculté de guérir, contre les attaques injustes.

7. L'harmonie entre l'esprit et la matière, l'équilibre moral, la pierre cubique.

— Pour obtenir les grâces temporelles par l'intermédiaire des esprits purs, pour obtenir l'accomplissement des désirs.

8. Les huit directions ou le carré spirituel et le carré matériel.
   — Pour être dans l'allégresse du Grand Dieu de la nature, obtenir son appui et chasser les mauvais esprits.
9. Les indices concrets, $9 = 3 \times 3$, le grand nombre magique de l'initié, 9 n'appartient pas à la matière, aucune substance ne se cristallise dans un solide à 9 faces.
   — Pour obtenir l'amitié et la faveur des grands, pour le choix d'un état.
10. Le nombre de la création constante des mondes, le germe de la vie, la première manifestation du verbe, le retour à l'unité $1 + 0 = 1$, l'alpha 1 + l'oméga $72 = 10$.
    — Contre les crimes cachés, pour avoir le goût de la musique et des arts.
11. La grille, symbole parfait de protection s'accordant avec l'éléphant, élément de calme et de force. Les deux étoiles, l'une à six branches, l'autre à cinq branches, ne pouvant pas être utilisées par les profanes.
    — Pour la victoire, contre les périls de mer.
12. L'esprit se dégage de la matière, la potence, le sacrifice, les quatre triplicités superposées.
    — Pour découvrir les mystères cachés aux mortels, contre la pauvreté.

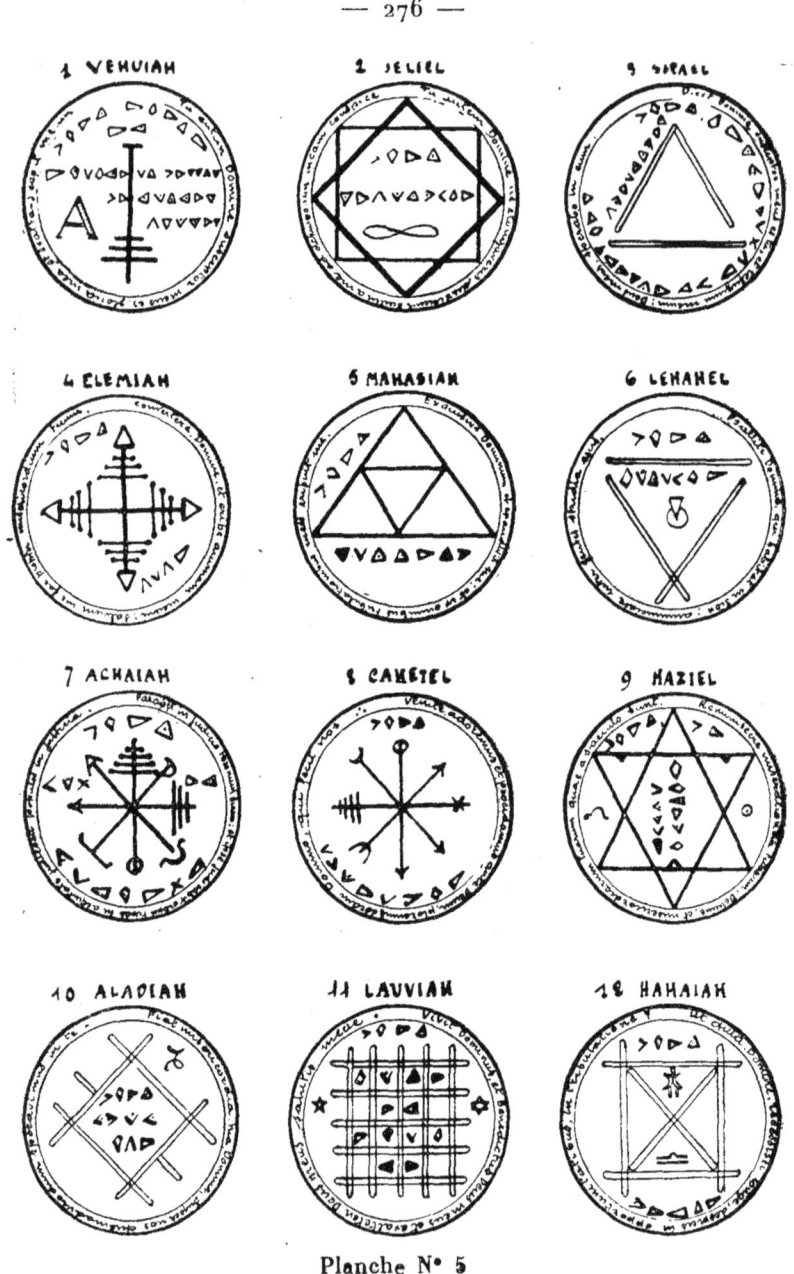

Planche N° 5

PLANCHE N° 6

13. Le triangle de l'esprit, le carré de la matière, la survie, l'immortalité.
    — Contre les forces noires, pour la fidélité et l'harmonie dans le ménage.
14. Les quatre grands principes, symbole de la lumière christique, le mélange des forces, leur harmonie, leur équilibre.
    - Pour l'affirmation contre le dragon, contre les voleurs et les maladies graves.
15. Le cercle, le plus sacré des symboles, la représentation solaire, la Divinité.
    — Contre les profanateurs.
16. Le carré de 4 de la magie noire, l'injustice.
    — Pour les affligés, les deshérités, les abandonnés, les détraqués, les excentriques et les ambitieux.
17. La fille du firmament — madone ou vestale — la gloire féminine, 7 la perfection matérielle, 10 la rota de la vie.
    — Contre les terreurs nocturnes, les tourments, la neurasthénie.
18. Nombre de la bête, l'amertume est au fond du calice.
    — Pour avoir les forces nécessaires dans la lutte contre l'adversité.
19. Le Soleil, énergie cosmique, l'alchimie spirituelle.
    — Pour la clairvoyance.
20. Le Grand Œuvre, la transmutation, la réincarnation, symbole de la création et de la destruction, la miséricorde et la rigueur.
    - Contre les attaques de la magie maléfique.

21. La matière concrète, l'Homme céleste, le Tout.
— Contre les charmes démoniaques, les sortilèges, les pièges de toutes sortes.

22. Le tourbillon crucial, la pierre cubique sauvage, le rapport entre le diamètre et le cercle, l'activité éternelle.
— Pour favoriser les voyages.

23. Les sentiments multiples, élevés ou bas, les émotions saines ou vulgaires, le breuvage qui éclaircit les mystères.
— Pour se diriger dans le désert de la vie.

24. La coupe des délices, pantacle à sens unique régissant le foyer familial.
— Protège les exilés, les fugitifs, pour la concorde dans la famille, protège les femmes en espérance.

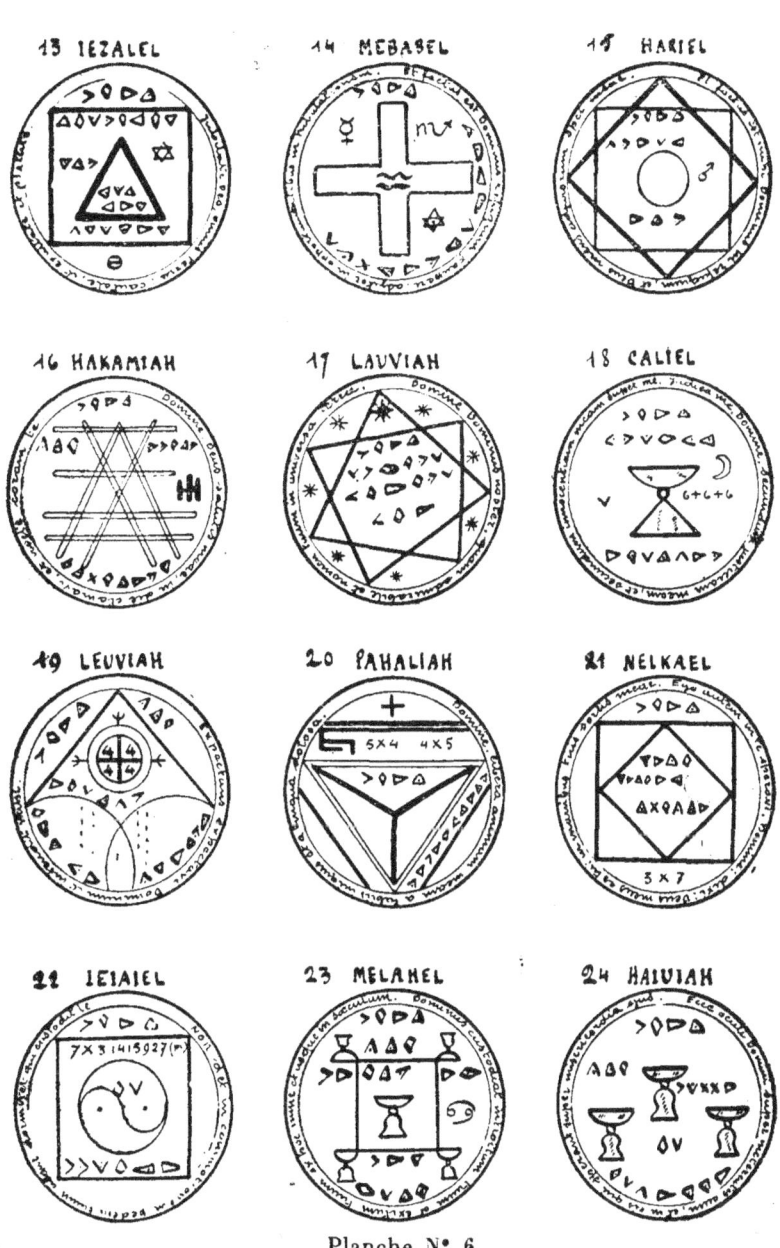

Planche N° 6

PLANCHE N° 7

25. Les trois triangles de l'involution cosmique.
    — Contre les maladies graves.
26. Symbole de l'unité, de l'harmonie, de l'amour noble.
    — Contre les outrages, les humiliations et l'amour profane.
27. La manifestation Divine, la fin du « Credo » « A Toi seul appartiennent la Gloire et la Justice dans l'Eternité ».
    — Pour être délivré des ennemis, des médisants, des calomniateurs et envoûteurs.
28. Les quatre portes cosmiques gardiennes du Ciel, la manifestation de la Force suprême.
    — Contre la foudre et les persécuteurs.
29. Le triangle, symbole de la Flamme, de la Foi, le cercle d'évocation, la lumière christique, l'éternel recommencement.
    — Contre les ennemis tant visibles qu'invisibles, les élémentals et les esprits inférieurs.
30. La chute ou l'élévation.
    — Contre le chagrin, le désespoir.
31. Le signe du Maître.
    — Pour exercer au maximum une profession, contre les affaires louches.
32. L'octave de trois, figure de protection, d'amour et d'amitié.
    — Pour la réussite dans les entreprises nouvelles.
33. Les cinq épées, symbole de l'ardeur, de l'action et de l'indépendance, de la force et de la volonté,

allusion à l'églantine à cinq pétales, image du pentagramme.

— Pour avoir de la patience et de la force.

34. Les huit triangles ésotériques.

— Pour combattre la colère, l'orgueil, la sottise.

35. Les quatre directions, l'équilibre des forces.

— Pour conserver son capital, contre les usuriers, les banquiers véreux.

36. Les six coupes, trois de l'intempérance, trois de la tempérance.

— Pour maintenir ses moyens d'existence.

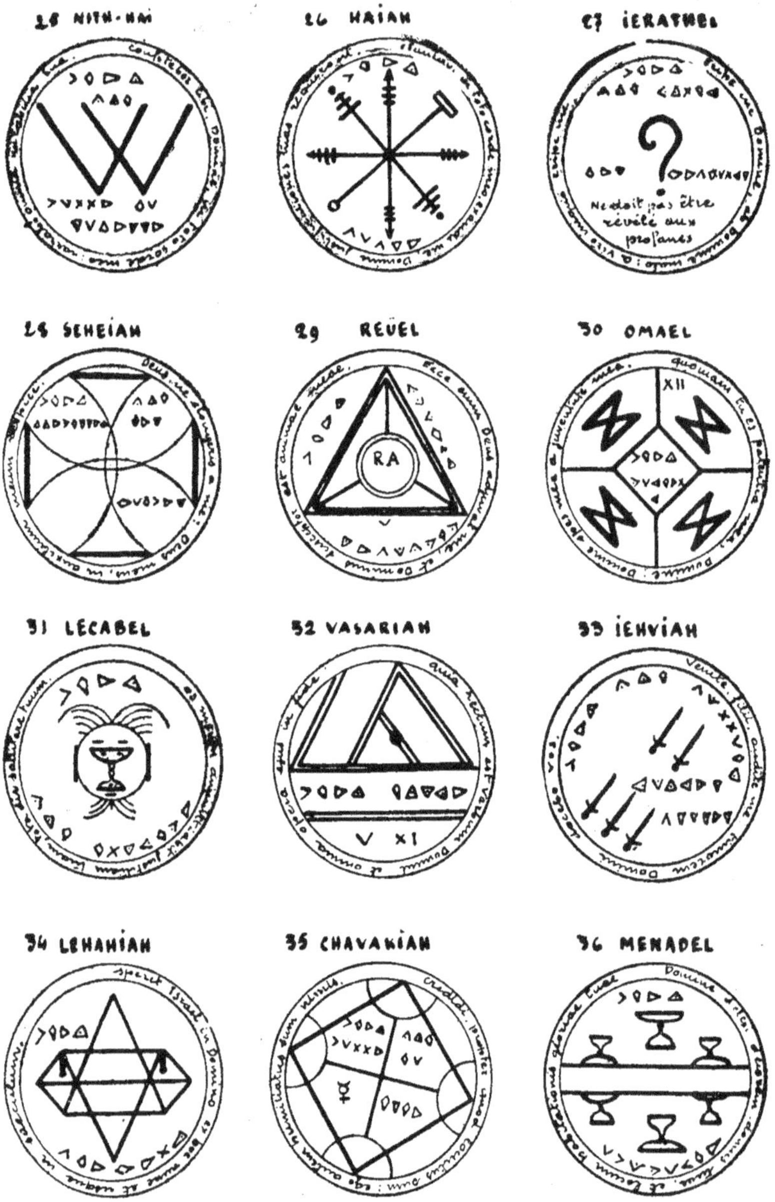
25 NITH-HAI
26 HAIAH
27 IERATHEL
Ne doit pas être révélé aux profanes
28 SEHEIAH
29 REÜEL
RA
30 OMAEL
XII
31 LECABEL
32 VASARIAH
V XI
33 IEHVIAH
34 LEHAHIAH
35 CHAVAKIAH
36 MENADEL

Planche N° 7

PLANCHE N° 8

37. Le sabre des vertus.
    — Pour avoir la victoire sans combattre, contre la jalousie.
38. L'équilibre du matériel et du spirituel.
    — Contre les mauvais esprits, donne la sagesse forte et le calme actif.
39. Les huit angles, la croix potencée et la croix d'équilibre, les Seigneurs des quatre éléments.
    — Pour guérir les maladies physiques et morales. Contre les troubles de la conscience.
40. Le triomphateur, symbole de la libération, de l'énergie spirituelle, de la bravoure, de l'audace.
    — Pour délivrer les captifs, rassurer les inquiets.
41. Les cinq clous.
    — Contre les coups de l'adversité.
42. La première lettre du Verbe.
    — Pour voyager en sûreté.
43. Les trois épées.
    — Contre la puissance d'argent, pour se délivrer de l'esclavage temporel et spirituel.
44. Les huit cercles équilibrés, l'énigme.
    — Contre la défaillance, l'indécision.
45. La rose mystique.
    — Pour détourner l'adversité, contre les ennemis.
46. Carré des tridents, la matière incluse dans la spiritualité.

— Protection personnelle.
47. La protection Divine.
— Pour favoriser et développer les dons naturels.
48, Les six épées dans la même direction.
— Pour la paix en général.

37 ANIEL

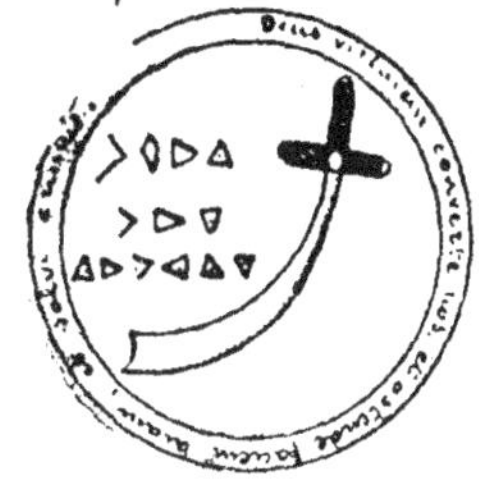

31 HAAMIAH

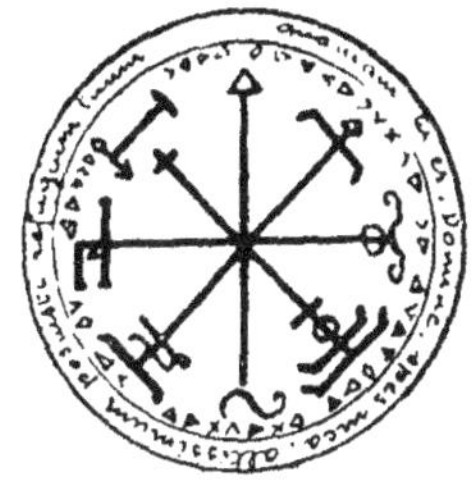

39 REHAEL

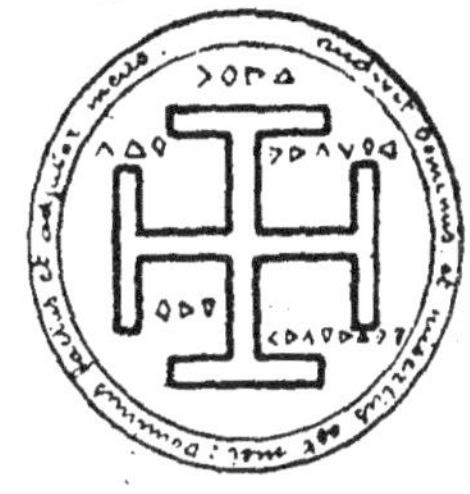

40 IEIAZIEL

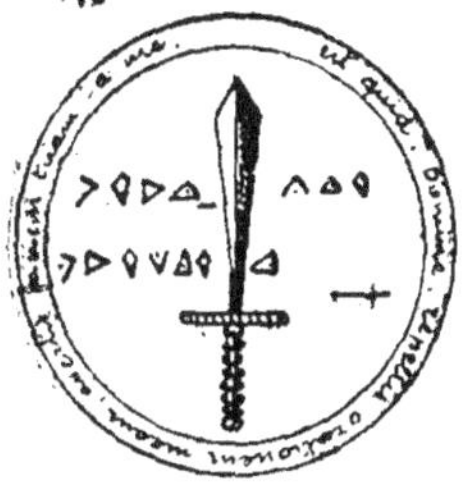

41 HAHAHEL

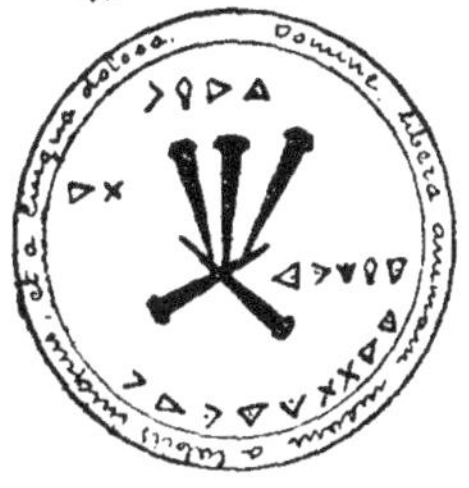

42 MIKAEL

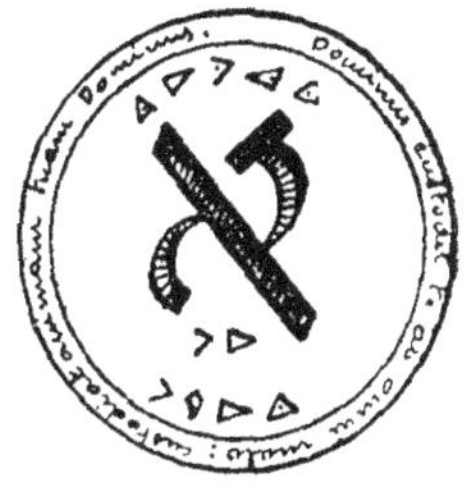

43 VEVALIAH

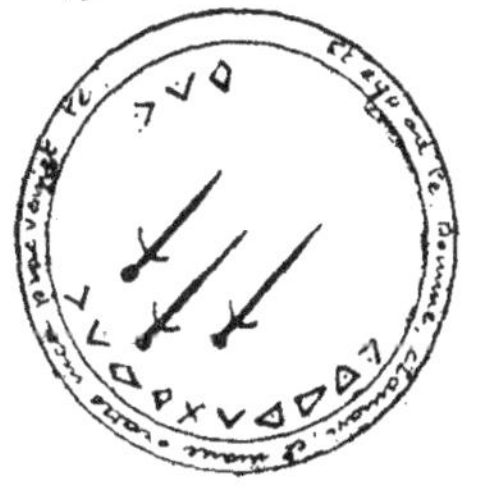

44 IELAHIAH

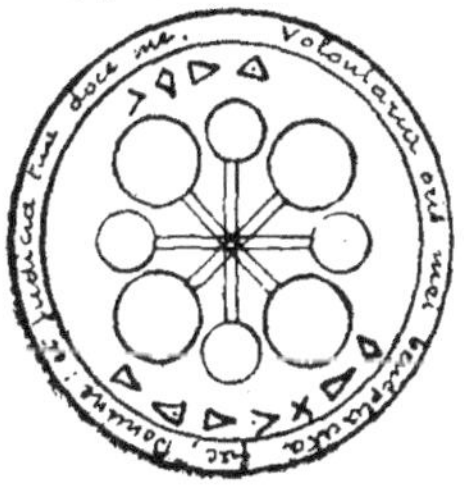

45 SEALIAH

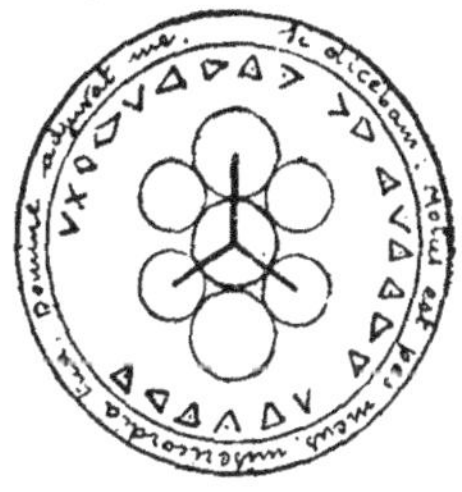

46 ARIEL

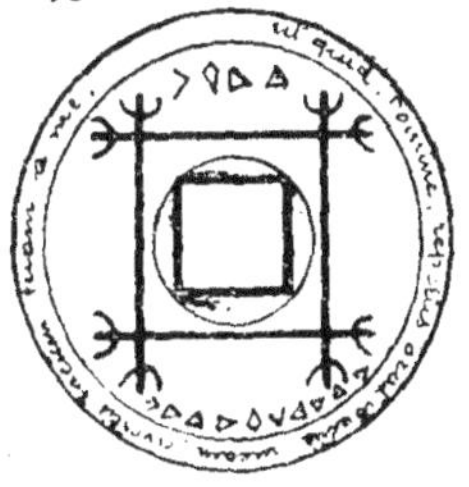

47 ASALIAH

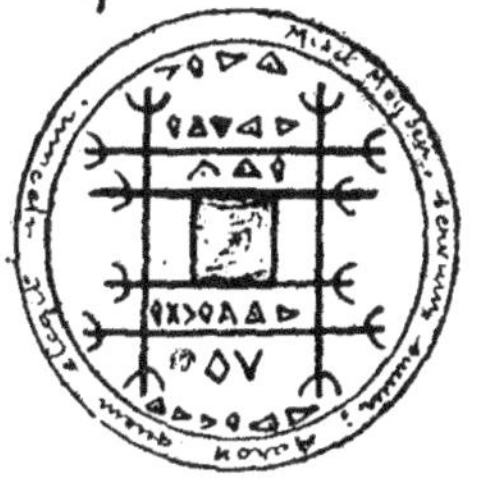

48 MIHAEL

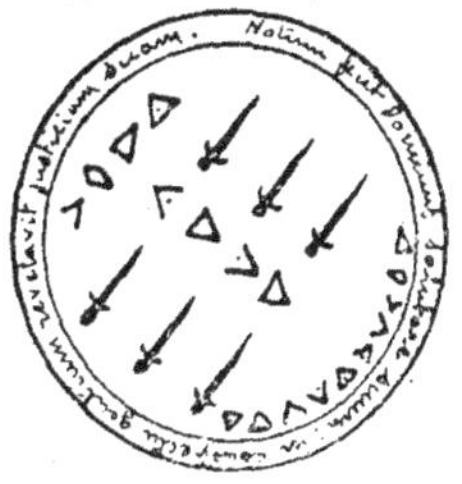

Planche N° 8

PLANCHE N° 9

49. Le cercle à quatre pétales, l'esprit commande à la matière.
    — Pour obtenir le nombre de génies nécessaires à tous travaux.
50. La Trinité cosmique dominant la matière.
    — Pour l'union avec les esprits purs désincarnés.
51. Les quatre grandes forces primaires, le tourbillon astral dans le Nirvana ou monde de l'absolu.
    — Pour avoir l'abondance.
52. Les sept génies planétaires, le temple du feu.
    — Contre la migraine, la céphalée, le doute et l'indécision.
53. La croix double, la pensée créatrice, le génie extériorisant.
    — Pour défendre le foyer familial, aider dans les études.
54. Les neuf épées du mystère et de l'initiation.
    — Contre la ruse, le mensonge, la corruption. Pour avoir la santé du corps et de l'esprit.
55. Le Verbe qui produit toutes choses.
    — Contre les revers de fortune, le désespoir, pour avoir des enfants.
56. Les trois colonnes de la manifestation Divine.
    — Pour forcer la grâce de Dieu.
57. L'œil de Dieu.
    — Contre les blasphèmes, les imprécations.
58. Le Temple du mystère, de la prophétie.
    — Contre la calamité et l'exil, pour la réconciliation, pour un mariage heureux.

59. Le carré, le rectangle à quatre pétales.
 — Contre la stérilité, pour favoriser la conception.
60. Le double carré et les quatre pétales de l'isolement et de la méditation.
 — Pour favoriser l'élévation spirituelle, pour protéger les hommes et les animaux.

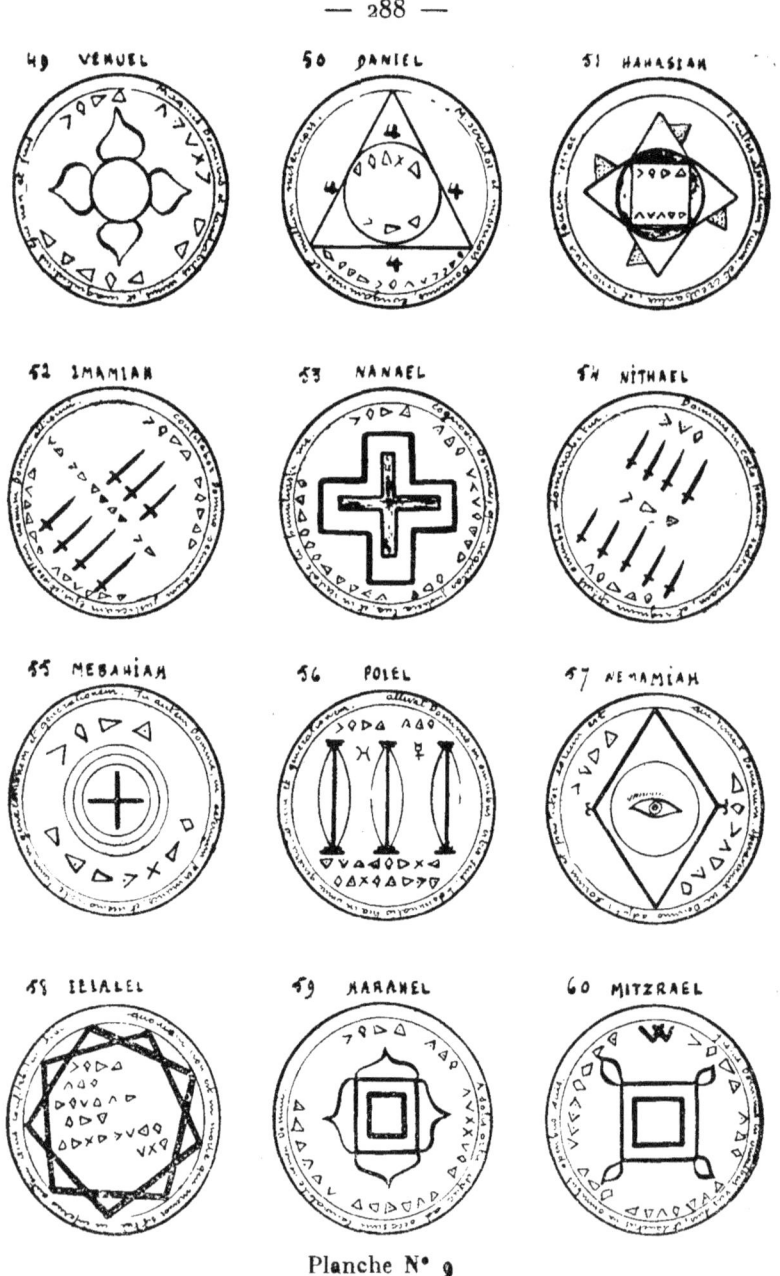

Planche N° 9

PLANCHE N° 10

61. Le losange à quatre pétales.

— Pour forcer l'amitié de quelqu'un, un mariage d'amour.

62. Le quaternaire de la matière et de l'esprit. La vie et la mort sont indissolublement associées.

— Pour avoir une vie saine et idéale. Pour favoriser le rapprochement sentimental.

63. La dualité matérialisée dirigée par la Trinité, la balance morale, le rapport entre le Divin et l'Humain.

— Contre la tyrannie d'où qu'elle vienne.

64. L'homme matériel dans le vide, dans le Tout qui n'est rien et dans le Rien qui est tout.

— Contre les maléfices et les mauvais desseins.

65. La colonne, la montée de la prière, le Dôme et son reflet, le Bol cosmique et son réceptacle.

— Pour effectuer un déplacement sans ennui, contre les envoûteurs.

66. Le Christ, ses trois vertus, sa personnalité.

— Contre l'épilepsie, l'insomnie, les maladies nerveuses.

67. La croix potencée du relatif, symbole de la sphère de l'absolu.

— Pour réussir dans les affaires, attirer les sympathies.

68. La suprématie spirituelle.

— Contre les pratiques démoniaques.

69. L'homme spirituel.
   — Contre le désespoir, pour aider les enfants retardés.
70. La triade Divine.
   — Pour protéger les biens, pour conserver ses capitaux.
71. La croix à cinq branches, le pentagramme dans le principe trinitaire.
   — Contre les oppresseurs, les menteurs, les détracteurs.
72. Les vingt triades, la pensée Divine, son Verbe et la vie émanée.
   — Pour réussir en toutes choses, avoir la foi et l'aide de Dieu en toutes circonstances.

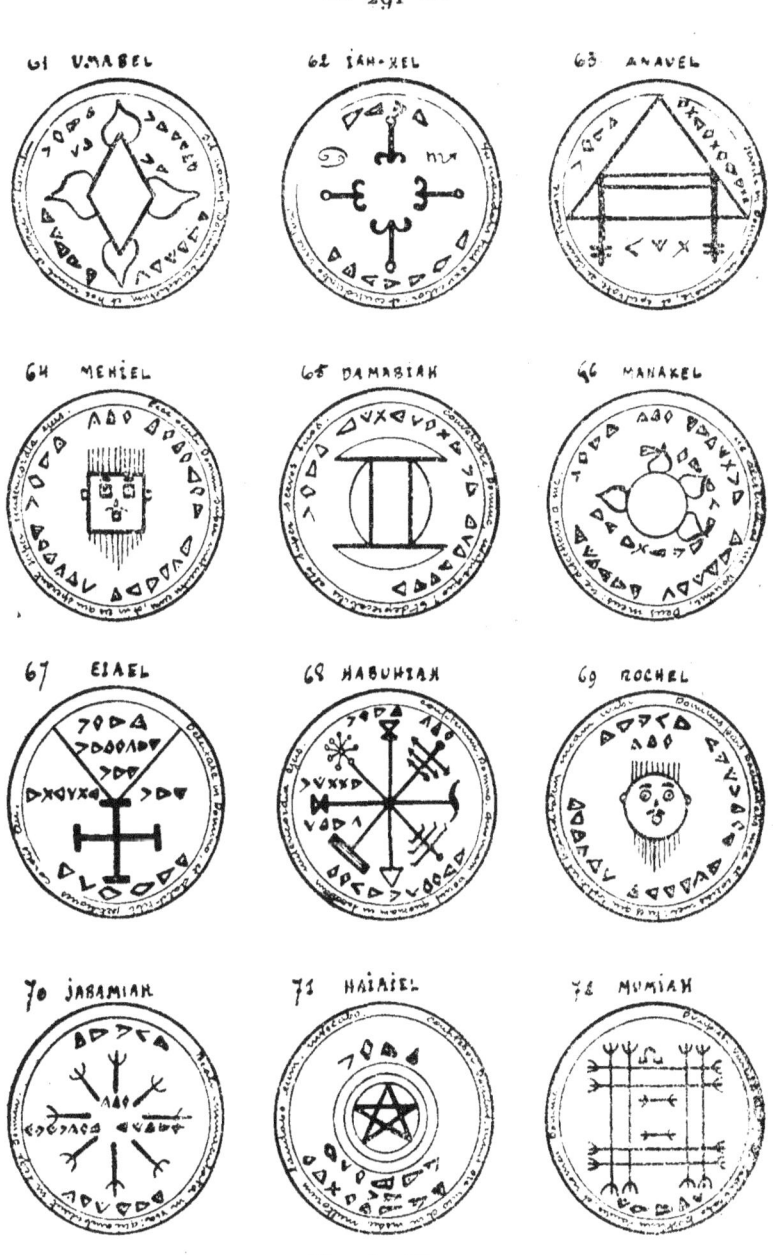

Planche N° 10

Nous croyons en avoir assez dit. Certes, renseigner les honnêtes gens est assurément œuvre pie, mais en allant plus loin ne risquons-nous pas de donner des armes aux individus sans scrupules ?

Grâce à ces notions, nous pouvons construire des pantacles qui, à l'aide de toutes les techniques connues, apporteront une riche collection d'occasions de rendre service à ceux qui luttent, souffrent et se débattent dans l'adversité.

Nous avons ainsi à notre disposition un nombre assez considérable de figures géométriques capables de faire jouer en maintes occasions le phénomène de la résonance talismanique sur des bases bénéfiques.

Mais, pour ce faire, nous devons détourner notre attention du progrès mécanique, physique et chimique et nous attacher à ces signes évocateurs d'une antiquité pleine d'attraits.

C'est ainsi que celui qui sait aller au fond des choses, chercher leur âme, leur vrai sens ésotérique, sentira s'éveiller en lui le respect et la puissance du passé.

De nos jours, chacun s'intéresse plus particulièrement à ce qui augmente le confort exotérique, le luxe, le plaisir, mais peu daignent accorder l'aumône la plus élémentaire aux pantacles, très peu songent au pouvoir extraordinaire de ces figures géométriques et allégoriques, aux relations profondes qu'elles peuvent avoir avec les individus, à l'ambiance qu'elles sont capables de créer autour d'elles et au rôle qu'elles semblent pouvoir jouer dans la destinée des hommes.

Certes, la science nous apporte bien des agréments, mais n'est-elle pas dangereuse quand, par son éblouissante facilité, elle enferme la pensée et l'intelligence dans la matière, bouchant ainsi les horizons intellectuels de ceux dont les habitudes sont purement matérielles et qui épuisent leurs forces dans l'agitation d'une vie qui réduit tout idéal en poussière ?

Ainsi donc, si nous exécutons correctement une figure géométrique à caractère talismanique, nous sommes, sur-le-champ, reliés à sa puissance noble ou vulgaire et en subissons aussitôt les bienfaits ou les méfaits. Il s'établit une résonance entre les radiations émises et le complexe de celui qui possède une de ces figures.

Il y a donc lieu de ne pas négliger les causes efficientes d'un talisman.

Partant de ce principe, on peut, croyons-nous, accepter comme raison que, si le pantacle magique peut être un agent bien défini et efficace dans la vie quotidienne, il peut être aussi bien le support d'un magnétisme maléfique, surtout s'il a été exécuté sous l'impulsion de pensées mauvaises, ou s'il a subi une profanation consciente et voulue. A cet effet, on voudra bien se reporter au chapitre « RELIQUES » où l'on trouvera un exemple de l'exorcisme à l'envers.

Le bon talisman apporte avec lui des radiations de calme, de force et de défense. Le mauvais transporte des radiations dangereuses et s'attaque sournoisement à son détenteur, contre sa volonté, à son insu et le soumet à des forces inattendues de maléfices divers.

*
* *

Le bon et le mauvais talisman portent en eux la preuve de la véracité de leur état représentatif, magnétique et magique, et, selon des règles précises et invariables, sont vraiment ce qu'ils doivent être. Par l'un ou par l'autre nous entrons dans le domaine de l'idéoplastie : faculté de créer des personnalités, de modeler la matière et d'émettre de l'énergie.

FABRICATION D'UN PANTACLE

Dirons-nous un mot sur le cérémonial qui entoure la fabrication d'un pantacle ? Certes, mais nous n'irons pas loin, car ce serait prolonger un peu trop cet aperçu et, peut-être aussi, risquer de faire sortir la colonne d'anathème.

Qu'il nous suffise de dire que le pantacle doit être exécuté avec des instruments rituels et des rites traditionnels, un jour favorable, de préférence sur parchemin vierge, à jeun, dans un état absolument pur de l'âme, les mains et les pieds soigneusement savonnés et rincés à l'eau courante.

— 295 —

Précisons que l'élaboration matérielle d'un pantacle se fait, dans l'ombre du silence, sur bois, parchemin, ou métaux, à l'exception toutefois du fer et du cuivre qui sont oxydables, notamment le cuivre qui est le symbole de la décomposition et de la pourriture, mais aussi de la purification et de l'initiation.

Notons encore la phonétique, c'est-à-dire les sons et les articulations de mots et de phrases.

L'écriture phonétique intervient avec force.

Un phénomène qui entre en ligne de compte, dans la fabrication d'un pantacle, est la mentalité de celui qui peut être éventuellement chargé de son exécution.

A ce sujet, il est utile de souligner que le fluide de l'auteur intervient, pour une bonne part, dans le rôle que le pantacle est appelé à jouer ultérieurement.

Ajoutons que le pantacle est un élément que l'on peut vouer aux règles d'une destinée dirigée, parce qu'il est la représentation d'une chose, d'un état ou d'une action.

Le signe adhère à la chose signifiée ainsi fixée, le symbole se transmet à son porteur ainsi que son incoercible efficacité par la vertu de son signe et de son acte de foi sous l'action rémanente de la pensée (Noûs), de la parole (Logos), et de l'action (Voulos).

L'hexagramme et le pentagramme en sont une savante démonstration dont la science, en géométrie philosophique, consiste à agir sur le plasma énergétique du Tout.

D'ailleurs, on sait tout l'intérêt qu'attachent à ces deux figures ceux qui s'occupent d'études magiques. Elles sont, en somme, le résumé de tous les mystères de la Nature et de la Magie, comprenant tous les phénomènes dynamiques ou objectifs, statiques ou subjectifs.

La première — l'hexagramme — ayant présidé à l'enseignement kabbalistique, est l'emblème de la vie instinctive de la Nature. Elle est formée d'un triangle ascendant, symbole de la flamme et de l'air, d'Osiris, élément solaire et de la magie des monts, et d'un triangle descendant symbolisant la Terre, l'Eau et Isis, éléments lunaires et de la magie des souterrains.

Les deux triangles entrelacés expriment l'union dont parle la Genèse.

La seconde — le pentagramme — étoile à cinq branches, représente l'initiateur gardien des hauts secrets, des connaissances intellectuelles et spirituelles.

Ce pentagone étoilé symbolise les cinq éléments du Sphinx : la pointe supérieure, la tête humaine « connaître », les ailes « apprendre », les griffes « saisir », les flancs « pouvoir », les seins « servir ».

Une autre concordance est celle de l'homme intégral représenté par ses cinq extrémités : la tête pour la pointe supérieure, les deux bras étendus pour les deux pointes de côté, les deux jambes écartées pour les deux pointes inférieures.

Le chiffre 5 est d'une grande valeur, sa propre signification est la magie et la force inspiratrice.

Nous en donnons d'ailleurs une description plus détaillée dans notre Tome II « SECRETS DES COULEURS ».

***

Ajoutons cependant que le pentagramme possède deux significations, selon qu'il est à l'endroit ou à l'envers :

La première symbolise les divinités de l'Amour antique : Vénus et Ashtarté, l'être humain offrant le sexe.

La seconde signifie Savoir. La cathédrale d'Amiens comporte un pentagramme à l'envers.

Les deux superposés forment le pantacle du Savoir et de l'Amour.

***

Le pantacle peut avoir une vertu démonifuge, prophylactique et parfois curative, contre les mauvais génies, les esprits malfaisants, les influences malignes et les maladies suspectes ; ou une vertu maléfique susceptible d'agir en sens contraire de la première. Ce dernier comporte généralement des malédictions, des phrases vengeresses écrites en langue morte. C'est là la raison pour laquelle le pantacle doit être rigoureusement personnel et ne peut être porté que par celui à qui il est destiné.

***

Un pantacle, c'est un puissant condensateur et émetteur captant et radiant les radiations du Cosmos. C'est un véritable élément de théurgie, c'est-à-dire de magie fondée sur le commerce avec les bons esprits célestes.

En magie cérémonielle, c'est un instrument de grande protection. Mais son but n'est atteint qu'autant qu'il correspond à des vibrations occultes suffisamment élevées.

Dès lors, on comprend que si l'on détient un pantacle impersonnel, il y a lieu de s'en débarrasser en lui opposant une formule déprécatoire, c'est-à-dire la forme mystique d'un rite bénéfique.

Quand un objet est fortement chargé de magnétisme, dans un but précis, par une personne compétente, il devient un talisman, et s'il a été convenablement préparé, il continue à émettre ce magnétisme pendant des années, avec une puissance qui ne s'affaiblit pas, écrit A. E. POWELL dans son ouvrage sur le Corps Astral.

On comprend ainsi l'influence d'un talisman chargé d'un magnétisme de confiance, par exemple, et porté par une personne hésitante et irrésolue. Les radiations du talisman s'opposent aux sentiments indécis et finissent par vaincre ces derniers.

A défaut de puiser son assurance dans le réservoir de force et de volonté qu'est le talisman, le porteur peut se mettre mentalement en communication avec la personne qui a fait le talisman.

Celui qui l'a fait ne se rend pas physiquement compte de cet appel, mais son Corps Astral, pratiquement infatigable, en est conscient et répond aux sollicitations du Corps Mental du porteur du talisman.

Ce qui précède explique les phénomènes de protection, de guérison, d'envoûtement et de désenvoûtement à distance par photographies, vêtements et objets interposés.

A cet égard, il n'est pas inutile de prévenir le lecteur qu'il peut lui arriver de trouver sur son chemin, dans sa cour, sur son palier, sur le pas de sa porte ou chez lui un de ces petits paquets très bien faits, tombé là comme par hasard.

Qu'il prenne garde de ne pas le ramasser avec les mains mais avec une tige pointue pour le jeter aux ordures ou à l'eau courante, mais jamais au feu.

Parfois, ce petit paquet, délicatement enrubanné, contient réellement quelque chose. Et, si l'on veut satisfaire sa curiosité, une élémentaire précaution n'est pas incompatible avec une certaine prudence pour l'ouvrir.

Dans le même ordre d'idées, on doit se méfier des tickets de métro, des lettres, des gants, des parapluies et autres objets laissés chez soi, comme par inadvertance, par des visiteurs.

Ce sont là autant de choses capables de véhiculer des sortilèges et il y a lieu de dissiper les radiations maléfiques qu'on aurait pu éventuellement y incorporer.

*
* *

Les sceptiques riront et allègueront qu'il faut une dose considérable de crédulité pour admettre pareille chose, comme si l'état de leurs connaissances leur permettait d'assigner une valeur nulle à ces figures qu'ils connaissent bien mal. Mais, nous, nous reconnaissons qu'il ne nous est pas interdit de sonder ce beau mystère.

LES FÉTICHES

Les fétiches sont, avant tout, naturels : ossements humains ou d'animaux, dents, plumes, cheveux, poils, peaux, graisse, coquillages, bois plus ou moins grossièrement travaillés.

*
* *

La technique des fétiches est basée sur la loi des semblables. Cela veut dire que celui qui porte la partie d'un animal ou sa figure est immunisé contre la force maléfique de son espèce.

D'autre part, l'action d'un fétiche s'étend à la neutralisation des fluides dangereux, tandis que le pantacle, que nous venons d'étudier, est destiné à combattre telle ou telle force mauvaise ou à attirer telle ou telle force bénéfique, forcer tel ou tel événement, favoriser telle ou telle personne en lui procurant aide et protection pour atteindre au but poursuivi.

Sans nous étendre davantage sur ce chapitre, notons en passant que les fétiches prennent toute leur importance lorsqu'il s'agit d'un danger à courir ou pendant les périodes troublées. Rappelons-nous la guerre 1914-1918 avec Nénette et Rintintin, le pingouin de l'aviateur, le sanglier du régiment, le pélican du G. B. D., le centaure de la batterie, le chien du bataillon, etc., etc.

L'influence du règne animal sur l'homme n'est pas contestable, notamment dans la catégorie des animaux domestiques.

Notons cependant que notre influence sur ces derniers est plus forte que la leur sur nous, si nous les prenons dans le calme de notre individu, dépouillé de toute colère, cruauté et brutalité.

Celui qui s'est attiré l'amitié d'un animal se sent fortifié par l'affection dont l'animal est l'objet.

Certes, l'homme est souvent capable d'un plus grand amour que l'animal, mais l'affection que témoigne l'animal est généralement plus forte. Car, l'animal dirige toute sa force affective dans une seule direction, celle de son maître. Au contraire, l'homme cruel envers les animaux leur inspire la crainte et parfois la haine.

Dans ce dernier cas, les radiations émises par les animaux maltraités convergent avec la même force et le même sens unique vers le maître.

Un homme peut se faire détester par son chien ou par son cheval — plus particulièrement par une jument qui n'oublie pas et sait se venger à l'occasion — l'homme peut donc être victime d'un choc en retour dont il négligera bien souvent d'approfondir les causes néfastes.

Voilà pourquoi l'homme aime à s'attacher un animal ou son effigie ou sa figure ou une partie de cet animal, et cela explique le culte particulier des fétiches.

GOLEMS ET TÉRAPHIMS

Ici, nous abordons deux éléments destinés à la pratique des envoûtements et se référant à des chaînes magiques qui sont d'autant plus puissantes qu'il y a de nombreuses volontés groupées sous le même rite.

Les magiciens, sorciers, satanistes, nécromants de tous étages s'en servent dans l'évocation des esprits bas et obscurs et, dans la lueur blafarde de leur science plus ou moins diabolique, parviennent à des résultats ahurissants capables de faire dresser les cheveux sur la tête des plus incrédules.

LE GOLEM

Le golem est une figuration animale totémique, parfois monstrueuse, étrange, hideuse, animée magnétiquement d'une puissance parfois terrible.

C'est quelquefois une tête de serpent, de hibou, de chat, de chacal, de porc, de vautour, de corbeau, de crapaud.

Souvent encore, c'est la mise en effigie d'un être humain sous forme de statuette avec amalgame de cheveux, de dents, de sang ou d'éléments physiologiques quelconques.

Le golem se fait en cire, en argile ou en bois à l'image d'une personne visée par l'envoûteur.

C'est une méthode qui consiste à donner la vie magnétique artificielle à une figure dans un but déterminé de maléfice.

Ainsi exécuté, le golem devient un générateur d'effluves dans l'exécution des volontés du mage, générateur qu'il ne fait pas bon de profaner. Parfois même, l'auteur ou l'animateur a de la peine à dissoudre l'entité qu'il y a incorporée.

Généralement, ceux qui ont recours aux golems font œuvre de magie noire et s'exposent à des conséquences tragiques, car c'est une arme à deux tranchants qui peut blesser celui qui le construit aussi bien que celui à qui on le destine. Cette arme agit dans les plans différents du monde matériel.

C'est en somme l'outil du devin et de la devineresse jouant le rôle de téraphim divinatoire, mais aussi une sorte de Gorgone propre à personnifier une puissance redoutable, mélange de méchanceté, de cruauté et d'horreur.

En un mot, c'est quelque chose comme une statuette possédant une niche, à l'endroit du cœur, du ventre, de la tête, dans laquelle on enferme un animal ou un poison. L'animal meurt étouffé, son fluide devient l'âme de la statuette.

C'est alors un téraphim, un terrible condensateur.

LE TÉRAPHIM

Le téraphim est un talisman d'une forme particulière, c'est, en quelque sorte, une idole que l'on anime également d'un certain magnétisme au moyen de cheveux ou d'éléments physiologiques, assurant ainsi un rapport mystérieux entre l'élément incorporé et la personne de qui émane cet élément.

On le construit généralement en or ou en cuivre plus spécialement, ce dernier métal étant le plus recherché en raison de ses propriétés magnétiques, mais, à défaut de l'un de ces métaux, on utilise la cire, l'argile ou le bois.

— 305 —

*
* *

Dans le but de renforcer son action magique, il est construit sous l'influence d'un jour, d'une planète, d'une constellation et d'une couleur.

Notons, en passant, que la planète Lune et la couleur verte sont : l'une la déesse de la Magie, l'autre la couleur prédestinée de cette science cachée.

*
* *

Autrefois, les girouettes jouaient le rôle de téraphim.

Le coq au sommet des clochers est une résurgence des traditions magiques égyptiennes. De nos jours, cette figure se rapporte à l'étoile du matin. Le coq, par son chant, annonce la disparition des ténèbres et l'arrivée de la Lumière. C'est un symbole aussi hermétique que magique.

*
* *

Au sujet des téraphims voyons ce que nous dit à peu près Jean Bodin, auteur de « La démonomanie des sorciers » :

« Sous le règne de Catherine de Médicis, lorsque l'on voulait guérir un malade avec le concours des mauvais esprits, la nécromancie avait recours à de singulières pratiques :

« On prenait, par exemple, un enfant orphelin, que l'on faisait préparer secrètement à la cérémonie de la première communion.

« Au jour dit, un prêtre apostat, versé dans les sciences magiques disait, la nuit, dans un lieu saint tendu de noir, une messe dite noire. Parodie de la cérémonie funéraire à l'occasion d'un enterrement à l'église.

« En présence de quelques adeptes, la messe était célébrée devant une croix renversée et l'image du diable, l'officiant habillé de noir consacrait deux hosties, une blanche et une noire.

« La blanche était donnée à l'enfant vêtu de blanc, puis celui-ci était simplement égorgé et décapité sur les marches de l'autel.

« La tête était alors posée sur l'hostie noire recouvrant le fond de la patène, le tout disposé ensuite sur une table noire où brûlaient des cierges noirs. Alors, commençait la conjuration, les esprit malins étaient sollicités d'intervenir dans le sens demandé ».

Pour éviter jusqu'à l'ombre d'une hypothèse, citons Robert AMBELAIN qui, en relatant ces pratiques, nous dit que cette expérience a été faite dans le donjon de VINCENNES sur les ordres de la Reine-mère. Alors que le roi Charles IX allait mourir dévoré de remords il s'écria : éloignez cette tête, éloignez cette tête.

Comme on le devine, la tête était une forme de téraphim et par son truchement, on évoquait l'entité diabolique chargée de guérir ce roi endiablé.

Le fait ci-dessus nous rappelle le cas d'un avocat, devenu subitement fou en fumant une cigarette, pour avoir adopté comme cendrier le crâne d'un assassin guillotiné et qu'il avait défendu.

Posséder un crâne n'est donc pas une chose de tout repos et si insignifiante qu'on le pense généralement, car il peut présider à de terribles choses. Et, lorsque nous voyons nos jeunes « carabins » jouer avec des crânes, nous les prévenons charitablement que c'est là une résurgence des téraphims et qu'ils peuvent s'en repentir terriblement dans leur carrière médicale ou chirurgicale, soit qu'ils aient beaucoup de mal à se faire une clientèle, un nom, soit qu'ils soient assaillis de troubles indéfinissables tels que hantise morbide ou obsession.

Dans cet ordre d'idées, voici un cas qu'il nous est personnellement arrivé de constater :

« Nous connaissons, pour le savoir encore de ce monde et l'avoir suivi dans sa chute verticale, un industriel qui était puissamment riche et vivait sur un train de maison d'environ 800.000 francs de frais généraux annuels.

« L'industriel en question ne se refusait rien, il avait trois voitures automobiles, une pour Madame, une pour Monsieur et une en réserve. Bien entendu, il avait chauffeur en titre, valet de chambre, femme de chambre, lingère, cuisinière, en un mot tout le personnel domestique désirable.

« Un jour, l'industriel se rend acquéreur d'une magnifique propriété, une gentilhommière située à quelque 120 kil. de Paris.

« Il la fait aménager avec tout le confort et le luxe inhérents à sa situation financière.

« L'installation terminée, il prend le chemin du premier « Week end », quand, arrivé aux portes de Paris, sa voiture entre en collision avec un camion, sa femme a la jambe gauche presque amputée sur le champ. Première catastrophe.

« La jeune femme est donc dotée d'une jambe artificielle, ce qui la dépare considérablement et, aux yeux de son mari, elle perd tout son charme. Seconde catastrophe.

« Puis viennent des revers de fortune assez retentissants : opérations malheureuses, spéculations ruineuses. Toujours est-il que, durant deux années, il reçoit les coups les plus rudes que l'adversité puisse administrer à un être humain.

« Il supporte ces épreuves avec une courageuse résignation, lutte férocement pour tenir son rang, sans doute un peu par orgueil, sans doute aussi, animé de la confiance qu'il a en ses immenses possibilités.

« Mais le sort contraire s'acharne sur lui, le terrasse et le met finalement dans l'obligation de vendre ses propriétés, ses voitures, et de licencier tout son personnel domestique. Enfin, pour combler les déficits profonds creusés par la vie menée à grandes guides, il vend ses meubles et immeubles, se réservant sa gentilhommière.

*
* *

« Le voilà presque ruiné, et, perdant sa fortune, il perd en même temps la considération des hommes.

Comme toujours, en pareille circonstance, le destin lui tournant le dos, les humains en font autant et le laissent se débattre dans son affreux désespoir.

« C'est alors qu'il nous appelle afin d'étudier, si possible, les causes de ce renversement brutal de situation et si, par hasard, la gentilhommière ne serait pas à l'origine de ses malheurs. Car, en fait, c'est bien depuis qu'il en est devenu propriétaire que le bonheur, la prospérité et la félicité lui ont fait défaut.

« Nous nous rendons donc à la gentilhommière aux fins d'études et sommes amenés à prospecter le sous-sol. Là, derrière la fausse-porte d'une crypte, voûtée en style ogival, nous décelons la présence d'ossements humains.

« Le mur est défoncé et, effectivement, apparaissent l'ensemble de quatre squelettes au grand complet, dont les crânes bien entendu.

« Au moyen de la radiesthésie métagnomique rétrospective, nous retraçons l'histoire dramatique de ces ossements et concluons que, pour si paradoxal que cela puisse paraître, les dits squelettes sont bien à l'origine de son infortune, ces squelettes étant comme des accessoires de liaison avec l'astral des disparus et lui.

« Dès lors, notre industriel se mit à tirer la triste

conclusion de son acquisition. Mais, dans le but de l'arrêter sur cette pente fatale et de lui permettre de conserver sa gentilhommière, nous lui conseillons d'effectuer une sérieuse désastralisation de la propriété après avoir éloigné convenablement les ossements.

Ce qui fut fait.

« Et, le désastre prit fin. Un an après, il avait repris de l'ascendant sur le sort adverse, la fortune lui souriait à nouveau, la corne d'AMALTHÉE était redevenue son apanage.

Cet exposé fera comprendre le rôle que peuvent jouer des débris funéraires. Il fait entrevoir que cette crypte, par son allure de souterrain, avait dû être un lieu d'opération magique médiévale ou autre. Rappel évident que les magiciens d'autrefois s'enfonçaient dans les profondeurs de la Terre pour y puiser la force magique dont ils avaient besoin pour leurs ténébreuses opérations.

Là, dans ces hypogées, ils ne sont pas soumis aux forces extérieures et font partie intégrante des éléments dont ils sont issus.

C'est pourquoi, les grottes, les souterrains, les cryptes, les oubliettes, qui ont pu servir d'occultums ou de lieux de méditation magique, sont à étudier très attentivement et démontrent péremptoirement que les morts continuent à vivre dans leurs débris humains.

LES AMULETTES

Les amulettes sont des objets de différentes formes que l'on porte sur soi, par superstition, et auxquelles on attribue la vertu d'écarter les maléfices, les accidents, les maladies, les sortilèges.

En règle générale, l'amulette a un sens propitiatoire ou médical. A l'encontre du talisman, elle peut être portée par n'importe qui.

L'amulette est un fétiche qui emprunte sa substance aux mondes animal et végétal. Elle est quelquefois due à des animaux dangereux, hideux, méchants, répugnants pour la raison que lorsque l'on flatte l'image de l'un d'eux, on honore son âme-groupe et l'espèce n'attaque pas celui qui est porteur d'une partie de son espèce ou sa copie.

D'autre part, l'amulette peut être une médaille, une pierre, un sceau, un clou de cercueil, un bout de corde de pendu, du poil d'éléphant, une corne torse, une dent de tigre ou encore une figuration sur bois, terre, métal ou parchemin portant des figures et des inscriptions de conception magique avec composition de noms angéliques ou diaboliques.

LES PHYLACTÈRES

Enfin, citons les phylactères, lesquels sont à la base même de l'art talismanique. Ils se réfèrent à des combinaisons multiples et savantes empruntées à des graphies mystérieuses, des inscriptions diverses, des versets de l'évangile, des lettres pieuses, des prières et que l'on porte sur soi dans un but de protection.

L'influence rayonnante d'un phylactère est toujours bénéfique parce qu'elle a à sa base des textes sacrés. C'est, autrement dit, la matérialisation de la pensée, de la parole, l'émanation de la puissance divine sous l'évocation particulière ou associative.

D'ailleurs, le phylactère n'a-t-il pas été et n'est-il pas encore l'outil mystérieux du thaumaturge ?

En résumé, qu'il s'agisse de talismans, de pantacles, de golems, d'amulettes ou de phylactères, ils s'inscrivent rarement tels quels. On les fixe sur une figure géométrique adéquate qui leur sert de support, puis, les pensées sont objectivées, les formes sont visualisées. Cela veut dire que le subjectif est rendu objectif et que l'entité psychique, modelée à l'astral, selon des rites concernant les sylphes ou esprits désincarnés, prend une couleur déterminée.

— 313 —

Dans tous les cas, et quoiqu'on dise, ce sont des forces réellement agissantes qu'il ne faut pas méconnaître et avec lesquelles nous sommes susceptibles d'entrer en résonance.

En tant que les uns et les autres obéissent à des pensées générées, le processus de ces formes, figures et sentences ne sont pas du domaine de l'hypothèse, car elles tendent à se diffuser et à se répéter, non pas seulement sous forme d'activité agissante, mais encore sous forme de pensées spontanément actives. Conclusion manifeste de l'énergie latente de ces choses et de ces formes animées d'une force anonyme qui les accompagne, qui les double en quelque sorte.

CHAPITRE XIV

Puissances des Sanctuaires. — Magie Religieuse. — Le Signe de Croix. — Le Saint-Graal. — L'Orientation des Maîtres-Autels. — Le Circuit Terrestre. — Rites Divers. — Pour Bénéficier des Radiations d'une Messe. — Les Parfums Magiques. — Numérologie Esotérique. — L'Ambiance des Sanctuaires. — Questions Inutilei. — Réponses Indispensables. — L'Homme Supérieur à l'Animal. — Visitez les Sanctuaires.

LES LIEUX SAINTS

> En priant ferme la bouche de peur que les paroles humaines n'abiment ta prière.
> M. D. (1)

Qu'il s'agisse de Temples antiques, de Hauts-lieux Babyloniens, Egyptiens, Grecs ou Celtiques, de sanctuaires Gothiques, de chapelles ou de cathédrales, l'homme attentif trouve de multiples raisons de ne pas les considérer comme des lieux publics ordinaires ou des lieux quelconques de pélérinage touristique.

Parmi leurs vieilles pierres patinées par les temps, la douceur de leurs belles ombres, la splendeur de leurs élans, la féerie des verrières, on sent s'animer et frémir une vie intense de radiations pieuses qui subsistent mal-

---

(1) Marie Descoutures. — *Mes Nuits*, Paul Mourousy, Paris.

gré les âges et restent de vivants magistères pour qui veut les étudier ésotériquement.

*
* *

En effet, à l'extérieur de beaucoup d'édifices religieux planent des chimères, images de pierre à silhouettes étranges et grimaçantes, accompagnées de gargouilles d'écoulement à aspect fantastique.

*
* *

Esotériquement, on a voulu montrer, par ces êtres fabuleux, de véritables gardiens vigilants.

Ils sont là, ces êtres imaginaires, pétrifiés, immobiles, muets, comme pour barrer la route à l'imprudent profanateur.

*
* *

L'observateur attentif est comme anéanti d'étonnement et de respect, comme empoigné par le côté mystérieux de la spiritualité du passé, héritière de cette croyance ardente et solide qui a fait vibrer toute la chrétienté des générations qui l'ont précédée !

*
* *

Il reste muet d'admiration en face de ces majestueux édifices, joyaux parfois remarquables, où tombeaux et blasons rappellent les gloires ecclésiastiques du passé !

*
* *

Il est pris sous le charme grandiose des portails, des vitraux incomparables aux coloris profonds et au chatoiement noble et calme, imposant l'idée du surnaturel !

L'émotion le gagne par la vie des images de pierre, des statues qui alternent avec des angelots joufflus, des balustrades de marbre et de mosaïque !

Il est comme émerveillé par cette orchestration symbolique où l'or éclate de toutes parts dans un harmonieux fondu de tonalités les plus variées sous le placage d'une patine d'or vieux et de grisailles !

Il se sent comme écrasé sous le poids d'un silence éloquent, lourd de souvenirs religieux, lesquels semblent rappeler les fidèles qui y vinrent prier avec toute leur ferveur.

Ostentation souvent trop riche pour le vulgaire, mais combien impressionnante à l'initié pour qui l'esprit de vérité et de justice subsiste dans son essence parmi les somptueuses diversités des aspects.

Tout cela est là, tangible, visible grâce au pieux mysticisme de la noblesse, de la bourgeoisie, du clergé et des classes laborieuses d'antan, qui ont rivalisé de générosité et d'ardeur. Tous ont donné selon leurs moyens, tous ont tiré les grands blocs de pierre qui ont servi à l'édification de ces sanctuaires.

*
* *

Et, matérialisant la foi tenace de leurs artistes, les corporations de métiers y consacrèrent leur temps et leur talent. Maçons, charpentiers, sculpteurs, peintres et verriers qui, presque tous étaient des religieux et des clercs, ont rempli leur mission avec un soin mystique qu'ils n'ont jamais trahi.

Tous ont couché leur idéal sur la pierre, le marbre, le bronze, le fer, le bois, la toile et le verre.

*
* *

Si, à cette époque on écrivait peu, on pensait beaucoup pour construire des bas-reliefs, sculpter des statues, fondre des cloches, forger des ouvrages de fer, ciseler des boiseries, peindre des tableaux et fabriquer des vitraux.

*
* *

Autrefois, mieux qu'aujourd'hui, les hommes priaient lorsqu'ils construisaient un édifice religieux. Chaque pierre avait son « Pater », chaque boiserie son « Credo », chaque décoration : statue, vitrail, relique était une offrande à Dieu.

Chacun, en son âme, d'instinct, tendait vers ce culte de grandeur qui était un des mobiles essentiels de la vie d'alors.

※
※ ※

Quelle poésie, quel calme, quelle force semblent se dégager de ces sanctuaires portant en eux la flamme éternelle qui se transmettra sans doute encore dans un avenir éloigné !

※
※ ※

Il n'y a pas toujours que de bonnes radiations autour des lieux saints ; souvent, tel un oiseau sinistre, l'iniquité rémanente rôde aux alentours de la Maison de Celui qui a souffert pour racheter les hommes.

C'est ainsi que le parvis Notre-Dame de PARIS, s'il pouvait parler, pourrait nous rappeler de bien étranges cérémonies, de bien rigoureux autofadés pris « ex cathedra » contre des chrétiens accusés d'hérésie, comme les Templiers, les disciples d'AMAURY et autres, torturés et brûlés à petit feu sur un brasier sans flammes.

Ces supplices horribles ne sont pas si loin de nous que nous ne puissions encore aujourd'hui déceler radiesthésiquement les affres rémanentes de ces malheureux suppliciés, anathématisés, qui n'avaient pas le don de penser à Dieu comme certains chefs religieux de l'époque.

Et, si on se donnait la peine, on pourrait également déceler les radiations du Temple païen à l'emplacement duquel fut bâtie la cathédrale.

※
※ ※

Dans son ensemble, le sanctuaire est un rythme, une chose exprimée par des symboles, des nombres, par l'astrologie, la cosmogonie, la chimie, l'alchimie pour en faire une gnose occulte, désigner Dieu dans sa transcendance, son terrible mystère et nous suggérer de fécondes hypothèses.

Le sanctuaire peut être considéré comme un être vivant, avec une âme, une vie, une entité qui se communique au fidèle, écrit René KOPP, dans « Sciences Occultes » (1).

Une pauvre petite église de campagne, dans son ornementation naïve, comme une imposante cathédrale, avec ses riches attributs, comporte une atmosphère spéciale chargée de souvenirs, de prières, de radiations rémanentes des longues heures de méditation des fidèles qui, dans la paix des crépuscules sereins, élevèrent leur âme jusqu'à Dieu. Radiations alimentées par leur principe émetteur même disparu.

Une église, n'est-ce pas l'expression de la douleur mais aussi de la joie ?

N'est-ce pas elle qui annonce au hameau, au village, au bourg, à la paroisse, tous les événements importants de la vie religieuse des foyers ?

Par le glas lugubre, le tintement sinistre de ses cloches elle annonce l'agonie ou la mort.

Par ses carillons joyeux, vifs et gais, elle souligne les baptêmes, les mariages, les offices, les fêtes observées par les paroissiens, fêtes attendues par ceux-là mêmes qui ne la fréquentent pas ou la blasphèment.

---

(1) Editions LEYMARIE, 42, rue Saint-Jacques, Paris.

⁂

Combien d'appels aux fidèles n'a-t-elle pas lancés par l'intermédiaire de son clocher, aux murs larges et massifs, recuits par le temps ?

Combien de notes d'airain ses cloches n'ont-elles pas égrenées pour s'élancer à l'escalade des cieux ?

Combien d'angélus émis à travers les plaines et les ondulations capricieuses d'une véritable frondaison, ou par delà l'étendue ondulante du bleu violacé de la nuit tombante, dans laquelle dansent et s'éparpillent les étoiles comme autant de gouttes d'argent en fusion ?

MAGIE RELIGIEUSE

Notre intention n'est pas d'aller plus loin dans l'étude des significations de détails de l'ésotérisme architectural. Nous laissons cela à plus qualifié que nous. Mais, sans cette sommaire description, on n'y aurait sans doute pas attaché toute l'importance que doit avoir un sanctuaire.

Avant d'aborder le sujet que nous voulons faire ressortir aux yeux du lecteur, si nous avons tenu à publier ce chapitre c'est parce qu'il nous ramène à la magie religieuse, laquelle nous permet d'exposer deux de nos théories personnelles pour expliquer un certain nombre de rites symboliques.

Laissons donc cette architecture extérieure, sa poésie,

ses gargouilles, ses chimères et son livre de pierre. Ne nous attardons pas davantage à en faire une description circonstanciée, ce serait trop long et en dehors de notre compétence. D'autant que nos architectes modernes sont encore loin d'avoir compris la gnose des nombres qui sont des mesures occultes qu'ils ignorent, des rythmes divins qu'ils comprennent mal ou pas du tout, et dont la glose symbolique leur échappe.

LE SIGNE DE CROIX

Pénétrons donc à l'intérieur du sanctuaire, une ambiance éminemment magique nous attend ainsi qu'un enseignement débordant de vérités ésotériques.

Nous nous trouvons devant de superbes perspectives, des jeux d'ombres et d'éclairage, des piliers majestueusement élancés rappelant les dômes de verdure des forêts antiques, hantées par des sylphes, des lutins et des fées, génies familiers aux Celtes hermétiques, et au sein desquelles se déroulaient leurs cérémonies magiques.

Puis, ce sont les reflets mystérieux des vitraux et, malgré nous, nous sommes engagés au respect du lieu par les pas feutrés, les murmures des voix et par cette véritable atmosphère de prière.

Lorsqu'on pénètre dans une église, le premier geste consiste à se signer avec de l'eau bénite.

Se signer ! Mais c'est tout une gerbe d'expressions véritablement magiques...

— 322 —

Rappelons que ce geste rituel se décompose en **deux** temps :

Le premier temps revient à tracer une ligne verticale allant du front au creux de l'estomac. Premier symbole qui unit le Ciel à la Terre, le plan Divin au plan Matériel, ce qui est en Haut à ce qui est en Bas.

Le deuxième temps est une ligne horizontale allant de l'épaule gauche à l'épaule droite. Second symbole qui unit l'Eau au Feu.

Dans l'ensemble, c'est le signe de croix, lumineuse démonstration du pantacle le plus ancien, le plus puissant.

Ainsi donc, en faisant le signe de croix, on se polarise des quatre grandes forces primaires : Air, Terre, Eau, Feu. En effet, pas de respiration sans Air, pas de végétation sans Terre, pas de chaleur sans Feu et pas de Vie sans Eau.

Autres symboles : en faisant le signe de croix on réunit les quatre Kouas correspondant à ces quatre éléments et les quatre notations chimiques, qui, entrelacées, forment deux hexagrammes. Autrement dit, deux étoiles à six branches : le premier hexagramme symbolisant l'Involution et l'Evolution, le second $6 \times 2 = 12$, chiffre correspondant au nombre des apôtres.

Au sujet du signe de croix et de ses éléments nous renvoyons le lecteur à l'idéogramme figurant en tête du préambule du présent ouvrage.

Ainsi donc, se signer est un geste puissamment ésotérique d'équilibre et d'harmonie. Il fait participer aux biens spirituels de la chrétienté toute entière du présent et principalement du passé.

De plus, c'est un signe de grande protection. « IN HOC SIGNO VINCES » (Tu vaincras par ce signe).

Le signe de croix fait, la première chose qui frappe le visiteur c'est une petite lampe-veilleuse qui répand doucement sa lueur rouge ésotérique dans la pénombre du sanctuaire et qui transmet tout un enseignement plein de significations secrètes de l'hermétisme chrétien.

LE SAINT-GRAAL

Nul n'a jamais songé à se demander ce que cette lampe pouvait signifier ? Pourtant, cette lampe des « Catacombes » possède un énoncé ésotérique profond. Robert AMBELAIN la compare au « Four hermétique ». Il ajoute que c'est, par ailleurs, un rappel du SAINT-GRAAL.

Qu'est-ce que le SAINT-GRAAL ?

C'est l'émeraude ou la chrysolite de la Voie alchimique, c'est la tradition du vase pyrogène des Grecs, de la lampe perpétuelle des Egyptiens, note encore Robert AMBELAIN.

Selon les Traditions païennes c'est le Bol cosmique de la plénitude.

De nos jours, c'est le calice sacramentel de la chrétienté, image du vase sacré qui servit à JÉSUS à célébrer la Sainte Cène avant son arrestation, et plus tard, apporté par Joseph d'Arimathie pour recueillir quelques gouttes de sang et d'eau du Divin Crucifié, au moment de sa descente de croix.

L'allusion faite à l'émeraude et à la chrysolite indique que le vert est gestateur. Le vert radie vers l'Est. C'est la couleur magique par excellence. C'est, d'autre part, la couleur de l'altération, et qui dit altération suppose reviviscence de la vie manifestée.

Le vase rouge, plein de feu, rappelle le sang, le feu générateur Divin. En magie cérémonielle, c'est par le feu que l'on communique avec les plans supérieurs, c'est encore par le feu que la nature se renouvelle. Le feu rappelle les paroles de Jésus « Je suis la vie, Je suis le pain, Je suis venu mettre le feu au sein de toutes choses ».

En prenant l'allée centrale du sanctuaire on gagne l'allée transversale qui sépare le chœur de la nef principale, et les deux réunies forment le Thau sacré sur lequel Jésus a été crucifié. Si, à ce Thau on ajoute l'abside, on obtient une énorme croix ansée, symbole réservé aux prêtres Egyptiens sous le règne des Pharaons.

On remarque ensuite le maître-autel.

Ici encore, c'est tout un symbolisme.

Mais, ce qui retient surtout notre attention c'est l'orientation à l'Est du maître-autel.

Croit-on que c'est par pure coïncidence qu'il est ainsi orienté ?

Non ! Pas le moins du monde.

Il y a une raison, physique sinon occulte, souvent ignorée.

De nos jours on construit les églises sans se soucier du symbolisme de l'orientation. Symbolisme que nous allons tenter d'expliquer en partie selon une théorie personnelle.

On verra par là que certains rites obéissent à des lois que l'on ne soupçonne pas toujours, rites qui se situent au-delà de la compréhension relative de l'homme.

*
* *

Pour en venir à l'orientation du maître-autel rappelons que la Terre est parcourue, d'Ouest en Est, par un courant qui en fait sept fois le tour en une seconde.

Ce courant permet de calculer la vitesse de l'énergie universelle.

En effet, si l'on multiplie le rayon de la Terre, qui est d'environ 6.366 kilomètres, par 2 Pi R on obtient 40.000 par excès. Ce produit multiplié à son tour par 7 donne alors 280.000 kilomètres environ.

L'énergie universelle parcourt donc l'espace à raison de 280.000 km à la seconde, tandis que la vitesse à laquelle se propage la lumière est d'environ 300.000 km dans le même temps et dans le même espace.

LE CIRCUIT TERRESTRE

Mais, revenons à notre courant circulaire terrestre, lequel se révèle continu et à potentiel négatif...

Son sens de propagation va invariablement d'Ouest en Est, avons-nous dit. Il est perpendiculaire au courant alternatif attribué au magnétisme terrestre, il offre une résistance et une force de pénétration insoupçonnées aux éléments en mouvement de l'Est à l'Ouest.

C'est ce courant qui nous permet d'expliquer pourquoi il y a plus d'Européens en AMÉRIQUE que d'Américains en EUROPE, plus d'Italiens en FRANCE que de Français en ITALIE.

C'est lui qui justifie le succès des expéditions venant de l'Est, des explorations et des émigrations à l'Ouest, le développement des villes vers l'Ouest. C'est lui qui nous donne la raison de l'attrait pour le littoral Ouest plutôt que pour les montagnes de l'Est.

On va plus volontiers vers l'Ouest que vers l'Est. C'est-à-dire contre le courant Ouest-Est.

Dans les mystères initiatiques de l'ancienne Egypte on retrouve la trace de cette marche vers l'Ouest.

A la lumière de ces remarques le phénomène s'expliquerait comme suit : en marchant dans le sens opposé au courant tellurique on rencontre une résistance, cette résistance crée de la chaleur et, par conséquent, de la vie, de la force. On se dynamise en quelque sorte. Phénomène inexistant si l'on marche vers l'Est.

Alors, nous comprenons pourquoi cette orientation à l'Est des maîtres-autels de nos églises et de nos cathédrales, en ce sens que la lumière vient du soleil levant, de l'Est, en opposition avec l'Ouest secteur des ténèbres, mais d'où vient le fameux courant.

L'argument revient à distinguer la raison de fait et la raison de droit. Il n'y a aucune impossibilité de droit qu'on puisse tirer d'une certaine quantité de chaleur son équivalent d'énergie, et cela constitue une affirmation philosophique à notre théorie du sens contraire.

RITES DIVERS

Pour dire sa messe, l'officiant, faisant face à l'Est se trouve dynamisé par le dos qui s'oppose à l'Ouest. Il rayonne ainsi d'une façon particulièrement surprenante sur les fidèles et leur cède les radiations de la messe avec infiniment plus de force de pénétration dans leur vie spirituelle.

— 328 —

Ne quittons pas le maître-autel sans souligner qu'il contient souvent un os de saint ou de sainte enchassé dans sa pierre.

Esotériquement, c'est un symbolisme, ignoré de beaucoup, servant de support astral à l'évocation Divine qu'est la messe, nous dit Robert AMBELAIN.

C'est une puissance qui sert à ébranler les forces attachées à ce fragment d'os, lequel est toujours en communication fluidique avec l'esprit qui l'animait autrefois.

POUR BÉNÉFICIER DES RADIATIONS D'UNE MESSE

Désire-t-on bénéficier au maximum des radiations d'une messe ?

A cet effet, choisir une église dédicacée et bien orientée, avec éclairage restreint et dont l'autel peut être contourné.

Se mettre derrière face au prêtre officiant, c'est-à-dire face à l'Ouest, donc dans le sens contraire au courant tellurique.

Dans cette position, on reçoit la plus grande quantité de radiations que puisse produire une messe.

L'explication de ce principe est facile à donner :

La messe est toujours dite le matin. Or, durant cette partie de la journée le soleil se trouve entre l'Est et le Sud, et, comme le dos de l'homme est négatif par sa partie gauche postérieure il entre en attraction avec le soleil qui, lui, est positif. Par ailleurs, la face antérieure droite de l'homme étant négative entre en attraction avec la face antérieure gauche du prêtre, laquelle est positive, et ce en vertu de la loi de Coulomb, se basant sur le principe magnétique universel qui veut que « deux forces de signe contraire s'attirent, deux forces de même nom se repoussent ».

C'est ainsi que par la puissance d'une série de pôles contraires on augmente l'éveil des radiations pieuses en bénéficiant de toute l'énergie magnétique de la messe.

*
* *

Dirons-nous un mot sur le sens giratoire du tour complet que fait l'officiant lorsqu'il doit faire face aux fidèles !

Ce tour commencé à gauche se termine à droite.

Mystère ésotérique essentiellement magique que prêtres et fidèles ne soupçonnent pas toujours.

Mystère ésotérique souligné par le cercle complet fait par l'officiant, rappelant le geste du mage s'enfermant dans un cercle pantaculaire. L'un comme l'autre dans le but de se défendre contre les esprits mauvais, leurs prestiges et leurs maléfices.

*
* *

Mystère physique expliqué rationnellement par le sens de rotation, de droite à gauche, adopté instinctivement dans les hippodromes, les cynodromes, les vélodromes, les autodromes ; expliqué par le sens giratoire des manèges sur les places publiques. Quelques uns font exception à cette règle universelle en tournant dans le sens des aiguilles d'une montre, mais la clientèle de ces derniers est loin d'être aussi nombreuse que celle de ceux qui tournent dans le sens contraire des aiguilles d'une montre.

Expliqué encore par le pigeon voyageur qui, sortant du panier dans lequel il est enfermé avant le lâcher, fait un certain nombre de tours de droite à gauche avant de prendre la ligne de son pigeonnier.

Il s'agit là d'un phénomène trop souvent méconnu.

Tous les mouvements giratoires sont exécutés de droite à gauche sous la pression d'une loi de gravitation, loi qui fait tourner la Terre sur elle-même dans le sens horaire.

Pour ceux qui ne sont pas instruits de cette loi disons que la révolution solaire présente deux phases : l'une visible, l'autre invisible.

La course du soleil apparaît s'effectuer de l'Est à l'Ouest en réalité c'est notre planète qui tourne sur elle-même d'Est en Ouest autour du soleil d'Ouest en Est.

Or, le sens giratoire de la terre s'effectuant de gauche à droite, sens direct, facilite, dynamise tous les mouvements giratoires contraires au sien, et toujours en vertu de cette résistance dont nous avons parlé plus haut.

On conçoit dès lors pourquoi le prêtre, lorsqu'il asperge les fidèles, commence par le côté gauche et termine par le côté droit, faisant ainsi un cercle complet de protection.

Il obéit à la même loi naturelle et rituelique lorsqu'il tourne autour d'une dépouille mortelle avant son départ au cimetière.

— 331 —

Signalons encore le chemin de croix qui s'effectue dans le sens indirect.

LES PARFUMS MAGIQUES

Viennent ensuite les parfums magiques : la myrrhe et l'encens brûlés avec deux buts symboliques.

Le premier dans le but de purifier l'ambiance de l'autel avant le sacrifice de la messe ; le second pour faciliter l'accession aux plans supérieurs qui ne pourraient être atteints sans ces parfums magiques.

Il n'y a pas de vraie religion ni de bonne magie sans les parfums.

Les parfums sont destinés à créer l'ambiance, à sensualiser aux sens physiques les forces Providentielles ou magiques proprement dites.

Sur l'autel le calice est d'or.

Parfums et calice nous ramènent aux trois rois mages qui les ont apportés à Jésus sous forme de présents : la myrrhe par Gaspar, l'encens par Balthazar et l'or par Melchior à la peau noire.

Puisque nous venons de parler du calice, retenons encore que la patène est d'argent. Elle signifie la Lune, planète de la Magie. Dans le monde des symboles l'argent représente l'élément gestateur en union avec l'or, élément générateur du calice. Tous deux rappelant l'Isis et l'Osiris des Egyptiens et comme résultante Horus Dieu du soleil.

Un autre puissant symbole est l'hostie. On sait que l'hostie non consacrée n'est qu'un morceau de pain azime, consacrée c'est une partie radiante de la divinité.
Radiesthésiquement la différence s'établit rapidement et sûrement.

D'autre part, remarquons que la chaire, tribune d'où le prédicateur parle aux fidèles, est généralement orientée face au Nord.

D'après certaines traditions, le Nord est le secteur d'Ahriman, le principe du Mal, opposé à Ormazd, le génie du Bien qui doit finir par vaincre le Mal.

C'est pour s'opposer au Mal, que le prêtre monte en chaire face au Nord. C'est orienté au Nord occulte, face au soleil noir, au cône d'ombre, que le prêtre renonce à Satan, à ses œuvres, à ses pompes.

NUMÉROLOGIE ÉSOTÉRIQUE

Souvent encore on est attiré par le chandelier à sept branches symbolisant les sept génies planétaires illuminant la terre.

Ce chandelier trouve son expression sur chaque autel

de nos églises : **3** chandeliers, une croix et **3** chandeliers, soit en tout **7**, symbole de l'harmonie des mondes, le type de la création.

Rappelons que **3** est l'aspect de la Trinité, Isis la clef du Mystère, la Mère Cosmique, toutes choses se rattachant à la pensée.

Le **4** est la phrase magique de Dahleth « Je suis deux, je suis quatre », le quaternaire symbole de la pierre cubique, de tout ce qui se rattache à la forme.

Le nombre **7** revient fréquemment dans la magie. C'est un chiffre indivisible jouissant d'une puissance magique surprenante par son histoire à travers les siècles.

Ce chiffre se réfère à beaucoup de traditions : l'année jubilaire revenait tous les sept ans, il y a les sept églises de l'Apocalypse, les sept merveilles du monde, les sept sages de la Grèce, les sept lampes de l'architecture, les sept Rischis de la mythologie hindoue, les sept Elohim de la création, les sept leviers de l'Univers, les sept grands mouvements ; les sept lignes de la pyramide, les sept portes mystérieuses de Thèbes, les sept anges chargés de publier les sept louanges de Dieu, les sept sceaux fermant le livre des prophéties.

Dans l'Apocalypse ces rapports mathématiques sont toujours basés sur le **3** et le **7** :

$3 + 4 = 7$, les sept étapes de la Création.

$3 \times 4 = 12$, les douzes apôtres, les douze tribus, les douze étoiles de la femme de l'Apocalypse.

Les 7 sceaux.

Les 7 trompettes symbolisant les sept calamités rédemptrices de l'ère Adamique :

1° Le feu, la guerre,
2° Le sang coulant dans la mer,
3° Les eaux empoisonnées,
4° L'obscurcissement des astres,
5° L'invasion des microbes,
6° La guerre apocalyptique,
7° Le bouleversement sismique et le jugement dernier.

Les 7 anges des 7 fléaux tenant les 7 coupes allégoriques :

1° Les piqûres venimeuses,
2° Le bouleversement des fonds sous-marins,
3° Les carnages,
4° Les épidémies,
5° Les ténèbres mystiques,
6° La fin des hécatombes,
7° La résurrection générale.

*
* *

Du chiffre 7 découlent toute une série de multiples, de combinaisons et de septennats :

$7 \times 5 = 35 \times 2 = 70$, ou le cycle de l'ère Messianique.

$7 \times 11 = 77$, les 77 siècles de l'ère d'or, la Vierge Marie, l'humanité future.

$7 \times 7 = 49$, le sabbat de sabbat.

$7 \times 111 = 777$, la Trinité créatrice.

$7 + 70 + 700 = 777$, les 777 siècles de l'ère totale Adamique, etc.

*
* *

Dans la théologie catholique on trouve les sept sacrements, les sept péchés capitaux, les sept psaumes de la pénitence, les sept douleurs et les sept gloires de la Vierge, les sept paroles du Christ prononcées sur la croix avant sa mort : « PATER, DIMITTE ILLIS ; NESCIUNT ENIM QUI FASCIUNT » (Père, pardonnez-leur ; car ils ne savent ce qu'ils font).

Dans le mystère des nombres 7 × 3 = 21, chiffre parfait, exprimant la perfection matérielle ; le triangle superposé au cube, la Force Suprême et sa manifestation, le 3 Divin relié au 4 matériel, le Verbe action spirituelle sur la matière. « NUMERO DEUS IMPARE GAUDET ». (Le nombre impair plaît à la Divinité).

A Notre-Dame de PARIS, au cours de la semaine Sainte, dans les rites concernant le cérémonial solennel pour la consécration des Saintes Huiles — OLEUM AD SANCTUM CHRISMA ! (L'huile pour le Saint Chrême), n'y a-t-il pas sept diacres et sept sous-diacres qui, en dehors des douze prêtres qui assistent l'officiant, sont tous témoins coopérateurs chargés d'authentiquer l'huile exorcisée, sanctifiée et bénite, huile qui servira ensuite à l'onction sacramentelle des maladies et des infirmités — OLEUM INFIRMORUM ! ou encore à l'ordination des prêtres et à la consécration des évêques.

Relatons encore qu'au cours de la cérémonie du Baptême l'onction faite avec le Saint Chrême sur le sommet de la tête contribue à faire tourner le Corps Bouddhique (chakra frontal), à l'ouvrir à la communication des principes supérieurs du corps Atmique (chakra coronal), principes qui se répandent ensuite dans le Corps Physique (chakra lombaire), et agissent sur le Corps Ethérique (chakra génital).

Il en est de même lorsque le prêtre fait le signe de croix avec de l'eau bénite sur le front (chakra frontal), sur la gorge (chakra laryngé), sur le cœur (chakra cardiaque) et sur le plexus solaire (chakra ombilical).

L'eau ayant été exorcisée, puis bénite, comporte en elle-même un magnétisme de purification comme d'ailleurs le sel répandu sur la langue est une des offrandes les plus agréables à Dieu. De plus, le sel possède lui aussi une propriété purificatrice puisqu'il contient du chlore, élément de feu.

C'est, au surplus, le symbole de l'amitié et métaphoriquement celui de la finesse et de la gaîté.

Voilà pourquoi le Baptême prend une si grande importance symbolique. Il est comme une sorte d'avant-poste du Destin. Il offre pour le moins la félicité à l'Ame, la joie à l'Esprit et le calme à la Matière.

Cela n'est pas tellement à négliger dans le cycle de nos joies et de nos misères physiques et psychiques terrestres.

Lorsque le prêtre bénit une cloche il trace sept signes de croix sur la face extérieure. A remarquer qu'il s'agit ici de métal et cela est un rappel des sept métaux symboliques : argent, fer, mercure, étain, cuivre, plomb, or ; toute la famille astrologique et alchimique avec leurs correspondants dans les sept jours de la semaine, les sept parfums magiques attachés aux sept planètes ésotériques :

Lundi	Lune	Myrrhe	Argent
Mardi	Mars	Galbanum	Fer
Mercredi	Mercure	Verveine	Mercure
Jeudi	Jupiter	Benjoin	Etain
Vendredi	Vénus	Santal	Cuivre
Samedi	Saturne	Cèdre	Plomb
Dimanche	Soleil	Encens	Or

Il y aurait beaucoup à dire sur tout ce qui est hiératique, c'est-à-dire ce qui appartient au prêtre et relève de la tradition liturgique.

Nous pourrions également parler du Delta mystique, du Triangle Divin, des coupes, des dômes, des colonnes, des croix de chasuble avec 7 soleils, ou la tête du Dragon, du signe du Verseau, de la Vierge noire, du chrysanthème de la Toussaint, de la colombe, de l'alpha et de l'oméga, mais nous préférons nous arrêter pour aborder le sujet qui nous intéresse vraiment : celui des radiations qui se dégagent d'un sanctuaire.

L'AMBIANCE DU SANCTUAIRE

Il y a dans le décor d'un sanctuaire, dans ses arabesques, dans ses motifs d'ornementation et de pierres, seuls considérés par le clergé de nos jours, une cause autrement faite que pour l'admiration d'une esthétique merveilleuse.

Il y a dans les sentences religieuses qui courent le long des frises un occultisme expérimental, oublié ; des formes-pensées d'un développement élevé de dévotion, ignorées ; des radiations persistantes de milliers de fidèles orants venus faire œuvre de piété et de foi dans le silence et la pratique constante de la vraie prière et des mortifications auxquelles ils s'adonnèrent dans la contemplation sincère, source de grâces spirituelles suprêmes, négligées.

Là résident les traces indélébiles des fervents hommages qui montèrent en supplications pieuses et ininterrompues à l'adresse du Très-Haut, artisan du Cosmos, Maître de la chair qui périt et de l'âme qui demeure.

C'est dans l'ambiance pure de ces sanctuaires que persistent les radiations toutes puissantes de la foi humaine, divinisée à travers les siècles. Radiations d'une foi conservées par les piliers, les dômes, les objets pieux et les reliques vénérées. Radiations impalpables, mais subtiles et agissantes, que nous sommes généralement incapables d'apprécier à cause de la forte simplicité de notre ignorance.

Le Docteur BARADUC n'a-t-il pas observé des phénomènes de cet ordre en exposant des plaques photographiques pour enregistrer les Forces Providentielles, dans les églises, sur le passage du Saint-Sacrement, sous l'action des chants liturgiques ou lorsque les fidèles sont en prière.

La plaque sensible enregistre donc ce que les yeux ne voient pas, et le radiesthésiste capte ce que l'homme ordinaire ne sent pas.

***

Les hommes, à part des exceptions, peuvent difficilement concevoir ces productions divines qu'ils n'aperçoivent pas, qu'ils ne sentent pas, dont la manifestation va plus loin que leur compréhension limitée.

***

Quelle fatigue pour ces hommes, que ce spiritualisme en face des lâches facilités du matérialisme. Ils ont des besoins à satisfaire, mais c'est au milieu des causes qui les alourdissent, dans l'égoïsme ou la vanité, qu'ils les cherchent.

La facilité terrestre annule l'effort spirituel, la prière, au contraire le développe.

***

La prière est construite avec la matière du Corps Astral, elle est projetée dans l'espace vers le Logos, elle continue à émettre indéfiniment ses propres radiations et touche tous ceux qui circulent autour de son point d'émission.

***

Celui qui a prié, même s'il est décédé, continue à être

intéressé par sa prière. Le visiteur d'un sanctuaire sent ainsi se mouvoir autour de lui les formes-pensées-rémanentes de l'auteur de la prière, lequel peut être atteint par le caractère permanent des vibrations orantes accumulées dans le plan astral et matérialisées sur le plan physique.

La méditation sur un Saint crée un lien entre ce Saint et celui qui médite. C'est là l'explication d'une prière exaucée.

C'est ainsi qu'une œuvre musicale correctement exécutée ravive les formes-pensées du Maître, même s'il n'est plus de ce monde, et les personnes sensibles et réceptives entrent en accord de résonance avec le Corps Astral de ce dernier par la quatrième dimension et avec les traces caractéristiques des pensées émises pour accomplir cette œuvre.

Ceci explique les méfaits « post-mortem » des pensées de jalousie et de haine accumulées dans le Corps Astral du penseur malveillant, pensées extrêmement puissantes qui ne cessent d'agir sur les Corps Astral, Ethérique et Physique des vivants par l'intermédiaire des choses laissées sur Terre par le penseur.

Mais ce qui persiste davantage encore, ce sont les restes des pratiques occultes du passé, haute culture abandonnée, voire même discréditée par la Renaissance. Ce sont, par ailleurs, les inébranlables paroles saintes de la langue divine, le latin, récité, psalmodié, chanté par nos ancêtres avec toute leur foi, souvent accompagnée de ces orgues imposantes, austères et joyeuses dont le souffle puissant fit trembler les voûtes, les transepts, les chœurs et les absides.

Malheureusement, pour nous suivre parmi ces magnifiques éducateurs, la grande masse des humains ne possède qu'une faible lueur de foi.

Les profanes admirent sans doute ces édifices, mais ils ne les comprennent pas ou les comprennent mal.

QUESTIONS INUTILES

Mais pourquoi cet élan, cette mystique, cet abandon complet et naïf entre les mains de la religion, dira l'athée rebuté, quand on voit l'Eglise vivre dans une sorte de schisme, mettre au panier les encycliques papales et compter pour lettre morte les instructions du Vatican ?

Au surplus, ajoutera l'impie, la morale évangélique est complètement retournée par ceux qui, après avoir perdu le sens de l'enseignement du Christ, ont réussi à faire de la religion un parti politique ?

Ne voit-on pas, insinuera le catholique de surface, des prêtres, avec une absolue bonne foi, prêcher une morale qui soufflète le Divin visage ?

Par ailleurs, questionnera celui pour qui l'effort de la

foi pèse trop lourdement, que vaut une messe dite par l'un de ces prêtres ? N'est-ce pas une négation, un attribut variable, sans valeur, fait d'arguties théologiques ?

Alors, dira l'hérétique, comment concevoir un ésotérisme quelconque en ces lieux ? La religion ! n'est-ce pas un jeu de menaces et d'espérances plutôt qu'un dogme ? Ne sert-elle pas de justifications intellectuelles ?

Quelle preuve positive ai-je de la virtualité occulte des offices, demandera l'infidèle au besoin religieux tari ?

Qui me prouvera que les cérémonies religieuses ont le but que leur assigne l'Eglise ? Ne sont-ce pas là des subtilités vaines, des espérances chimériques, des rêves mystiques, raillera le mécréant ?

RÉPONSES INDISPENSABLES

Nos incrédules, nos chrétiens de drapeau ou d'imagination ont tort, grand tort.

C'est poser le problème d'une manière trop facile. C'est, de leur part, une argumentation paresseuse, grotesque, une façon naïve de penser singulièrement erronée, qui entraîne comme postulat le plus absolu pessimisme ; c'est, en outre, la preuve d'une érudition insuffisante pour soutenir pareille théorie qui n'est d'ailleurs pas logique.

Ils ne savent pas, les ignorants, que sous la foi se cache l'immuable et irrémédiable volonté de Dieu. Ils attribuent tout au hasard quand tout est dirigé et que rien du destin n'est livré à l'inconnu.

*
* *

Le besoin du Divin et de l'Absolu tient dans l'essence même de l'homme qui est à la recherche de Dieu. Sans cela, l'homme n'est-il pas un animal ordinaire ?

Ce qui le rend ce qu'il est, c'est la pensée et le besoin d'un culte, le besoin de croire qu'il existe une réalité inconnue qui conçoit, conduit, soutient le Monde.

C'est l'acte de foi raisonnable de KANT.

*
* *

Nous répondrons à ceux qui nient, autant qu'à ceux qui doutent, que tous les prêtres ne s'abaissent pas à des compromissions ridicules ou louches, et il n'y a pas de raison pour les gratifier tous de cette équivoque.

Il en est de fervents, de pieux, de sincères. De plus, il nous est interdit de juger les membres du clergé, la croyance ne nous accorde pas de moyens de discerner les bons des mauvais. D'ailleurs, l'Eglise affirme son efficacité, en dépit de l'indignité des officiants.

*
* *

Ce que nous devons voir, avant tout, c'est le principe

de la foi et non les préjugés et les convenances de l'Eglise. Au reste, la foi n'est-elle pas la force magnifique actionnant les mystérieux pouvoirs naturels chargés de neutraliser les miasmes de l'imagination et les fermentations psychiques des incrédules ?

Lorsque nous allons chez l'épicier ou le pharmacien prenons-nous la peine ou le temps de les juger ? C'est le besoin de nous nourrir et de nous soigner qui nous y conduit sans considération sur leur état d'esprit.

Et, si nous avions à envisager cette éventualité, en nous abstenant de manger et de veiller à notre santé pour ce motif, autant vaudrait mourir de soif aux abords d'une fontaine d'eau claire.

Agissons de même lorsque nous allons à l'église.

Nous n'avons pas davantage à nous inquiéter de la mentalité de ses prêtres. Ce qui doit nous intéresser, au sens subjectif du mot, c'est la grande loi des évangiles, des paroles saintes qui y sont prononcées et qui montent vers le ciel comme un encens pur.

Que nous importe la qualité des prêtres, que nous importe leur degré de conviction ou de sincérité !

N'avons-nous pas dans les oraisons, les évangiles, les hymnes tout un système de phrases unies par des liens sacrés ?

Nous ne devons pas être seulement des fidèles qui croient, mais des adeptes qui comprennent. Ceux qui méditent sur ce problème avec des idées préconçues ne peuvent que se fourvoyer.

Pensons à la force réellement agissante du langage latin, pénétré de la pensée des siècles passés. Au point que nous n'avons même pas besoin d'en connaître la signification pour bénéficier de ses radiations. Chacune de ces phrases s'écoule en vibrations ondulatoires éminemment puissantes et bénéfiques qui, grâce à une nouvelle dimension de l'espace, trouvent la possibilité d'une expansion littéralement agissante à travers le canal de notre foi en lui.

Cela nous dispense de chercher à savoir si les formules dogmatiques de la religion sont exactes ou fausses.

Il convient plutôt de se demander s'il y a un Dieu qui s'intéresse à l'homme, si ce dernier a une âme immortelle. Question posée sans pouvoir être résolue, sans doute, mais qui différencie l'homme intelligent de la brute ou du sauvage.

Soyons convaincus que l'ambiance d'un sanctuaire réconforte, agrandit l'âme, provoque l'absorption de sa dynamique influence et produit un effet bienfaisant en faisant agir certaines forces mécaniques.

Parfois, on appelle cela une réponse à une prière, ou une intervention de la destinée, mais il s'agit plutôt de l'action infaillible et immuable d'énergies rémanentes des « oremus » que les sanctuaires conservent en eux.

Dans la vie ordinaire on cherche toujours les systèmes les plus simples, on néglige ceux qui nécessitent un effort, on craint de se perdre dans la complexité des problèmes, mais on néglige autant d'apprécier l'influence d'une église.

C'est en suivant le chemin de cette paresse intellectuelle qu'un bon nombre d'individus gagne la mort sans avoir pu, sans avoir su effleurer des considérations qui animent l'idéal de l'homme ouvert à l'ésotérisme des lieux saints.

L'HOMME SUPÉRIEUR A L'ANIMAL

L'homme, supérieur à l'animal, discerne l'impression douce, indéfinissablement harmonieuse qui se dégage des Temples. Il se rend compte que c'est par les sanctuaires qu'on a voulu attirer l'invisible, mettre le fidèle en contact avec un monde élevé.

Certes, pour beaucoup de modernes, tout ce que contient une église, tout ce qui s'y déroule est purement conventionnel. Ce n'est pour eux qu'une question de décor. Les rites ne correspondent à rien. Ils ne songent pas à y voir un mystérieux attrait, une cause occulte. Ils ne tentent pas de comprendre, d'étreindre la pensée Divine qui est l'expression de toutes choses et d'eux-mêmes.

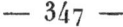

Mais l'initié y voit toute une série de symboles dynamisés entre les formes et les rites. Il y vient pour trouver secours à toutes les misères de ce monde, obtenir des bienfaits spirituels, prendre des décisions dans les cas difficiles et graves, lutter contre le pessimisme, la mélancolie, l'amertume, la douleur, le génie du désespoir et la mort.

C'est un idéal optimiste, et c'est déjà fort sage.

Pour les matérialistes, c'est peut-être un mirage, mais ce mirage a au moins le mérite d'adoucir, de calmer, car sans lui c'est l'angoisse ou l'égoïsme.

Voilà ce que le vulgaire ne comprend pas plus avec son ignorance qu'il ne peut soutenir une discussion sur la quatrième dimension avec son bagage arithmétique des écoles modernes.

VISITEZ LES SANCTUAIRES

Pour en terminer avec ce chapitre, nous conseillons à ceux qui, sous quelque prétexte que ce soit, sont tourmentés par les maléfices, les enchantements, les sortilèges de mauvais hommes ou de pernicieuses femmes appelés, envoyés ou conjurés de bon gré ou forcés par les esprits malins que l'on a invoqués en brûlant des parfums magiques, sous quelque fort et exprès commandement ; à ceux qui sont envoûtés par paroles ou par magie sur les herbes, les pierres, les écrits, les photos ; soit que cela soit fait naturellement ou mystérieusement par caractères secrets sur écrits, parchemins, bois, métaux ou ossements humains ou d'animaux ; soit que ces choses soient temporelles ou spirituelles ou qu'on se soit servi d'objets ou d'effets personnels ou étrangers, ou encore de choses saintes sacrées ou consacrées profanées ; à ceux enfin qui sont victimes de quelque pacte secret tacite ou manifeste, nous conseillons à tous de se rendre souvent dans un sanctuaire ancien, toujours le même, en dehors des offices, en dehors aussi des vibrations de chants, des fidèles nombreux plus ou moins recueillis, plus ou moins attentifs et sincères.

Nous leur conseillons de rechercher le calme et l'isolement d'un lieu saint, c'est-à-dire au moment où le sanctuaire est lui-même. Moment où il est propice de penser aux radiations persistantes de toutes les prières qui y furent dites, aux radiations de toutes les bénédictions, de tous les offices que ce lieu comporte naturellement et spirituellement.

C'est là qu'ils doivent aller s'ils désirent anéantir les mauvais desseins, les mauvaises actions, la malignité des yeux méchants, des langues envenimées de leurs ennemis et du sort jeté par eux sur les métaux bruts ou ouvragés, les étoffes, les linges, les livres, les photos, les papiers ou autre substance sur laquelle ils ont couché leurs maléfices par palpation, par incantation, ou encore sur ou dans la terre, dans quelque sépulcre, dans ou sur quelque chose que ce soit et où que ce puisse être.

***

Qu'ils aillent dans un sanctuaire, toujours le même, répétons-le, où s'épanchent avec plénitude les forces du Bien ; où l'on est si loin des affaires, des plaisirs, des soucis habituels ; où l'on se sent si indifférent aux mesquineries de la vie, si étranger à ses platitudes, si protégé contre les méchancetés, qu'il n'est pas permis de douter de la force par laquelle on est en communion avec Dieu.

***

Qu'ils y aillent donc, et pour peu qu'ils entrent en oraison, ne serait-ce que mentalement, ils trouveront là le bénéfice de la rémanence des prières, des litanies, véritables formules magiques qui, par leur rythme, leur répétition, restent incrustées par des siècles d'usage, et, qui sait ! écoutant leur âme dans le silence d'eux-mêmes, ils trouveront peut-être aussi le moyen de sortir leur cœur douloureux de l'abîme des misères qui les alourdissent, sinon la raison de gagner le sommet de leurs joies dans la paix et la sérénité ; et ce qui leur apparaissait sombre et obscur, parce que non vivifié par la connaissance, deviendra clair et lumineux dans la traversée des choses vilaines et inutiles de la Terre.

Avec celui donné page 34, à la description du Corps Astral, ce conseil est important. Qu'on veuille bien en tenir compte.

Ces pratiques, que certains peuvent trouver ridicules,

ont un effet indubitable et établissent la résonance bienfaisante entre ces lieux saints et celui qui les fréquente.

Quelqu'un a dit : c'est au moment où le matérialiste termine sa vie que le spiritualiste commence la sienne.

FIN DE LA QUATRIÈME PARTIE

CINQUIÈME PARTIE

**LES RADIATIONS NOCIVES.
LES MAISONS A CANCERS.
LES TERRAINS CANCÉRIGÈNES.**

CHAPITRE XV

Introduction. — Les Radiations Nocives. — La Masse Terrestre. — Les Terrains Géologiques. — Généralités sur les Radiations Nocives. — Divers Auteurs.

INTRODUCTION

Nous avons exposé, et nous allons continuer à le faire, aussi clairement que possible nos théories sur les « radiations nocives ».

Si parfois notre conscience s'est portée et se porte encore vers certaines conclusions subjectives, nos déductions logiques, qui sont autre chose que nous-même, n'en visent pas moins à l'objectivité.

Si l'application spontanée, et en quelque sorte empirique, de nos remarques et observations, sur un certain ordre de faits, soulève des objections de la part de ceux qui seraient tentés d'en faire un thème de plaisanterie, nous affirmons que notre méthode nous a imposé une certaine discipline sur laquelle reposent tous les faits cités au cours de cet ouvrage.

Nous laissons à d'autres le soin de nous contredire ou de creuser ce que nous avançons, de rechercher ce que sont vraiment les « radiations nocives », de les soumettre à l'épreuve de l'expérience, comme nous avons pu les observer et les définir dans leur chimie biologique.

*
* *

— 353 —

Ces radiations, qui « a priori » peuvent apparaître plus hypothétiques que réelles aux yeux de ceux qui ne les connaissent pas, n'en sont pas moins terriblement dangereuses. Raison majeure pour en informer les négligents, prévenir ceux qui acceptent d'être convaincus, convaincre ceux qui ne refusent pas d'être prévenus, et « a fortiori » alerter ceux qui désirent se garantir de leurs influences biochimiques.

Que celui qui ne veut pas de nos postulats personnels les laisse, que celui qui les trouve à son goût les prenne !

Quant à nous, nous estimons qu'il y a dans les « radiations nocives » mieux que des suppositions, des hypothèses et des probabilités, il y a des concepts et des certitudes de la plus haute importance de cause et d'effet.

LES RADIATIONS NOCIVES

Ici, nous pénétrons dans un domaine relativement nouveau, à peine exploré, comportant des forces inconnues ou à peine entrevues et quand elles le sont on a trop volontiers coutume de les considérer comme indépendantes de l'homme et, par conséquent, comme négligeables.

*
* *

Nous avons vu au cours des chapitres précédents qu'elles étaient les diverses sources radiantes susceptibles de troubler la vie de l'homme, mais ce n'était là qu'une description incomplète.

D'autres forces existent et nous les subissons sans nous en douter.

— 354 —

Nous ne nous rendons pas toujours compte que nous sommes constamment plongés dans un océan de radiations éparses et diffuses qui influent sur nous de mille façons et que nous négligeons d'étudier et d'approfondir. .

*
* *

Ces manifestations, d'ordre extra-terrestre et terrestre, peuvent être de deux sortes principales : les bonnes et les mauvaises, mais toutes dépendant de phénomènes naturels, sans intervention de l'homme et indiscernables par les moyens physiques habituels.

*
* *

Dans la première catégorie, les extra-terrestres, il en est qui nous viennent des espaces interplanétaires, telles les cosmiques et d'astres plus familiers comme le Soleil et la Lune.

Viennent ensuite les phénomènes de la pression barométrique, de l'humidité atmosphérique, de l'électricité atmosphérique, des vents, du chimisme de l'air, etc.

*
* *

Dans la seconde catégorie, ces radiations émanent généralement des formations géologiques, des centres de putréfaction, ou sont le fait de dégagements radio-actifs, électro-radio-actifs, électro-magnétiques et de quantités d'autres sources inconnues, dont les caractéristiques ne sont pas immuables ni constantes, parce qu'elles se présentent en nombre illimité d'états différents variant à l'infini.

*
* *

— 355 —

Nous n'étudierons pas la première catégorie relative aux radiations cosmiques, ce travail ayant déjà été fait par divers auteurs, au nombre desquels nous comptons Alfred LAMBERT, en collaboration avec le Docteur Pierre CREUZE (1), mais sur la seconde catégorie, les radiations nocives terrestres, nous pensons avoir notre mot à dire et quelque compétence à le faire.

Sans doute, il en est parmi celles-ci que le positiviste tiendra pour banales ou fantaisistes, mais nous espérons quand même montrer que, malgré leur caractère abstrait et quoique insuffisamment connues, ce que nous savons en cette matière n'est pas l'égal de ce que nous ne savons pas.

Chacun de nous sait si peu de choses, qu'il est déplacé de dire qu'on en sait davantage.

*
* *

D'où qu'elles viennent, quelle que soit leur origine, on les néglige trop, on ne connaît pas assez leurs natures, ni leurs manifestations dans le champ de la perception humaine et dans les effets biologiques des domaines végétatif, reproductif et nutritif.

---

(1) *Les Influences Cosmiques*, Maison de la Radiesthésie, 16, rue Saint-Roch, Paris.

LA MASSE TERRESTRE

Rien n'est immobile...

Tout vibre et tout radie, même les corps qui, apparemment, semblent les plus inertes et les plus inoffensifs.

Voilà ce qu'il convient de retenir une fois pour toutes !

La masse terrestre exerce donc sur nous et sur tous les corps qui la composent une attraction ou une répulsion. Cette remarque n'est qu'un cas particulier de la loi de gravitation universelle dont dépend étroitement notre équilibre physique et psychique.

Cette masse terrestre dépend elle-même du Soleil, lequel avec tout son système dépend, à son tour, d'un autre système plus important.

Le Soleil représente un noyau immense positif (proton); autour de lui gravitent des planètes, dont la Terre (électrons).

La Terre est elle aussi un noyau, elle a ses satellites, (électrons).

Un homme est un noyau, il a ses électrons.

Un grain de sable, système solaire en miniature, est un noyau, il a ses électrons.

Le noyau est une masse considérable par rapport aux électrons. Autour du noyau les électrons décrivent des trajectoires plus ou moins circulaires avec une ponctualité mathématique qui laisse rêveur.

Chaque atome que nous respirons est un noyau composé d'une série de protons tournant sur eux-mêmes, dans le sens horaire, à la vitesse de 230 milliards de kilocycles par seconde.

Chaque noyau a ses électrons (molécules). Ces électrons se meuvent à la vitesse de 120 millions de milliards de kilocycles à la seconde. Le kilocycle correspond à mille tours à la seconde.

Comme on le voit, l'atome n'est pas le dernier terme de l'insécabilité, il y a la molécule, corps regardé comme invisible à cause de sa petitesse.

* *
*

On sait que la théorie moderne, relative à la constitution des corps, consiste à considérer les atomes comme formés d'une multitude de parcelles infiniment petites, indivisibles, isolées les unes des autres, et exerçant les unes sur les autres une action mutuelle.

* *
*

La molécule est la plus petite quantité de matière qui existe à l'état libre, tandis que l'atome est le plus petit poids de matière qui puisse entrer en combinaison.

Un centimètre cube d'air contient 30 milliards de millions de molécules. D'un autre côté, n'est-ce pas effarant de penser que le diamètre moyen d'un atome est de 1 dix-millionième de millimètre, c'est-à-dire, que pour couvrir un millimètre il en faudrait aligner un million.

* *
*

— 358 —

Le monde infini de ces macrocosmes et de ces microcosmes est le siège d'une infinité de vibrations aux multiples fréquences.

Il en est qui, à allure nocive, se conjuguent avec les rayons cosmiques pour troubler l'oscillation moléculaire et l'équilibre oscillatoire des cellules. Ils provoquent sur nous des réactions variées suivant les individus et les formations géologiques.

Si nous étudions la Terre, nous pouvons nous rendre compte qu'elle se comporte comme un individu, que sa matière qui lui sert de support physique est entourée d'une atmosphère à l'image de la nébuleuse ovoïde (aura) qui déborde la surface du corps physique de l'homme.

De même que l'émotion ou la colère de l'homme ébranle et trouble son corps physique, de même tout changement brusque de la terre influence l'atmosphère.

Ces variations sont pour la plupart la conséquence du vent, des tempêtes, des tremblements de terre, des éruptions volcaniques, des raz de marée, des chutes de pluies, de grêle, de neige, etc.

Les hommes sont diversement influencés par ces variations et l'effet produit par ces modifications est en rapport avec le tempérament, la sensibilité et la vulnérabilité de chacun.

La nature du sol sur lequel est bâtie l'habitation agit au même titre ; la proximité de la mer, d'un fleuve, d'une rivière, d'un lac, occasionne des sensations variées et des réactions diverses, depuis l'insomnie, le nervosisme, la neurasthénie, jusqu'au cancer.

TERRAINS GÉOLOGIQUES

Chaque formation géologique, avec son rayonnement particulier, a son influence propre sur les individus vivant au-dessus, et joue un rôle considérable dans la formation des races, des régions, et dans la genèse des maladies.

On sait que la structure du sol est à la base d'une région, qu'elle entre en jeu dans la morphologie, le caractère et la façon de penser des autochtones, qu'un pays calcaire est différent d'une région sablonneuse, que l'un et l'autre sont la cause première des facultés, des passions, de la santé, de la force de résistance, de la conformation et du modelage du corps de ceux qui les habitent.

Sans vouloir approfondir le problème de l'influence de la structure géologique du sol d'une région sur les individus, la tournure gaie ou mélancolique de leur esprit, l'égalité ou l'inégalité de leur humeur, l'équilibre ou le déséquilibre nerveux et humoral de ces derniers, nous nous occuperons uniquement des influences défavorables des terrains sur les individus du point de vue, non pas essentiellement pathologique — ce n'est pas de notre

— 360 —

compétence — mais du point de vue purement nocif. Ce compartiment étant amplement suffisant à nous procurer un ensemble d'exemples et d'observations concluants et pleins d'intérêt.

Qu'on n'imagine pas cependant que des radiations quelles qu'elles soient puissent provoquer une affection déterminée quelconque. Il faut autre chose : un terrain et une exposition défavorables, une déficience passagère ou permanente.

Il est bien certain qu'humains, animaux, végétaux réagissent différemment en face de ces émissions diverses. D'aucuns offrent une résistance plus ou moins marquée à leur pénétration, tandis que d'autres, au contraire, par disposition naturelle, sont des sujets différemment sensibles à la perception et à l'enregistrement de leur nocivité.

GÉNÉRALITÉS SUR LES RADIATIONS NOCIVES

Il est reconnu, cela ne fait plus de doute aujourd'hui, que des substances et des formations géologiques émettent des radiations susceptibles de nuire à la santé de l'homme, à celle des animaux et des végétaux, et dans l'ambiance desquelles on se sent affecté désagréablement.

On sait, d'autre part, que des terrains, des ruines, des édifices, des vêtements, des photos, des livres, des manuscrits sont capables de troubler leurs occupants ou leurs détenteurs.

Qu'est-ce donc que ces radiations nocives dont on parle tant et que l'on connaît si peu ?

Ce sont des émanations ultra-pénétrantes, de nature organique, chimique, électro-magnétique, radio-active, électro-radio-active, éminemment nuisibles, venant de la surface du sol, du sous-sol ou de grande profondeur.

Elles sont souvent les instigatrices de bien des misères pathologiques, d'abord bénignes, ensuite infectieuses, malignes ou néoplasiques.

Leurs véhicules les plus sympathiques sont généralement l'eau, le calcaire, le sel, la magnésie, l'arsenic, l'acide carbonique, le charbon, le goudron, les failles sèches ou humides, certains végétaux et ambiances colorées, le linge souillé, les pansements, etc.

Parmi ces éléments bons conducteurs des radiations nocives, il semble que l'on doive mettre au premier rang les eaux vives ou mortes, courantes ou stagnantes, souterraines ou de surface et qui interviennent de façon néfaste et indélébile dans les réactions qui s'effectuent dans l'intimité des tissus organiques.

Par contre, d'autres terrains géologiques se présentent comme étant des mauvais conducteurs de ces radiations.

*
* *

Le docteur Jules REGNAULT nous rapporte que, depuis de nombreux siècles, les Chinois se gardent d'édifier des habitations sans tenir compte du « FOUG » « CHOUEL » (Foug : vent, et Chouel : eau) et de construire sur les « Veines du Dragon », c'est-à-dire sur les cours d'eau souterrains.

Le Baron von Pohl signale aussi les inconvénients que présentent les maisons construites au-dessus des courants d'eau, même de surface.

Les Egyptiens, sous le second Empire Thebain, aux 18ᵉ et 19ᵉ dynastie, connaissaient déjà l'action momificatrice des failles. Ils plaçaient le cadavre au-dessus de l'une de ces projections et la momification s'effectuait par le pouvoir déshydratant des radiations électro-magnétiques.

A ce sujet, retenons que dans certaines régions de France les cadavres des animaux se momifient spontanément.

*
* *

Il n'en faut pas moins venir à notre époque pour voir certains auteurs médicaux et autres se soucier du rôle que jouent dans la vie des hommes la nature et la formation géologique de certains terrains et substances dont les effets pernicieux ne sont plus à démontrer et ont été maintes fois constatés par des praticiens dignes de foi.

DIVERS AUTEURS

Citons les Docteurs Jules Regnault, Foveau de Courmelles, Paul Chavanon, Droux de Laroque, Peyré, Besson ; le pharmacien Lesourd, le Colonel Moreau, le Commandant Chrétien, le Professeur Larvaron, MM. Bethoux, Blanchet, les ingénieurs Voillaume et Cody, MM. Delcambre, René Lacroix à l'Henri, feu l'abbé Mermet et d'autres que nous nous excusons de ne pas citer.

*
* *

— 363 —

Pasteur avait lui-même reconnu l'influence des terrains dans la genèse des maladies.

Le physicien Paul Dobler, dans un de ses ouvrages, donne la « preuve physique » du rayonnement de la matière.

Le Docteur Allendy confirme l'action des terrains sur les constitutions, les tendances pathologiques, non seulement individuelles mais familiales.

Les travaux de MM. R. Gaus, R. Loyarte et Moebius permettent, avec ceux des auteurs déjà cités, de supposer qu'il existe dans la nature des rayonnements émis par les matières du sol ; rayonnements négligés ou niés par ignorance ou parti-pris.

M. Boulée en généralise l'idée en observant que certaines régions sont plus exposées aux maladies endémiques, épidémies et à diverses épizooties. Il précise que ces maladies s'arrêtent le plus souvent à des limites géologiques de formations spéciales.

Le Docteur Henri Bouquet a, de son côté, poussé assez loin ses observations. (1)

C'est de ces radiations que nous voulons vous entretenir, c'est contre leur influence morbide que nous voulons vous mettre en garde, vous donner, si possible, les moyens de les déceler, de vous en protéger et d'en tirer des conclusions pratiques.

Le Professeur Larvaron écrit :

« Les radiations nocives existent. De nombreux faits le
« prouvent :

---

(1) *Les Influences Méconnues*, Larousse, Paris.

« Insomnies, malaises des humains qui séjournent lon-
« guement dans des endroits traversés par des radiations
« provenant du sol et dues à des failles, soit à des cou-
« rants d'eau souterrains, soit à des gisements miniers.

« Agitation des animaux qui vivent en stabulation dans
« des étables ou des écuries traversées par des radiations
« dues aux mêmes causes.

« Végétation développée des arbres situés sur des failles
« humides.

« Végétation chétive sur des failles sèches ou sur des
« zones minéralisées.

« Action sur la fermentation du cidre.

« Action sur les fourmis.

« Action sur le développement du cancer.

Ce sont, dit-il, les observations les plus courantes que nos études et recherches nous ont permis de faire.

Il ajoute :

« A notre avis il doit y avoir une action combinée des
« radiations cosmiques et des radiations émises par le
« sol. Dans la journée cette action est très notablement
« diminuée par l'action de la lumière et des radiations
« solaires.

Sur le même sujet, le Docteur PEYRÉ dit :

« Il n'est pas jusqu'aux plantes, arbres ou arbustes de
« toutes natures qui n'aient à souffrir des radiations
« nocives. On objectera peut-être que certains animaux
« et certaines plantes se plaisent et prospèrent dans des
« radiations nocives : telles les fourmis, les orties, etc.

« Par contre, des plantes en souffrent, particulièrement
« lilas, groseillers, sapins, etc.

« C'est donc par millions et milliards d'exemples que
« s'étale en pleine nature, de façon indéniable la preuve
« absolue de la nocivité des rayons.

« Il est facile de tirer des conclusions semblables pour
« l'animal et pour l'homme.

« Mais l'animal lui-même doué sur ce point de facultés
« instinctives bien supérieures aux nôtres, sait reconnaître
« les rayons nocifs. Mettez la niche d'un chien sur une de
« ces projections, le chien n'y restera pas et cherchera à
« faire sa niche ailleurs. De même les souris ».

De son côté, M. Lacroix à l'Henri, écrit :

« Dans les courants d'eau, dits nocifs, certains véhicu-
« lent sur leurs radiations propres des vibrations de can-
« cer, microbiennes ou de corps en décomposition, ce
« qui augmente alors malheureusement le nombre de
« leurs victimes ; d'autres sont nets de toute impureté se
« contentant d'un indice de température plus élevé ou
« même sans indication particulière. Il leur suffit d'être
« entre deux couches de sol à caractéristiques différentes
« pour créer un champ électro-magnétique intense ».

Plus loin, dans son ouvrage, M. Lacroix à l'Henri, publie une liste de **14** natures différentes des émissions nocives. **(1)**

Dans plusieurs pays, en Suisse, en Angleterre, et notamment en Allemagne, il a été reconnu que certains terrains dégagent des influences nocives qui, par une sorte de décharge disruptive, vident espèces humaine et animale, nuisent aux espèces végétales en développant des bactéries contraires à leur équilibre.

---

(1) Voir les ouvrages de cet auteur.

Qui n'a pas eu, au cours de son existence, l'occasion de constater que des régions, des villes, des villages, des rues, des immeubles, des individus sont favorables et d'autres pas ?

— Que tel Directeur de firme qui exploitait avec succès à tel endroit, se transporte ailleurs pour faire de mauvaises affaires ?

— Que tel homme d'affaires dont le commerce était florissant dans telle ville ne l'est plus dans telle autre ?

— Que tel ménage qui s'accordait bien dans tel immeuble se voit victime de la zizanie dans une autre habitation ?

— Qu'est-ce donc que ces routes fatales sur lesquelles, en des endroits déterminés, il arrive fréquemment des accidents ?

Nous connaissons des endroits où l'on éprouve une impression de malaise et d'angoisse quand on les traverse, bien que rien ne les distingue de l'ensemble de la nature.

Certes, cette impression n'est pas ressentie par tous ceux qui y passent ou y vivent, et si certains ne ressentent rien, il en est de plus sensibles qui éprouvent des sensations parfois très désagréables quoique infréquentes.

XVI

Origines des Radiations Nocives. — Forces Magnétiques. — Forces Cosmiques. — Forces Telluriques. — Forces Electro-Magnétiques. — Forces Radio-Actives. — Les Failles. — Caractéristiques des Radiations Nocives. — Symptômes Généraux. — Moyens de Détection. — Téléradiesthésie. — Moyens Chimiques et Physiques Propres à Combattre les Radiations Nocives. — Moyens Chimiques. — Moyens Physiques. — Quelques Cas Typiques.

ORIGINES

Ces radiations ont de nombreuses origines :

Du sol : masses géologiques diverses, puits rebouchés, fosses, puisards, bétoirs, égoûts, latrines anciennes, cimetières, fosses communes, conduites contenant ou véhiculant des eaux usées, polluées ou mortes, des immondices et divers produits en décomposition.

De la surface du sol : courants électriques, transformateurs, fleuves, rivières, lacs, eaux stagnantes ou croupissantes, végétaux et autres souillures qui, par leur présence, suivant leur masse et leur nature chimique peuvent — par anomalie électrique, magnétique, électro-magnétique, putride ou autre — perturber l'atmosphère d'une chambre à coucher, d'une maison, d'un côté de rue, voire toute une rue et parfois tout un village ou un quartier de ville, et déterminer des phénomènes pathologiques divers souvent obscurs.

*
* *

Au nombre des terrains géologiques mauvais conducteurs de ces radiations nocives il y a lieu de citer les sableux, les gréseux, les gypseux, les alluvionnaires, les calcaires fissurés, lesquels n'offrent aucune résistance, se laissent traverser et les absorbent.

Parmi les terrains favorables, ce sont principalement les formations argileuses, mollassiques, granitiques, marneuses, basaltiques, carbonifères, minières en général qui les arrêtent, les diffractent, les réfractent, les réfléchissent et les diffusent comme autant de bassins bons conducteurs.. A ces derniers, il y a lieu d'ajouter les failles sèches ou humides, diaclases, crevasses, fissures de dislocation et les courants d'eau souterrains, même à très grande profondeur.

*
* *

De patients radiesthésistes ont exploré ce vaste domaine des radiations nocives, ils ont étudié leur conductibilité, leur fréquence, leur intensité, leur longueur d'onde et de rayonnement, notamment leur direction de propagation à partir de leur point d'émergence.

Ils ont catalogué des horizontales et des verticales.

Le Docteur Peyré, le dernier en date, en a identifié en damiers plus ou moins serrés, rectilignes et orthogonaux, d'une largeur qu'il estime être de 2 à 8 m. et distantes aussi de 1 à 8 m.

C'est aux entrecroisements qu'il situe la nocivité.

*
* *

Nous avons nous-mêmes constaté des rayonnements sur toutes les longitudes et latitudes avec entrecroisements et espacements, mais très variables, quelquefois considérablement espacés d'un point à un autre.

Ces entrecroisements ne sont pas, à notre humble avis, autre chose que les manifestations du champ magnétique Nord-Sud, d'une part, et du courant Ouest-Est, d'autre part.

*
* *

Au cours de nos travaux dans les fermes et les habitations nous avons été amené à constater une autre catégorie de radiations dites « obliques » aussi pernicieuses et sournoises que les premières.

Il s'agit de radiations cheminant dans l'axe des pôles telluriques Ouest-Est, allant se perdre dans l'atmosphère et dans la terre en suivant un angle de 45° et de 135° environ par rapport au plan horizontal.

DIVERSES FORCES DE LA NATURE

On a beaucoup parlé des relations étroites que pouvaient avoir les radiations nocives avec les forces magnétiques, cosmiques, telluriques, électro-magnétiques et radio-actives ainsi que leur influence sur la matière.

Rappelons brièvement ce que sont ces forces et leur comportement :

FORCES MAGNÉTIQUES

Les forces magnétiques terrestres se manifestent du Sud au Nord et « vice versa ». La terre se comporte à l'inverse d'un aimant rectiligne, c'est-à-dire que son pôle Nord est négatif, son pôle Sud positif. Elle agit sur l'aiguille de la boussole.

L'intensité du champ magnétique, qui est à Paris de 0,4616 gauss environ, est évalué à l'aide de deux composantes : inclinaison et déclinaison.

FORCES COSMIQUES

Les forces cosmiques, en partie corpusculaires, sont composées de multiples agents atmosphériques très pénétrants et de nombreuses radiations sidérales qui nous atteignent en verticale descendante à toute heure du jour et de la nuit.

D'après certains radiophysiciens et astrophysiciens, ces rayonnements, pour la plupart positifs, sont convergents parallèles. Les plus élevés traversent jusqu'à 500 et 600 m. d'eau, l'équivalent de 25 et 30 m. de plomb, et sont 2000 fois plus pénétrants que les rayons « X » (G. L.).

On se rend compte de leur force de pénétration. Fort heureusement ils se transforment partiellement en radiations plus faibles en entrant en contact avec la matière, mais leur force reste malgré tout considérable.

FORCES TELLURIQUES

Les forces telluriques, également corpusculaires dominantes, enrobent circulairement la terre dans un sens unique et constant d'Ouest en Est.

Elles sont perpendiculaires aux forces cosmiques et transversales aux forces magnétiques terrestres.

Elles auraient, selon nous, une charge dominante négative.

FORCES ÉLECTRO-MAGNÉTIQUES

L'électro-magnétisme résulte d'une combinaison d'électricité et de magnétisme.

Il y a dans la terre un champ magnétique Nord-Sud alimenté par deux courants : un positif allant du Sud au Nord, un négatif allant du Nord au Sud. Par ailleurs, comme nous l'avons vu au chapitre « Lieux Saints », il y a le courant tellurique et au centre de la terre tous les éléments positifs propres à déterminer par contraste une électricité négative dominante à la surface de la terre.

Dans ce vaste ensemble qu'est la croûte terrestre on trouve de nombreux terrains géologiques variés dans leurs caractères physiques et électriques juxtaposés, diversement polarisés et appilés.

Certains d'entre eux sont des accumulateurs d'électricité positive, d'autres d'électricité négative, et forment de formidables piles de Volta.

Ces masses géologiques, suivant leur charge et leur signe, leur voisinage immédiat ou leur superposition, sont capables de produire une énergie rayonnante verticale ou oblique, par rapport à un certain azimut.

Or, si l'on ajoute à ces décharges électriques le puissant magnétisme de la terre, on a l'électro-magnétisme qui traverse 35 à 37 m. d'eau et 1 à 1 m. 80 de plomb.

En passant à l'étude radiesthésique du sol, si nous nous promenons notre détecteur en main, au-dessus d'un crétacé supérieur nous avons une réaction négative, au-dessus d'une formation argileuse une réaction positive.

En conséquence, s'il nous est possible, au moyen de la radiesthésie, de reconnaître que ces deux formations sont chimiquement et électriquement différentes, qu'elles soient l'une à côté de l'autre, ou l'une au-dessus de l'autre, nous avons la confirmation de l'existence d'une énorme pile à éclatements plus ou moins puissants suivant la fréquence, l'intensité, la phase et l'amortissement de l'énergie dégagée.

D'une manière générale, si l'on est suffisamment exercé dans la classification des corps électro-positifs et électro-négatifs, les instruments radiesthésiques permettent de déceler qu'il y a attraction entre des roches positives et des roches négatives.

FORCES RADIO-ACTIVES

Avant d'entrer dans le détail des divers rayonnements, nous croyons utile de mettre l'accent sur les phénomènes de la radio-activité.

A cet effet, nous nous souvenons des cours que nous avons suivis auprès du célèbre spécialiste de la radio-activité qu'est le Professeur LEPAPE du collège de FRANCE.

— 373 —

La radio-activité est symbolisée par le radium en équilibre radio-actif avec le thorium et son spectre de trois espèces de rayons que les physiciens désignent par les lettres grecques : Alpha, Béta, Gamma.

*
* *

Le radium est tiré de la pechblende, minerai dans lequel il voisine avec l'uranium et le plomb.

Les rayons « Alpha » sont des atomes d'hélium chargés d'électricité positive, les « Béta » (rayons cathodiques) transportent de l'électricité négative, les rayons « Gamma » résultent du bombardement continuel des deux premiers.

Ils sont immatériels comme la lumière et les rayons « X », mais plus pénétrants et excessivement nocifs, puisqu'ils sont électro-magnétiques.

Leur longueur d'onde va de 1 Angström à 0,018 Angström, dernière longueur mesurée. Rappelons que 1 Angström est l'égal de 1 dix-millionième de millimètre.

*
* *

On sait que les corps radio-actifs comprennent divers éléments en voie de désintégration pour arriver finalement à un élément inactif, le plomb, qui est l'ultime produit de la désintégration.

Cette désintégration est accompagnée d'un grand dégagement d'énergie, et, par voie de conséquence, raccourcit considérablement la vie des éléments et des êtres qui se trouvent sur sa verticale ou sur son plan oblique.

Un être vivant exposé à des éléments radio-actifs est l'objet d'un bombardement intra-atomique et subit des transmutations dans la structure de ses 92 corps simples, c'est-à-dire la classification de MENDELEEFF.

Le trait caractéristique des substances radio-actives, c'est l'émission continuelle d'énergie, sans répit, ni trêve; les températures les plus élevées, la plus forte pression, les plus violents réactifs chimiques n'ont aucune influence sur cette émission.

Il y aurait beaucoup à dire au sujet des éléments radio-actifs, mais nous ne le pouvons en ce court article, et, sans entrer dans le détail des familles des éléments radio-actifs et des radio-éléments, notre but n'étant pas de faire un traité de **physique ou de chimie**, nous nous contenterons de donner un tableau de leur vie moyenne.

NATURE DES CORPS	VIE MOYENNE	
Uranium I	8.000.000.000	ans
Uranium II	3.000.000	—
Ionum	145.000	—
Radium	2.440	—
Polonium	116	jours
Manium X I	35,5	—
Radium E	7,25	—
Emanation de radium	5,55	—
Radium B	38,5	minutes
Radium C	28,	—
Radium A	4,3	—
Uranium X 2	1,65	—
Radium C'	0,000.001	—

Enfin le plomb, ultime désintégration, qui peut être réintégré et devenir ainsi un propulseur de grande importance.

A part ce dernier, tous les éléments radio-actifs se transmutent et sont accompagnés d'émissions d'énergies considérables.

On peut estimer que la désintégration d'un gramme de radium, qui demande 2.440 années dégage 2.900.000.000 calories, c'est-à-dire plus d'un million de fois l'énergie dégagée par son équivalent en poids de charbon.

Nous pourrions encore parler du thorium et de l'actinium, mais ce que nous voulons signaler dans ce rapide et incomplet exposé c'est la nocivité des éléments radio-actifs, même s'ils sont artificiels ; leur travail permanent, continu et irrésistible d'après une mathématique d'une complication effrayante.

Dans « CANDIDE » du 24 décembre 1931 nous lisons ce qui suit :

« Le Docteur MARTLAND dit qu'il existe des eaux radio-actives et d'autres qui sont rendues telles artificiellement. Parfois, on en conseille l'usage en thérapeutique. Ce serait un danger, d'après le Directeur de l'Institut du Cancer de NEW-YORK, qui les accuse, ou tout au moins les soupçonne, de pouvoir prédisposer au cancer.

« L'ingestion prolongée d'eaux contenant naturellement du radium peut, dit-il, avoir pour conséquence l'accumulation d'un peu de cet élément, dont l'activité est de très longue durée dans diverses parties du corps, à l'état plus ou moins soluble, mais dans le sang se transforme en sels insolubles qu'il est difficile de déloger et y opèrent une action néfaste sur les tissus ».

*
* *

La radio-activité n'a pas que cet inconvénient, elle décharge à distance les corps électrisés.

Cette remarque n'est pas sans importance pour l'homme lorsqu'il doit se fixer quelque part. A ce sujet, signalons que la foudre tombe généralement sur les roches radio-actives, les failles aqueuses à parois cristallisées d'éléments radio-actifs en formation.

Comme il est donné de constater des troubles divers chez les individus vivant au-dessus d'une de ces zones, il est dès lors facile de se renseigner sur place avant de faire bâtir, d'acheter ou de louer une maison, une ferme, un appartement.

C'est à la radiesthésie que l'on s'adressera de préférence.

*
* *

En dehors de ce moyen d'investigation, qui n'est cependant pas à la portée de tout le monde, voici une méthode très simple pour déceler la présence de la radio-activité :

« On pose sur le sol, isolée de la lumière solaire, une plaque photographique sensible dans une boîte en carton.

« Après un temps plus ou moins long, variant de 1 à 6 heures, on retire la plaque que l'on développe.

Plus la plaque est noire plus l'émanation est virulente.

— 377 —

Il est recommandé de ne pas faire cette expérience par temps orageux, parce que la radio-activité se dégage avec plus d'intensité à ces moments sous forme de courant d'air conducteur ascendant.

D'autre part, tout le monde connaît le phénomène de voilage des plaques photographiques à travers leur boîte si l'on dépose une simple pincée de sels d'uranium dans la boutique d'un photographe. Les plaques deviennent inutilisables, elles sont mortes en quelque sorte.

Le même phénomène se produit, avec une évolution moins rapide, peut-être, sur les cellules vivantes.

Une chose est certaine : c'est que l'individu victime de radiations de cette nature se dévitalise lentement mais sûrement, il devient moins apte au travail, la santé est conservée pour un temps indéterminé, mais la résistance va graduellement en diminuant.

Il n'y a pas que la radio-activité qui doit être mise en cause comme parasite de ce genre, il y a aussi les radiations dites « électro-magnétiques », et suivant les observations précédentes, nous nous trouvons dirigés en ligne droite vers les cassures géologiques appelées « failles ».

LES FAILLES

Des tremblements de terre ont désarticulé les montagnes, déformé les rocs et du fait de ces bouleversements magmatiques il résulte que certains terrains sont parfois séparés par une cassure plus ou moins profonde et plus ou moins verticale. Cette cassure est dite « faille ».

Dans bien des cas, cette fracture ou cette crevasse, d'origine orogénique (dislocation de l'écorce terrestre), ou techtonique (région disloquée) a laissé en place une partie du terrain primitif, tandis que s'affaissait l'autre partie. (Fig. 18).

Puis, avec les siècles, les déluges, les tempêtes, les glaciers, le sol a été nivelé par des éléments alluvionnaires, produits de désintégrations diverses.

Mais la faille n'en subsiste pas moins et forme un immense diélectrique entre deux masses de signe contraire, formant ainsi un assemblage bi-polaire offrant le caractère d'une véritable pile électrique, produisant et propageant l'énergie qui se dégage de la faille.

C'est généralement de la faille que s'échappent des radiations électro-magnétiques au pouvoir déshydratant.

Le Professeur Larvaron, qui a beaucoup étudié les radiations nocives, signale que les failles semblent exercer une action attractive sur les fourmis. Nous avons constaté le phénomène non seulement au-dessus des failles, mais encore au-dessus des carrières, des souterrains et des centres putrides.

***

Supposons, comme nous le montre la Fig. 18, la partie d'une région composée, d'une part d'argile et d'autre part de calcaire en surface.

La première masse se révèle chargée d'électricité positive et crée par induction électrostatique une charge négative dans le nuage d'orage qui passe au-dessus d'elle.

L'inverse se produit dans le nuage qui passe au-dessus du sol calcaire.

Immanquablement, ces deux nuages, chargés de signe contraire, s'attirent. De leur rencontre, dans le champ électrique atmosphérique, jaillit une énorme étincelle qui tombe presque toujours dans la cassure. (Fig. 18).

Cette faille renferme souvent un point d'eau ou des parois cristallisées d'éléments radio-actifs en formation et dont la rayonnement électro-radio-actif et magnétique vertical facilite et organise la décharge de ces deux électrodes monstres que sont les nuages.

C'est, nous semble-t-il, une explication cohérente de la formation d'une catégorie de radiations nocives dont les inconvénients manifestement graves sont à la base de bien des misères pathologiques.

Toutes ces forces immatérielles ne se manifestent à nos yeux que lorsqu'elles s'exercent sur un point donné et qu'elles déterminent chez les êtres vivants et les végétaux des troubles et des maladies inhabituelles. C'est là que la radiesthésie peut avoir son mot à dire.

*
* *

En tout cas, lorsqu'il est reconnu, par la chute de la foudre, qu'une habitation est construite au-dessus d'une faille, le mieux, quand on le peut, est de déménager. Dans l'impossibilité de le faire, il faut procéder sans retard à l'installation d'une série d'éclateurs verticaux bipolarisés très puissants.

*
* *

Appelé à M... H... dans un hôtel particulier, dont le propriétaire, sa femme et leur jeune fille sont des névropathes typiques dont les troubles principaux consistent en nervosisme, amaigrissement persistant et progressif et une insomnie marquée. Au surplus, la femme est dotée d'une leucémie inquiétante.

Le père nous dit que ces troubles se sont manifestés peu après leur installation dans cette propriété.

Nous étudions les lieux et identifions une faille profonde de 160 m. passant sous la maison.

Nous prodiguons nos soins à cette habitation au moyen de 40 éclateurs verticaux.

*
* *

Ce n'est que deux mois après notre passage et l'installation de notre dispositif que chacun put avoir un sommeil amélioré, ressentir une sédation des phénomènes nerveux antérieurs et reprendre du poids.

Quant à la mère, elle fut sauvée d'une mort presque certaine par une transfusion de sang facilitée par son éloignement en clinique.

Quatre mois après notre intervention tout est rentré

dans l'ordre, l'hôtel particulier est absolument à l'abri des radiations nocives, après la disparition définitive de la cause qui les provoquait par induction électro-magnétique.

Ces faits se résument à des processus très simples : mise en batterie d'éclateurs calibrés, remise en état des fréquences vibratoires des terminaisons nerveuses des occupants, mise en résonance oscillatoire de leur système sanguin et annulation des radiations qui altéraient leur santé par une rupture d'équilibre oscillatoire.

Mais, dira-t-on, que sont ces éclateurs ?
Ce sont tout simplement des tiges métalliques de différents diamètres et longueurs enfoncées dans le sol après étude de leur nature, de leur nombre et de leur orientation. Le tout en rapport avec l'intensité radiante de la faille et la nature de la formation géologique du terrain.

Il va sans dire qu'on ne met pas n'importe quel métal, n'importe quel nombre de tiges dans n'importe quelle direction.
Il est indispensable d'assurer une concordance dans l'oscillation moléculaire et cellulaire des habitants.

*
* *

Des faits de cet ordre ont été dûment constatés et ont conduit divers chercheurs à démontrer physiquement l'existence de ces radiations nocives.

D'après nos observations personnelles nous avons constaté qu'une faille orientée Nord-Sud n'est que peu nocive en comparaison d'une faille orientée Ouest-Est.

Nier, de prime abord, qu'avec nos instruments (pendule et canne antenne) nous puissions déceler ces radiations invisibles émanant de la forme matérielle des substances géologiques, parce que nos cinq sens sont incapables de les enregistrer, équivaudrait à dire que les ondes hertziennes n'existent pas, parce que nous ne pouvons les entendre sans un poste récepteur adéquat n'appartenant pas à nos cinq sens.

En traitant des ondes électro-magnétiques nous trouvons les fameux rayons de la mort !...

Celui qui saura les capter, les amplifier et les diriger à volonté pourra dérégler les moteurs d'automobile, de bateau, de machine volante et tuer à toute distance.

Heureusement, comme une invention est toujours doublée d'une contre-invention, il suffira de quelques éclateurs, dont nous parlons par ailleurs, pour passer calme et serein à travers les nuages de la mort.

CARACTÉRISTIQUES DES RADIATIONS NOCIVES

Lorsqu'elles proviennent des étages inférieurs du sol, elles sont presque toujours de nature électro-magnétique, de l'ordre des rayons « gamma » du radium, elles s'apparentent aux rayons « X ».

— 383 —

Leur longueur d'onde est en moyenne de 0,5 Angström, soit 20 millionnièmes de millimètre, leur nombre de vibrations atteint 6000 trillions par seconde.

L'action prolongée de ces rayons ultra-pénétrants est à l'origine de l'érythème, de la déshydratation, de l'induration avec augmentation rapide des globules blancs pour arriver finalement à une formation néoplasique, au moins à la leucocytémie ou à de l'inhibition, c'est-à-dire une suppression de l'activité d'une partie de l'organisme.

Les radiations nocives sont d'une diversité infinie. C'est donc une erreur de vouloir les attribuer uniquement à la radio-activité et à l'électro-magnétisme.

Il en est qui émanent des centres putrides et sont analogues aux particules « Alpha » et « Béta » du radium.

Les premières, « Alpha », se situent dans le même secteur que les infra-rouges, soit à 180° environ, avec un maximum de 100 % de résistance chauffante.

Leur longueur d'onde est voisine de 1 millimètre, leur 100° harmonique est 1 mètre, la millième harmonique de 10 mètres. Elles radient à raison de 50 trillions de vibrations par seconde.

Elles provoquent sur le corps humain une vaso-dilatation intense des petits vaisseaux superficiels se traduisant par une rougeur de la peau avec sudation chronique et une congestion des vaisseaux capillaires, et sont à la base de l'hyperacidité avec diminution concomittante des globules blancs.

***

Les secondes, « Béta », occupent le secteur Est, du vert et des cancers.

Leur longueur d'onde est de 0,5 micron (le micron étant le millième d'un millimètre) leurs 100° et 1000° harmoniques sont respectivement de 0 m. 50 et de 5 mètres.

Elles vibrent à raison de 600 trillions par seconde.

Leur spectre est à peu près l'image du spectre magnétique.

***

L'action intense et constante des « Béta » produit une dessication des cellules avec évolution progressive vers l'amaigrissement, par conséquent, ce sont les seules particules capables de guérir les néoplasmes.

Le radiumthérapeute qui saura les isoler et les diriger à volonté aura bien mérité de l'humanité.

***

Les troisièmes, « Gamma » paraissent constitués par des vibrations électro-magnétiques. Doués d'une énergie considérable, ils ont une longueur d'onde très petite, et après les rayons cosmiques, ils se révèlent comme les vibrations les plus rapides et les plus pénétrantes que nous connaissions actuellement.

Les rayons « gamma » diminuent considérablement la longueur d'onde nerveuse des humains.

Alors, attention ! Si les radiations d'une faille traversent le lit, gare aux maux de tête, insomnies, troubles gastriques, affections cardiaques, varices, phlébites, etc.

— 385 —

Et, si le malheur veut que l'on soit disposé au cancer, on a toutes les chances de ne pas y échapper, surtout, si on ne sait y résister ou s'en garer.

La conclusion de tout ceci c'est que la radiesthésie peut être d'un grand secours dans la détection et la localisation de ces projections et en indiquant la place nouvelle où il faut mettre le lit.

Parmi ces aperçus nouveaux, leur effarante complexité et leur dangereuse toxicité, les radiations nocives sont avant tout le fait d'une perturbation des constantes physiques et chimiques du milieu ambiant. C'est ensuite, et comme conséquence logique, une rupture d'équilibre vibratoire chez les espèces animales et végétales vivant dans leur milieu. Elles interfèrent avec celles du champ des radiations normales, affectent l'équilibre du plasma sanguin et déterminent une acidité ionique.

La nutrition est arrêtée, le métabolisme diminue, l'élimination des substances toxiques ne se fait plus, les déchets ne sont plus évacués et s'accumulent en un endroit où plus tard se fixera la tumeur.

Dès lors, c'en est fait, les organismes animaux et végétaux, qui se trouvent dans leurs nuages nocifs, sont défavorablement influencés et, c'est toute la gamme des misères pathologiques qui les guette.

Au point de vue biologique, il convient de préciser que la nature du sol agit plus ou moins considérablement comme résonatrice.

S'il s'agit d'une formation géologique défavorable, le sol devient une nappe conductrice, si c'est une faille, celle-ci forme un diélectrique. Les deux offrent des différences de résistance et de perméabilité. Ce qui explique le trouble dans le champ des radiations normales et l'altération produite sur les êtres vivants.

*
* *

Ces considérations sont en rapport direct avec le grand problème de la santé animale. Elles permettent de comprendre comment peuvent agir ces éléments contraires.

*
* *

Ici, comme en toute chose, il y a lieu de noter que certaines personnes sont plus ou moins sensibles à ces radiations, comme d'autres sont plus ou moins réfractaires.

Une cause pathogène ne produit pas toujours les mêmes effets chez tous les individus.

C'est une question de sensibilité particulière, de réactions individuelles, de phénomènes idiosyncrasiques. Et, si le mécanisme de ces phénomènes n'est pas facile à saisir, les faits n'en existent pas moins.

SYMPTOMES GÉNÉRAUX

La présence des radiations nocives donne lieu à divers symptômes : sensibilité s'exaspérant sous toutes les formes physiques et psychiques, hypernervosité, lymphatisme, émotivité, éternuements nombreux et répétés, insomnies régulières ou intermittentes, névralgies, crises d'asthmes, douleurs, picotements, fourmillements, asthénies, chlorose, herpès fébrile et génital, amaigrissement, contrariété dans l'activité matérielle, morale, intellectuelle et procréatrice et d'autres syndromes parfois plus inquiétants sinon manifestement plus graves.

A ces symptômes s'ajoutent des réactions diverses suivant les différences anatomiques des individus, du fonctionnement de leurs organes, de leur chimisme humoral et de leur disposition d'esprit.

Enfin, il faut ajouter le déréglement des montres et des magnétos au-dessus d'une projection électro-magnétique.

MOYENS DE DÉTECTION

Certes, dans l'état actuel de la science, il n'est pas permis à tout le monde d' « Ausculter », si nous pouvons ainsi nous exprimer, une habitation, une ferme, une chambre à coucher, un appartement, un champ, un bois, un potager et d'en poser le « Diagnostic ». Mais la radiesthésie met à la disposition des opérateurs rompus des moyens suffisants d'investigation pour réaliser un examen au moins indicatif, et déchiffrer certaines énigmes troublantes.

Elle permet aussi la recherche et l'application des moyens physiques et chimiques propres à les combattre.

Afin de faciliter nos recherches radiesthésiques, nous prenons des témoins-corps tels : le calcaire, les scories de déphosphoration, le carbonate d'ammoniaque, le carbone, le pétrole brut, le goudron, etc et nous cherchons s'il n'y a pas acidité ou alcalinité chez les habitants. Enfin, une couleur verte caractéristique nous sert à prospecter, avec beaucoup de certitude, les états précancéreux.

S'il s'agit d'un rayonnement cancérigène, pour en avoir la confirmation, nous nous servons d'autres témoins-corps recrutés dans les 40 radio-éléments appartenant aux familles de l'uranium, du thorium et de l'actinium. En un mot, de tout minerai primaire ou secondaire des trois familles que nous venons de citer. Exemple : bétafite, carnotite, autunite, pechblende, becquerilite, chalcolite, etc.

Ces derniers nous servent surtout à localiser la radio-activité.

Pour les autres foyers nous prenons un tube vide pour les cavités, un rempli de terre pour les remblais, un rempli d'eau pour évaluer la nature aqueuse d'un souterrain, d'une crevasse ou d'une cavité, un rempli d'argile pour situer les terrains imperméables et perméables en grand ou en petit.

— 389 —

Pour contrôle, si cela est possible, nous nous reportons à la végétation de l'endroit radiant ou irradié.

En effet, très souvent, en ces endroits, la végétation se montre chétive et maladive, elle prend une allure cancériforme avec des feuilles pleines d'excroissances ou de nœuds.

Le pêcher et le rosier étant particulièrement sensibles à ces radiations, nous prenons une branche de l'un ou de l'autre ou des deux que nous mettons dans une bouteille remplie d'eau et que nous disposons au-dessus de l'endroit supposé nocif.

Quelques jours après, si les feuilles se gondolent et prennent une forme boursouflée et flétrie nous avons la confirmation du phénomène nocif par radio-activité ou électro-magnétisme.

Rappelons qu'au-dessus ou dans le rayonnement d'une zone nocive le pendule bat dans l'axe Ouest-Est. Ce qui, pour nous, est l'indication de la toxicité à l'Ouest et du carcinome, et la perturbation à l'Est. Ce dernier secteur nous désignant tout particulièrement l'endroit où se logent les rayons azimutaux des cancers.

On peut également détecter à la main nue. On ressent alors une sensation de fraîcheur, de fourmillement ; d'autres fois on a l'impression d'un souffle intense.

Certains radiesthésistes affirment détruire ces radiations en opposant leur magnétisme personnel.

Pour notre part, nous ne croyons pas que l'on puisse anéantir de telles radiations par la seule force de l'individu.

Ce qui est certain, c'est que l'on s'expose au phénomène de décharge et à une grande fatigue, ou encore à la perte de la sensibilité radiesthésique, sinon à ébranler sa santé, voire même mettre sa vie en danger.

Nous avons connu une radiesthésiste dont le fluide était très puissant et qui opposait son propre magnétisme aux radiations pathogènes.

Nous l'avons souvent prévenue du danger qu'elle courait. Mais, passant outre nos conseils, elle fut un jour subitement rayée de la carte de ce monde.

TÉLÉRADIESTHÉSIE

Nous venons de passer en revue les moyens radiesthésiques ordinaires pour parvenir à détecter les radiations nocives. Ces moyens sont ceux que nous utilisons sur place. Mais il n'est pas toujours nécessaire d'aller sur le terrain.

Lorsque nous sommes dans l'impossibilité de nous déplacer nous avons recours à la téléradiesthésie, une des branches de la polyradiesthésie.

— 391 —

La téléradiesthésie se pratique au moyen d'un plan, d'une carte ou d'une photographie.

Pour si invraisemblable que cela puisse paraître, aux non informés et aux sceptiques, c'est une technique de prospection aussi précise, sinon plus juste, que la radiesthésie sur le terrain.

Le travail de recherche sur plan, carte ou photographie repose sur le fait que l'endroit où l'édifice a été élevé, copié ou photographié, que l'un et l'autre de ces travaux sont l'expression rigoureusement exacte du terrain ou de l'habitation, que le relevé, la copie ou la photographie, par un rayon d'union ou de syntonisation, s'alimentent aux radiations des originaux.

Le rayon de syntonisation est une ligne établie entre deux semblables de même nature et de même composition.

Dès lors, le témoin (plan, carte ou photographie) sert de support au rayon mental, lequel, par analogie de formes importe au cerveau les radiations captées à des distances pratiquement illimitées, puis le cerveau, par des réflexes musculaires inconscients, implique au pendule des réactions spéciales qui permettent de traduire.

Le témoin (plan, carte ou photographie) n'est pas absolument indispensable pour prospecter à distance, une représentation à l'esprit peut parfaitement donner le même résultat.

— 392 —

Prenons le plan linéaire d'une propriété et pensons aux radiations nocives; si la propriété en comporte, le rayon mental fera jouer le phénomène de la résonance entre le témoin et l'endroit, et le pendule tournera au-dessus de chaque foyer nocif du plan. Puis, par discrimination la nature des radiations sera identifiée.

Ce que l'on nomme rayon mental est un ensemble de radiations physiologiques émises par le cerveau du téléradiesthésiste se dirigeant vers le point à prospecter et avec lequel il se met en communication psychique.

Comme on le voit, la téléradiesthésie n'a rien de surnaturel, ni d'occulte, seulement elle nécessite des facultés supranormales comme la divination, la clairvoyance, la claireaudience et la polyradiesthésie.

C'est en somme une faculté de double vue qui ne s'obtient parfaitement que dans l'isolement, le vide absolu de soi, dans l'abolition des sens communs et de l'imagination active.

Le témoin (plan, carte ou photographie) devient alors l'élément médium qui, par dédoublement, permet au téléradiesthésiste de se mettre en rapport avec l'endroit à prospecter, d'éprouver, d'enregistrer et de traduire à distance, avec son superconscient, des couleurs, des figures, des sensations, des odeurs, des formules et des sons comme s'il était sur place.

MOYENS CHIMIQUES ET PHYSIQUES PROPRES A COMBATTRE LES RADIATIONS NOCIVES

En principe, si une habitation est située au-dessus ou dans un nuage nocif et qu'à l'aide de nos témoins et de nos instruments nous présumons qu'il existe une zone contaminée avec troubles chez les habitants, nous conseillons déjà d'isoler la couche des murs, des tentures et des parquets.

Opération qui, nécessitant le déplacement du lit, peut parfois suffire.

Si les troubles persistent malgré tout, c'est au médecin qu'il incombe de combattre l'effet, notre rôle se bornant à attaquer la cause.

Ainsi donc, en soignant l'habitation, les occupants se trouvent être les bénéficiaires directs des dispositifs.

MOYENS CHIMIQUES

Au point de vue chimique, il convient de chercher à dévier ou à absorber l'émission nocive. Dans ce cas, il faut recourir à des produits de rectification ou d'absorption placés face au pôle opposé vers lequel se propage leur rayon spécifique.

Suivant le cas, on emploie du soufre, du carbonate de chaux, de la créosote, du chlorure de sodium, du charbon de bois, de l'huile, de la limaille de fer, de cuivre, de plomb ou de zinc, et surtout la potasse et ses composés qui sont des produits très agissants.

***

Il est bien certain que l'on ne dispose pas n'importe quelle quantité, à n'importe quel endroit. Ici, deux facteurs importants interviennent : l'emplacement et le dosage.

***

Au surplus, il importe de souligner que, en ce qui concerne les produits rectificateurs et absorbants, un léger inconvénient se présente. Ces éléments nécessitent une surveillance constante du fait qu'ils se saturent assez rapidement et demandent à être renouvelés de temps en temps.

A ce sujet, il est important de noter que lorsque ces produits sont à bout d'action ils ne doivent pas être brûlés ou déposés n'importe où, mais jetés à l'eau courante ou enfouis assez loin de l'habitat.

MOYENS PHYSIQUES

Au point de vue physique, les moyens utilisés sont plus durables, plus efficaces et ont une durée presque illimitée. Mais les deux systèmes de défense se conjuguent parfaitement.

Au nombre des agents mécaniques il y a lieu de retenir les solénoïdes orientés Ouest-Est et disposés parallèlement sur le plan horizontal, entre le foyer émetteur et l'endroit à protéger.

***

Convenablement enroulés avec un nombre déterminé de tours, sur un diamètre donné, en rapport avec l'intensité radiante, ils captent fort bien les radiations nocives.

Attirons l'attention sur le fait qu'un solénoïde mal placé peut amplifier les radiations au lieu de les détruire.

Il arrive même que ces radiations chassées d'un endroit réapparaissent ailleurs. D'où la nécessité de couvrir suffisamment le lieu à protéger en s'assurant que les voisins ne sont pas susceptibles de devenir de nouvelles victimes.

Soulignons que le sens de bobinage comporte en lui-même toute une technique. En effet, un enroulement de gauche à droite crée la positivité, un enroulement de droite à gauche la négativité.

Ces solénoïdes, fabriqués en cuivre, en fer, en aluminium ou en zinc, sont toujours placés par deux (un positif et un négatif) dans l'axe du plan Ouest-Est ; c'est-à-dire, transversalement au magnétisme Nord-Sud. L'entrée cosmique verticale à gauche et le retour à la terre à droite pour le premier, inversement pour le second.

Pour plus d'efficacité, il n'est pas inutile de les doubler de deux autres petits solénoïdes de signe contraire placés verticalement en-dessous des horizontaux.

Un procédé qui ne manque pas de produire d'heureux effets, lorsque le sommier d'un lit est métallique, consiste à y connecter un fil électrique et à aller chercher la terre soit directement, soit par l'intermédiaire d'un radiateur de chauffage central ou d'un mur.

Si le sommier est en bois, par son armature, on obvie à cet inconvénient en mettant, entre ce dernier et le matelas, un treillage métallique ordinaire de clôture avec retour à la terre. C'est ce qu'il est convenu d'appeler « lit en condensateur ».

Dans les deux cas, le dormeur se trouve baigné de haute fréquence.

On peut encore tapisser la chambre de papier métallisé formant cage de Faraday que l'on met également à la terre.

Mais, amateurs, attention ! Certains moyens de défense, s'ils ne sont pas étudiés, peuvent devenir dangereux. C'est le cas notamment d'une cage de Faraday verticale, laquelle peut provoquer de graves désordres et des contre-réflexes pernicieux si le courant faradique est inférieur à 50 périodes par seconde.

Nous avons connu un architecte mort subitement, en pleine santé, à l'âge de 40 ans, pour avoir monté une cage de Faraday autour de son pavillon parce que celui-ci était baigné par un faisceau de radiations très violentes.

Les émanations avaient comme source principale la proximité d'un collecteur véhiculant des eaux malsaines et un terrain favorisant leur diffusion.

A notre avis, le moyen le plus efficace de protection, sans contre-indication, réside dans les éclateurs calibrés dont nous avons déjà parlé.

Au sujet de ces derniers, rappelons qu'il est indispensable de tenir compte de leur longueur, de leur diamètre et de leur nombre suivant l'influence de la nature du terrain homogène ou perméable et de l'intensité radiante au-dessus desquels vivent les humains et les animaux, ainsi que de leur orientation et des phénomènes connexes tels que la réflexion, la réfraction, la diffraction et la diffusion.

Comme on le voit, c'est une technique à appliquer à chaque cas particulier. C'est, en quelque sorte, un dosage radiesthésique à faire autant qu'une syntonisation.

Le mécanisme de ces éclateurs verticaux est le suivant : peu de temps après leur installation ils prennent, par réaction électrostatique, une charge positive par leur partie inférieure et une charge négative par leur partie supérieure et dégagent une énergie rayonnante des plus bienfaisantes.

Autre fait capital, il se produit un dégagement d'ozone S-E N-E aux deux tiers de leur hauteur.

Or, on sait que l'ozone intervient pour une bonne part dans la modification allotropique de l'oxygène de l'air, et par réactions oxydantes de contraste stérilise les bactéries et les microbes contraires à la santé des êtres vivants.

Au surplus, les éclateurs assainissent l'air ambiant en le dégageant de toute acidité, de toute toxicité et, par extension, favorisent le rétablissement de l'équilibre oscillatoire des faisceaux complexes des radiations vitales.

C'est pourquoi, lorsque les éclateurs sont disposés comme il convient, ils deviennent en premier lieu des générateurs d'énergie, en second lieu des conjugateurs entre les forces ondulatoires des radiations cosmiques et telluriques et le magnétisme terrestre.

Ils modifient, déforment, amortissent et finalement neutralisent les radiations nocives perturbatrices.

Les éclateurs se comportent en véritables oscillateurs et rétablissent la résonance chez les êtres vivants.

Leur rôle biologique est donc de rendre à ces derniers leur équilibre oscillatoire en les assurant de la disparition des radiations pathogènes qui altéraient leur santé.

Des clous fichés en terre, dans l'axe voulu, sont aussi d'une très grande efficacité.

Ici, on constate que les pointes jouent le rôle de paratonnerre avec autant d'éclatements que de pointes.

Des spires disposées horizontalement avec sortie vers chaque point cardinal donnent des résultats non négligeables, mais sur une zone assez restreinte. Afin d'augmenter leur action il n'est pas inutile de les associer à des masses chimiques et métalliques appropriées soigneusement orientées et dosées. C'est ainsi que le soufre sera mis au N-N-E, le carbonate de chaux au S-S-O, le chlorure de sodium et la potasse au N-O, le charbon de bois au N-E, la créosote au N, la chaux au S, le sulfate de cuivre au N-N-O, la limaille de fer au N, de cuivre au N-N-O, de zinc à l'O-S-O.

Des pointes diversement disposées apportent un autre contingent de défense dans le cas des maisons dites « hantées », maisons aux craquements sinistres, lesquels n'ont d'autre origine que le magnétisme dirigé de certains individus malfaisants qui lancent à distance, et surtout la nuit, leurs forces psychiques, ou encore d'esprits bas et errants.

La pointe horizontale bien dirigée détruit presque instantanément ces courants même s'ils émanent d'éléments impondérables ou d'élémentals puissants.

Il se produit une étincelle invisible et souvent le phénomène cesse aussitôt.

C'est une forme de défense active employée couramment contre les envoûteurs et les esprits qui tardent à prendre leur place dans le monde extérieur.

QUELQUES CAS TYPIQUES

A Vincennes, une jeune fille de 20 ans, de croissance pénible et rebelle aux différents traitements habituels, offre l'apparence d'une fillette de 11 ans, apparence caractérisée par une absence totale pathologique du flux périodique.

Sa chambre prospectée radiesthésiquement nous fait découvrir que son lit est situé au-dessus d'un courant d'eau souterrain circulant à 15 m. de profondeur.

Le lit est changé de place en même temps que nous disposons quelques éclateurs dans les angles des murs.

Quatre mois après notre passage la jeune fille constate les premières manifestations périodiques de sa fonction **physiologique**.

— 400 —

*
* *

A Charenton, une jeune mère de famille souffre depuis plusieurs années de gêne respiratoire, gêne caractérisée par une toux fréquente accompagnée d'expectoration.

La répétition des accès est telle qu'elle est conduite à faire de la bronchite chronique.

Toute médication reste inopérante.

*
* *

Appelé à étudier son cas, nous découvrons que son pavillon est à l'Est de la fosse septique de son voisin Ouest.

La cause de son asthme humide étant dès lors connue, nous disposons charbon de bois, huile, soufre et pointes soigneusement conjugués.

Notre installation chimico-physique lui apporte une nette amélioration dès les premières semaines qui suivent pour atteindre à la disparition complète de ses malaises deux mois après.

*
* *

A Levallois, une jeune fille de 18 ans est depuis quatre ans privée de tout son système pileux (périfolliculite affectant la tête et les follicules).

Les médecins consultés pensent à la tricophytie, maladie cutanée affectant les cheveux, et à la tricopathie, nom générique des maladies qui altèrent les poils.

Diverses méthodes de traitements antiseptiques et parasiticides sont appliquées sans aucun résultat.

Phénomène curieux, la jeune fille qui, chaque année passe ses vacances dans une Nation voisine, constate en rentrant chez elle l'apparition de poils follets, duvets qui d'ailleurs disparaissent quelques semaines après sa rentrée.

Le père de cette jeune fille nous demande d'étudier le cas de son enfant.

Après étude radiesthésique des lieux nous décelons un foyer émetteur de radiations nocives obliques divergentes, radiations qui, par leur influence acidifiante, déterminent une pauvreté du sang en globules rouges ainsi qu'une sorte d'herpès fébrile et génital très désagréable par sa récidivité et sa ténacité.

Nous disposons, entre la chambre de la jeune fille et le foyer nocif, une série de solénoïdes en combinaison avec des éclateurs et des alcalinisants externes.

Six mois après l'installation de notre dispositif, la jeune fille assiste à la poussée de nombreux duvets et, par la suite, constate que son système pileux a repris un tiers de son caractère normal.

Non loin de chez nous une institution de jeunes filles est fort désagréablement troublée par des phénomènes inexplicables.

Les maîtresses se succèdent à une cadence inquiétante, le personnel domestique est animé d'un état d'esprit déplorable au point qu'il faut constamment le remplacer, les élèves sont dissipées et n'apprennent pas, quant à la directrice c'est une hypocondriaque nette.

Appelé par cette dernière à prospecter son établissement nous situons un souterrain passant sous l'immeuble et canalisant des radiations perturbatrices.

Nous installons des éclateurs puissants et peu de temps après tout est normal. Les maîtresses sont aimables, le personnel dévoué, les jeunes filles studieuses et la directrice moins nerveuse ; chez elle notamment la mélancolie et la neurasthénie ont fait place à la gaîté et à l'optimisme.

Plus tard nous avons appris par la directrice que bon nombre d'automobiles s'arrêtent en face chez elle. En effet, après un nouvel examen radiesthésique nous reconnaissons que le souterrain passe sous l'avenue et que les radiations électro-magnétiques qu'il dégage sont la cause du déréglement des magnétos un peu usagées, comme elles déréglaient tous les occupants de la maison d'éducation.

Dans une ferme des environs de CHANGIS-SAINT-JEAN, le fermier nous dit qu'il perd tous ses veaux par avortement épizootique.

Au moyen de nos instruments nous établissons que le sol sur lequel sont édifiées les étables détermine une très forte acidité chez les reproductrices. De plus, nous découvrons un souterrain passant sous les étables et véhiculant les radiations d'un ancien cimetière.

Nos moyens de défense sont mis en batterie.

Un mois après la mortalité est réduite à zéro.

L'expulsion du délivre se fait normalement.

— 403 —

Le phénomène nouveau dure depuis sept ans sans récidive.

Autre conséquence, la jeune fermière, chez laquelle la vie sexuelle laissait un vide impossible à combler, ne pouvait plus avoir d'enfants.

Victime de la même ambiance nous l'avons désimprégnée, depuis lors sa famille s'est vue augmentée de trois nouvelles progénitures.

A 25 kilomètres de POITIERS, chez un éleveur, les moutons meurent de strongillose, maladie déterminée par la présence de vers cylindriques vivant en parasites. Au surplus ils sont atteints de « piétin », maladie des tissus sous-cornés des pieds.

Pourtant, l'éleveur, qui est un zootechnicien très versé dans l'alimentation des animaux et de leur élevage ne néglige rien tant du point de vue vétérinaire que du point de vue zootechnie spéciale.

Il a tout essayé : élevage au pâturage ou à la bergerie, en stabulation ou par les deux méthodes.

Chaque année il remplace tout son cheptel par des sujets de diverses races et de divers pays, mais rien n'y fait. Quelques mois après leur arrivée les ruminants subissent le même sort que leurs prédécesseurs.

Cependant, l'éleveur a remarqué que si les sujets nouvellement arrivés sont immédiatement mis au pâturage ils se comportent normalement. Mais à l'approche des froids, au moment où ils sont mis dans les bergeries ils contractent les mêmes maladies.

Nous étudions les bergeries et le sol et trouvons un terrain géologique contraire à la santé des moutons. C'est-à-dire un crétacé supérieur déterminant de l'acidité et favorisant le développement des parasites et du « piétin ».

Sur-le-champ nous disposons une série de gros éclateurs et faisons mettre à l'extérieur des bâtiments de la chaux et du sulfate de cuivre en quantité voulue et dans leurs plans croisés.

Environ deux mois après notre passage la mortalité a considérablement diminué.

Grâce à l'énergie physique et chimique combinée nous avons créé sur place une ambiance saine et normale en rétablissant l'équilibre oscillatoire du milieu.

Six mois après aucune mortalité n'est à déplorer.

A Montépilloy, un cultivateur constate que beaucoup de ses chevaux sont atteints d'anémie.

Pourtant les écuries sont propres et bien aérées, l'hygiène est très surveillée, la nourriture suffisante est bonne, mais les animaux maigrissent et sont rebelles à toute thérapeutique vétérinaire et restent indisponibles.

Nos recherches nous font découvrir un abreuvoir public avec eaux croupissantes à l'Ouest et immédiatement contre les écuries.

Nous disposons de gros éclateurs aériens au-dessus des animaux ainsi qu'un volume assez important de chaux-vive dans une tranchée au Sud des écuries.

Deux mois après, le cultivateur nous informe que ses chevaux ont repris leur vitalité et sont sur le point de se montrer normaux.

Aux environs de Coutevroult (S.-et-M.) un fermier perd périodiquement un ou deux chevaux. La mortalité est due à la présence de parasites dans le tube digestif, les voies respiratoires, le foie, les reins et le cerveau.

Ces vers sont la conséquence d'insectes diphtères appelés « œstres », lesquels déterminent une vermination interne avec maladies infectieuses.

Habituellement, la parasitologie en a facilement raison, mais dans le cas qui nous intéresse cette science s'avère inefficace.

Combattu par des éclateurs hypogés et aériens ainsi que par de la potasse au Nord-Est des écuries, le phénomène ne se reproduit pas.

Les exemples qui précèdent nous enseignent que, pour se servir des éclateurs et des produits chimiques en cette matière, il faut savoir les localiser, les installer et les doser exactement.

C'est alors, seulement, qu'ils modifient le champ aberrant en assurant la disparition de la cause déterminante et en échange facilitent l'arrivée et la filtration des radiations vitales.

On objectera que les radiations nocives ne présentent pas constamment le strict déterminisme de la physico-chimie.

On prétendra même qu'elles ne peuvent être détectées « à volonté et à coup sûr » par tous les radiesthésistes.

Ces objections nous paraissent bien rigoureuses, car sans rapporter ces radiations à la matière et les concevoir

« par figure et par mouvement » beaucoup d'entre elles n'en sont pas moins acquises à la science classique.

Certes, l'écueil inévitable, soulevant bien des doutes et des critiques, est évidemment la rareté des bons opérateurs et la difficulté de la détection expérimentale et sa répétition. Mais les radiations nocives n'en sont pas moins des phénomènes objectifs pour les radiesthésistes induits de l'expérience et plus encore pour ceux qui en sont ou en étaient les victimes.

Les faits cités plus haut sont autant de postulats concluants pour concilier les exigences scientifiques et les conditions dans lesquelles se produisent les radiations nocives.

XVII

Divers Rayonnements. — Rayons Parallèles Verticaux. — Rayons Diffusés. — Rayons Obliques Divergents et Convergents. — Rayons Verticaux Réfléchis. — Rayons Canalisés.

DIVERS RAYONNEMENTS

Il ressort de nos observations et expérimentations que les rayonnements laissent supposer une variété de radiations appartenant à des gammes de fréquences très diverses suivant la nature du sol dans lequel elles circulent et ne peuvent être expliquées que par le trouble du magnétisme terrestre, des forces telluriques et des radiations cosmiques obturées.

Nous les avons jusqu'alors identifiés et classés en cinq catégories principales :
1° Rayons parallèles verticaux,
2° Rayons diffusés,
3° Rayons obliques convergents et divergents,
4° Rayons verticaux réfléchis,
5° Rayons canalisés.

Selon leur mode de propagation, certains de ces rayonnements apparaissent mieux que d'autres et l'on peut mieux les détecter, les situer et les mesurer sur leur plan équatorial Ouest-Est, c'est-à-dire perpendiculairement au champ magnétique terrestre Nord-Sud.

Cet axe Ouest-Est paraît doué de propriétés particulières mises au service de ces rayonnements pour les véhiculer dans cet axe plus favorablement que dans un autre.

RAYONS PARALLÈLES VERTICAUX

Les rayons parallèles verticaux montants émanent généralement des cassures, des failles en terrain archéen et primaire et sont alimentés par les décharges électriques considérables qui éclatent entre deux formations géologiques de charge opposée.

A cet effet, on voudra bien se reporter à la FIGURE 18.

Ces décharges souterraines ont lieu notamment :

Entre calcaire et argile, fer oolithique et sable, magnésie et granit, marne bleue et charbon, etc...

L'énergie se manifeste entre deux éléments d'action de signe contraire, au même titre qu'une plaque de cuivre et une de zinc forment une pile de Volta, le cuivre pour le positif, le zinc pour le négatif.

*
* *

C'est pourquoi deux formations géologiques chimiquement différentes, tels que le calcaire et l'argile, la marne et le charbon ; deux organismes électriquement opposés, l'homme et la femme ; deux organes de charge contraire comme le foie et la vésicule biliaire, le poumon et la plèvre, le cœur et la rate, le cerveau et le cervelet sont autant de piles de Volta dans lesquelles circule un courant qui va de l'élément positif à l'élément négatif et inversement.

Comme l'énergie est à la base de toute matière et de toute vie, on conçoit aisément que, s'il n'y a pas résonance entre deux éléments appelés à vibrer à l'unisson, c'est peut-être là l'explication d'une partie de nos désaccords, de nos troubles et de nos maladies ?

RAYONS DIFFUSÉS

Les rayons diffusés, moins pénétrants que les verticaux, se propagent dans toutes les directions à leur point d'émergence, c'est-à-dire à la surface de séparation entre deux milieux: air et terre par exemple (Fig. 19). Mais une autre influence possible qu'il ne faut pas négliger c'est l'humidité du sol qui, jointe aux radiations, est une cause morbide indiscutable.

L'action nocive se limite très souvent, pour les rayons diffusés, à la zone d'épanouissement, autrement dit, à la cave et au rez-de-chaussée.

La caractéristique est une production excessive d'ions positifs, lesquels militent en faveur d'une hyperacidité, voire même d'une hyperchlorhydrie.

Ces rayons proviennent souvent d'éléments en décomposition, d'eaux putrides stagnantes dans des terrains diélectriques situés au-dessus de formations géologiques imperméables.

C'est un inconvénient que l'on ne rencontre pas dans les terrains d'origine ignée.

Un médecin de Maisons-Alfort nous fait étudier une maison dans laquelle il soupçonne l'existence de radiations pathogènes.

— En effet, nous dit-il, tous les occupants, jeunes et vieux, se plaignent de troubles indéfinissables et ma thérapeutique est impuissante.

Après étude nous décelons sous la maison un puisard et une canalisation rebouchés d'où s'échappent les mauvaises radiations.

Nous mettons tout en œuvre pour les annuler.

Trois semaines après, le Docteur nous informe que la mère alitée depuis huit mois se lève et que tout va pour le mieux.

Depuis l'amélioration s'est accentuée pour tout le monde.

Le Docteur conclut que les radiations mettaient ses malades en état d'anaphylaxie avec les médicaments. C'est la neutralisation de ces radiations qui a désensibilisé les malades et permis l'utilisation des médicaments.

Le Docteur B..... nous envoie étudier la ferme d'un de ses malades diabètique et neurasthénique.

Nous identifions sous son lit une argile hypocalcaire

sur laquelle coulent les eaux polluées des douves entourant la ferme anciennement fortifiée.

Le lit est changé de place, et quelques semaines plus tard le malade dort mieux, ses idées noires ont disparu et le médecin constate l'efficacité de sa thérapeutique.

Un de nos auditeurs habituels, habitant ALFORTVILLE, nous rend visite muni d'un plan de son appartement.

Il nous dit que sa jeune femme se fait soigner depuis sept ans pour une métrite chronique. Il ajoute qu'elle maigrit considérablement et fait des terreurs nocturnes.

— Au surplus, dit-il encore, ma femme est désespérée, car, malgré son désir elle ne peut pas être maman.

Nous prospectons le plan qui nous est soumis, très vite nous localisons des radiations nocives dues à des infiltrations de la Seine non loin de sa maison.

Nous lui indiquons divers moyens de protection à appliquer à la chambre à coucher uniquement.

*
* *

Quatre mois après notre visiteur nous écrit :

— Dans les premiers jours de décembre 1942 vous m'avez fait mettre du charbon de bois dans la cheminée de la chambre à coucher, de la chaux au pied du lit orienté Nord-Sud du côté de la malade et pour neutraliser les radiations nocives de la maison des tiges de fer tout autour de la chambre.

— Exactement un mois après les plaies internes avaient disparu au grand étonnement du médecin traitant.

— Par la suite, ma femme a repris du poids et de la force et, actuellement, elle est en espérance de quatre mois.

RAYONS OBLIQUES CONVERGENTS ET DIVERGENTS

Les rayons obliques convergents et divergents ont une particularité qu'il importe de souligner : ils cheminent toujours dans l'axe des pôles telluriques Ouest-Est, de chaque côté de l'arc formé par les rayons diffusés (Fig. 20).

Ceux venant de l'Est paraissent être des rayons incidents à force centripète, produit d'absorption d'autres foyers émetteurs qui fait retour au premier milieu.

Ceux allant vers l'Ouest, à force centrifuge, semblent être des rayons réfléchis, qui à la sortie du point d'émergence subissent un brusque changement de direction un peu à la manière de l'épi qui tombe dans le sens opposé au coup donné par la faux.

Voilà qui, semble-t-il, peut nous servir à expliquer que, si les radiations verticales des failles attaquent tous les étages d'une maison construite au-dessus de leur projection, les rayons obliques épargnent tout ou partie de l'édifice qui les couvre.

De sorte que l'on peut dire que la maison immédiatement à l'Est et notamment à l'Ouest de cette dernière aura son rez-de-chaussée ou son premier étage pris ; la seconde maison, si elle en comporte, son second ou troisième étage, et ainsi de suite.

— 413 —

C'est ainsi, comme nous l'avons plusieurs fois constaté, et comme nous le montre la Fig. 21, que les rayons obliques avec point d'émergence au fond d'une vallée, peuvent attaquer une habitation située en haut d'une colline, qui à première vue semblerait épargnée.

Ces rayons obliques divergents et convergents peuvent aussi être dénommés diffractés ou réfléchis. Ils ont pour terrains favorables ceux dits à stratification discordante ou transgressive des étages et sous-étages du sous-sol.

Ajoutons que les vallées d'érosion et synclinales sont souvent le siège de radiations nocives et propagent les germes de maladies dites hydriques (Fig. 22).

Par contre, l'anticlinal n'en comporte presque jamais, pas plus d'ailleurs que les terrains éruptifs primitifs, métamorphiques et dynamorphiques (Fig. 22).

Quoiqu'il en soit ces radiations sont toutes plus ou moins dégradantes les unes que les autres et sont capables de propager leur nuisance assez loin de leur foyer émetteur.

Dans une commune de la banlieue de Paris, des travaux d'infrastructure effectués par le métropolitain font apparaître des rayons obliques divergents baignant à l'Ouest tout un immeuble et ses habitants, lesquels sont soudainement perturbés dans leur sommeil.

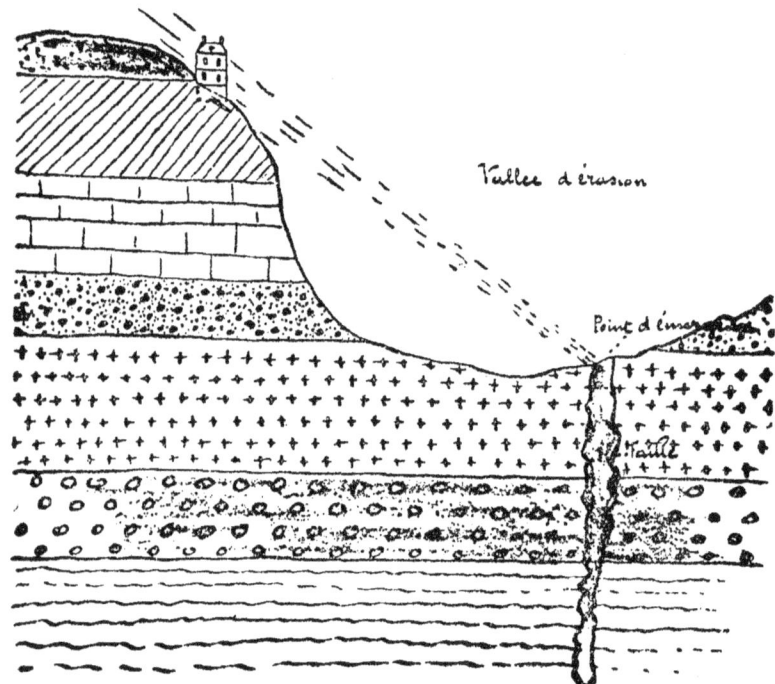

Fig. 21

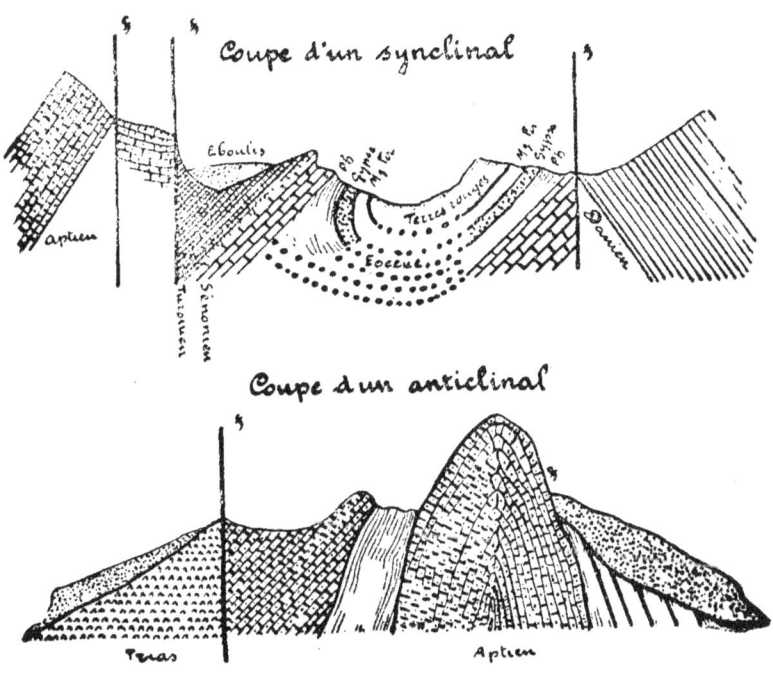

Fig. 22

Des éclateurs sont disposés aux fenêtres, entre le foyer émetteur et les chambres à coucher et tout rentre dans l'ordre.

Il est bien certain que, dans ce cas, les dispositifs extincteurs doivent rester en permanence.

RAYONS VERTICAUX RÉFLÉCHIS

Considérons une couche plane d'argile et une source de radiations nocives d'un étage inférieur envoyant verticalement son faisceau sur cette couche imperméable (Fig. 23).

Les radiations, au lieu de sortir sur la normale, arrivées au point d'incidence, se réfléchiront en R, et suivront, par conséquent, un chemin différent S.I.R., au lieu de S.I.N.

Après réflexion un autre phénomène peut se produire.

Il arrive, en effet, que les radiations déviées de la verticale cherchent la cassure ou le milieu perméable pour atteindre au point d'émergence à la surface de séparation terre et air, et l'on aura S.I.R.E.

De même, après leur passage à travers des milieux appropriés, ces radiations divergentes directes peuvent se transformer en rayons convergents vers d'autres centres émetteurs, après renvoi par la couche atmosphérique et retour à la source (Fig. 23).

Ce qui revient à dire qu'au point de sortie ils seront rejetés dans la région émettrice, et l'on aura S.I.R.E.S. D'où rayons réfléchis, réfractés et finalement absorbés par divers milieux imperméables, perméables, plans, paraboliques, concaves ou convexes.

— 417 —

A remarquer que le retour s'effectue à un autre endroit que le point d'émergence. De toute façon, la sortie et la rentrée sont toutes deux nocives pour les êtres vivants stationnés sur leur trajectoire.

Voici un cas qui illustre la Fig. 23 :

A C...., dans la banlieue Sud-Ouest de Paris, il existe un grand immeuble de rapport avec appartements bien aérés, convenablement orientés et confortablement installés.

Cet immeuble comporte une grande pharmacie et c'est la pharmacienne qui nous met au courant des phénomènes troublants qui s'y produisent.

— A tous les étages, nous dit-elle, ce sont des troubles insolites, des insomnies marquées chez les occupants, des désaccords violents entre les conjoints, des enfants gênés dans leurs études, des jeunes gens non évolués avec croissance difficile, des maladies indéfinissables, des morts prématurées et suspectes.

— Mon père qui était pharmacien à Paris est venu prendre la suite de l'ancien propriétaire décédé dans des circonstances assez mystérieuses.

— Six mois après notre installation je perds subitement mon père.

— Ma mère étant veuve, nous décidons de solutionner le problème en prenant un gérant.

— En l'espace de moins d'un an, ce dernier perd ses trois enfants et meurt lui-même d'un cancer généralisé.

— Huit mois après c'est au tour de ma mère de trépasser.

— Après une telle hécatombe, je reste seule à la tête de mon exploitation et constate avec inquiétude que je maigris considérablement et régulièrement. Je passe rapidement de 55 kg à 35 kg ; je ne dors plus, je manque d'appétit et fait de la pharyngite chronique et de l'herpès génital.

— Je consulte plusieurs Docteurs.

— Les uns me disent que je subis une forte régression de mon système globulaire avec déséquilibre vitaminique.

— Les autres me découvrent une poussée bronchitique.

— D'autres enfin me soignent pour une broncho-pneumonie bi-latérale avec lésion pathologique. A cet effet, je suis envoyée à la campagne où je reprends assez rapidement. Me croyant sur la voie de la guérison je rentre et reprends mon commerce. Mais ce n'était qu'une fausse rémission. Dès ma rentrée les crises reprennent plus violentes que jamais.

— Je passe à la radio et on décide de me faire un pneumo-thorax.

***

— Quelques mois après, malgré les sérums et les traitements classiques, mon état s'aggrave à nouveau. Les médecins penchent toujours pour un complexe pathologique pulmonaire et un nervosisme psychique secondaire. Mais la thérapeutique la plus énergique ne permet pas de maîtriser mes malaises et mes troubles.

— Je fais des crises fréquentes d'étouffement à type asthmatiforme avec insomnies, cauchemars et réveils fréquents.

— Cet état m'inquiète car il met ma santé dans une situation extrêmement précaire. Je m'affaiblis chaque jour davantage et maigris à une cadence progressivement alarmante. Je suis neurasthénique au dernier degré. Seules les piqûres de morphine me permettent de tenir. Mais malgré tout, je néglige ma toilette, ma pharmacie et me laisse aller sur la pente glissante de la névropathie. Je suis sans force, sans vouloir, l'idée de la mort se met au centre de mes pensées.

— C'est alors, M. MELLIN, que j'ai eu votre adresse et viens vous demander d'étudier radiesthésiquement cette maison maudite, car, ne me sachant pas la seule à en souffrir, j'imagine que cet immeuble est fatal.

*
* *

Votre étude nous permet de localiser assez rapidement un faisceau large et puissant de radiations électro-magnétiques provenant d'une faille que nous estimons être profonde de **1200** mètres.

Par ailleurs, nous découvrons que cette projection nocive, qui traverse une partie de l'immeuble, est réfléchie par la couche atmosphérique et revient à sa source par un autre chemin à quelques mètres de son point d'émergence, faisant ainsi un point d'impact très dangereux à côté de l'irradiation de sortie.

*
* *

Après une étude plus approfondie nous signalons que la moitié de la pharmacie est baignée par les radiations, que le lit et la salle à manger sont en plein dans leur épanouissement.

*
* *

Sur ces indications la jeune fille nous dit que son chat ne se plait que dans la partie non irradiée de la boutique que, d'autre part, elle ne peut conserver de poissons rouges parce qu'ils meurent presque aussitôt, que les plantes grasses, qu'elle affectionne tout particulièrement, ne résistent pas davantage.

Ces dires confirment en tous points le phénomène nocif.

*
* *

Nous décidons de déposer 28 éclateurs aériens puissants ainsi que des produits de rectification et d'absorption.

Et, nous attendons.

*
* *

Quarante jours après notre intervention, nous avons la satisfaction d'apprendre que les troubles de la jeune pharmacienne sont en rapide régression, elle dort, reprend du poids et goût à la vie. Son herpès est virtuellement terminé, les phénomènes aigüs sont apaisés.

Il s'ensuit une détente et une nette amélioration de son instabilité nerveuse.

Progressivement elle reprend de l'ascendant, de la vigueur et peut enfin, avec une tranquillité morale, assurer convenablement la direction de sa pharmacie.

*
* *

Autre phénomène logique et rassurant, du fait de l'installation de nos moyens de défense simples, pratiques et actifs, nous apprenons encore que l'ensemble des locataires constate que les troubles mystérieux se manifestent avec beaucoup moins d'acuité.

RAYONS CANALISÉS

Les rayons canalisés, comme leur nom l'indique, sont véhiculés par les souterrains humides, les égoûts, les canalisations du gaz et des eaux.

*
* *

Rue Buffon à PARIS, une jeune étudiante en médecine et sa mère sont victimes d'impondérables.

La radiesthésie nous fait situer un collecteur coulant à 70 m. environ à l'Ouest de leur habitation.

Des dispositifs extincteurs sont placés dans les placards et les angles des chambres.

Le phénomène nocif cesse aussitôt.

*
* *

A la ferme du P...., les veaux meurent dans les 8 à 10 jours de leur naissance.

Nous étudions le sol et les étables et découvrons un crétacé supérieur très fissuré, mais comportant à certains endroits des blocs imperméables, sous forme de lentilles argileuses.

A l'Ouest, non loin de là, des vestiges d'un ancien château féodal, un souterrain passant sous la ferme et des nids de fourmis sur tout son trajet.

La sphéricité des blocs réfléchit les radiations cheminant dans le souterrain humide, d'où l'existence de nombreux points d'émergence dans les milieux perméables et bons conducteurs du calcaire.

Du Nord au Sud, nous faisons enfoncer 120 éclateurs de 100 × 0,10. Un mois après, la mortalité est réduite à néant.

L'année suivante, les fourmis avaient transféré leur habitat en dehors de l'ancienne zone irradiée.

XVIII

Les Maisons à Cancer. — Les Terrains Cancerigènes. — Quelques Observations. — Note sur l'Etiologie du Cancer. — Moyens Naturels Propres à Combattre le Cancer. — L'Optimisme. — Le Rire. — La Joie. — Le Frottement des Mains. — Vibrations Hachurées. — Création d'une Aura de Protection. — Psychothérapie. — Conclusion. — Table des Matières.

On parle beaucoup des maisons à cancer. A notre humble avis, ce ne sont pas les maisons qu'il faut incriminer mais bien le sol sur lequel elles sont édifiées.

D'après nous, l'imprégnation cancérigène de la terre existe avant le cancer humain dont elle est la cause.

Certains auteurs, au nombre desquels il faut citer le Professeur Delbet, admettent que les humains qui vivent au-dessus d'une formation magnésienne sont exempts du cancer, et constatent que celui-ci existe au-dessus des terrains où la magnésie fait défaut.

Si la magnésie à faible dose semble être un élément de prophylaxie contre cette maladie de grande diathèse, au moins contre les bourdonnements d'oreilles, les vertiges, l'hyperexcitabilité musculaire et les phénomènes de tétanie, ne serait-elle pas, au contraire, lorsqu'elle est représentée en masse importante dans le sol, un inducteur géologique de nature à préparer le terrain à ce terrible fléau qu'on appelle cancer ?

Voici ce qui semblerait le confirmer :

Le Colonel MOREAU ayant été appelé à faire le pendulage du sol sous dix maisons de cancéreux, a dix fois déterminé et délimité un banc de magnésie qui respectait les maisons où il n'y avait pas de cancérisés.

Le Colonel MOREAU conclut que dans la genèse du cancer, la structure géologique et chimique du sol peut être mise en cause.

Au HAVRE, les Docteurs Jules REGNAULT et LOIR, avec le Professeur LARVARON, ont constaté que les aires où se trouvent les maisons à cancer sont limitées par des zones d'éboulis traversées par des eaux souterraines.

D'autres observateurs ont remarqué que les maisons à cancer sont distribuées le long des cassures volcaniques du sol.

De nombreuses autres observations ont été faites à ce sujet. On les trouve résumées dans l'ouvrage, déjà cité, de Alfred LAMBERT et Docteur Pierre CREUZET « ETUDES SUR LES RADIATIONS COSMIQUES » en un chapitre de trente-six pages « Le Terrain, ses Influences, Facteurs Telluriques du Cancer ».

Le Docteur Henri BOUQUET note que le rôle préservateur que certains attribuent au magnésium, d'autres le réservent au silicium.

— 425 —

Toujours d'après le Docteur Henri Bouquet :

« C'est le cas de M. Leriche qui attire l'attention sur
« cette question de silicium, il admet que les cancers
« semblent naître surtout dans les régions où le sol est
« pauvre de cette substance.

« M. Duroux dit que l'on peut penser qu'une partie
« des membres d'une même famille, vouée au cancer,
« transportée sur un sol dolomitique ou silicique, est
« susceptible d'échapper au terrible mal, tandis que l'au-
« tre partie de la famille restée sur le sol natal continue
« sa lignée de cancéreux. »

*
* *

Voilà pourquoi il est courant de dire que le cancer est héréditaire.

S'il l'est, ce n'est certainement pas du fait du terrain humain, mais bien au contraire du terrain géologique. Autrement dit, et comme le confirme le Docteur Victor Rambeau, tous les cas de cancer se trouvent localisés dans les terrains à failles ou dans les maisons qui ont une situation géologique défavorable.

*
* *

D'après les travaux de MM. Bethoux et Blanchet, déjà nommés, il résulte que la mortalité par cancer est nettement plus accusée au-dessus des roches calcaires.

De notre côté, nous avons maintes fois constaté que l'homme est sensible à l'influence morbide des terrains marécageux, tourbeux, mollassiques, argilo-plastiques, aux dégagements électro-magnétiques des failles, au degré hydrotimétrique de certaines eaux potables. Autant de facteurs pouvant intervenir dans divers troubles, sur la pression sanguine, dans les variations de l'acidité du sang, autrement dit, en notation moderne, du pH, et, par conséquent, à la formation et au développement des tumeurs malignes, à la cancérisation.

Ajoutons à cette liste de références déjà impressionnante la présence dans le sol de courants d'eau souterrains, de centres de putréfaction, d'eaux usées, souillées ou croupies dont le pouvoir cancérigène n'a pas encore été très étudié.

*
* *

Ces troubles et ces néoplasmes s'observent aussi bien dans les végétaux, dans la série animale que chez l'homme.

C'est une rupture d'harmonie, une rupture de vibrations. C'est un faux accord. C'est une fausse note. C'est l'explication de la présence de facteurs perturbateurs comme l'électro-magnétisme et l'humidité.

*
* *

Le but que nous poursuivons n'est pas d'envisager le traitement du cancer qui est affaire essentiellement médicale, par conséquent en dehors de notre compétence. Mais, ce que nous croyons avoir réussi c'est la neutralisation des radiations qui sont à la base de cette immense question qui doit rester sous le contrôle du médecin et de lui seul, surtout si l'imprégnation générale dépasse une certaine limite nécessitant des mesures particulières pour chacun des organes du malade.

— 427 —

Certains radiesthésistes sans vergogne, doublés d'une suffisance outrecuidante et intolérable, se considérant comme les « as » de l' « X », le « Nec plus ultra » de notre science, parlent trop volontiers du cancer, et par leur diagnostic présomptueux autant qu'inconsidéré, affolent sans raison des familles entières.

Un peu plus de connaissance et non moins de modestie de leur part n'irait pas au-delà d'une nécessaire prudence.

Quand on songe qu'il existe en FRANCE plus de 20.000 amateurs et spécialistes s'occupant de radiesthésie, sans préjudice des radiesthésistes-puisatiers, médicaux et autres et que les bons, les vrais de la polyradiesthésie professionnelle se comptent sur les doigts d'une main, on est bien obligé d'en venir à une certaine circonspection.

Nous citons ici l'opinion du Prince de la radiesthésie, feu l'Abbé MERMET qui, peu de temps avant sa mort, nous fit ouvrir le tiroir supérieur droit de son bureau pour y prendre une petite liste.

— Voyez-vous MELLIN, nous dit l'Abbé, vous avez là la nomenclature de ceux que je juge capables de me remplacer.

Cette suite de noms n'en comporte que cinq.

Depuis lors, à notre connaissance, rien ne paraît changé ; aujourd'hui encore, on n'en compte guère davantage.

Pour en revenir aux amateurs, il nous souvient qu'au cours d'une excursion de radiesthésistes, un des excursionnistes, se disant « spécialiste du diagnostic » s'offre à faire celui d'un médecin de nos amis.

Le résultat de ses investigations fut le suivant :

Vous avez une sinusite dans le genou droit, Docteur ! (sic).

De plus, vous avez deux cerveaux superposés ! (re-sic).

Le pauvre impertinent ! Il a simplement confondu sinusite avec synovie, d'une part, et cerveau et cervelet, d'autre part.

Il nous souvient encore qu'au cours d'une conférence faite à Angers, en la magnifique salle archicomble du Welcome, un contradicteur nous prie de répondre à la question suivante :

— M. Mellin pourrait-il me dire pourquoi, ayant fait venir chez moi quatre radiesthésistes pour me trouver de l'eau, je n'en suis pas plus avancé qu'avant leur passage ?

— La réponse est simple à concevoir, cher Monsieur !

De deux choses l'une : ou bien il n'y a pas d'eau là où vous tenez qu'on en trouve, ou bien vous ne vous êtes pas adressé au radiesthésiste qualifié pour vous dire s'il y a de l'eau ou s'il n'y en a pas.

En effet, très souvent, le radiesthésiste inexpert appelé pour chercher de l'eau, ne voulant pas s'être dérangé pour rien, en trouve même où il n'y en a pas, absolument comme le radiesthésiste qui, par déformation professionnelle, pourrait-on dire, trouve du cancer chez tous les malades.

Quant à nous, ce que nous désirons faire ressortir ici c'est le moyen de détecter ces radiations nocives, et de les combattre.

— 429 —

Quoique l'homme, les animaux et les végétaux soient parfois les victimes ignorées des radiations nocives, celles-ci n'agissent pas indifféremment sur tout ce qu'elles rencontrent, mais attaquent impitoyablement tout ce qui se trouve sur leur passage, déterminent d'abord de la nervosité, un manque de vitalité, de l'insomnie, une déshydratation des cellules faibles, de l'induration de ces cellules et finalement des troubles indéfinissables avec désordres divers.

Le moins qu'on puisse dire c'est qu'elles sont à l'origine d'un caractère irritable, d'une faiblesse inexplicable, d'un découragement irraisonné, d'un pessimisme exagéré, signes précurseurs de choses plus graves.

L'activité de ces radiations se manifeste sournoisement et longtemps avant les troubles. Seule, ou à peu près, la radiesthésie sérieuse est jusqu'ici capable de les identifier, de les localiser avant toute manifestation pathologique.

Plus tard, seulement, l'examen clinique du médecin constatera un déséquilibre entre l'alcalinité et l'acidité du sang. Le radiesthésiste fera la même constatation entre le sol et le sang, dans le pH du suc cellulaire des plantes et dans le pH sanguin de l'homme et des animaux.

Ces radiations contribuent par elles-mêmes au renversement vibratoire des cellules normales de l'organisme. Celles-ci, sous leur action prolongée, se développent et s'accroissent sans ordre, en véritabe anarchie cellulaire.

Un tel tissu formé d'éléments normaux dans leur individualité, mais perturbés dans leur assemblage est un cancer.

Au cours de l'été **1933**, nous avons été amené à faire une série de conférences. A l'issue de chacune d'elles nous avions l'habitude d'étudier un certain nombre de nos auditeurs pour leur désigner leurs couleurs bénéfiques.

Dans un bourg, nous avons vu **35** personnes et n'avons trouvé qu'un cancéreux.

Quelques semaines plus tard, à sept kilomètres de là, nous faisons une autre conférence, étudions **23** personnes et trouvons **6** cancéreux.

Donc, dans un endroit 3 % de cancéreux et dans l'autre **22,60** %.

Cet écart formidable nous amène à étudier les deux pays.

Or, nous constatons qu'ils sont séparés par une vallée abrupte et profonde au fond de laquelle existe une paraclase projettant des radiations électro-magnétiques dues à une cassure géologique qui épargne le premier pays et traverse le second situé à l'Est sur un plateau monoclinal.

Discrètement nous interrogeons le Curé du pays irradié.

Il nous dit avoir conduit au cimetière presque tous les anciens combattants de la guerre **1914-1918**.

Voilà donc une localité cancérigène qu'il ne fait pas bon signaler publiquement, car ce serait déclancher un exode général certain.

Rue de Grenelle, un immeuble de rapport de cinq étages comporte une série d'appartements à droite, une série à gauche.

Tous les locataires de droite sont plus ou moins perturbés ou cancérisés.

Ce sont les locataires du troisième étage qui nous font venir au sujet d'un grand mutilé de la guerre, opéré à plusieurs reprises et devenu cancéreux par suite de ses chocs post-opératoires.

A l'examen radiesthésique nous découvrons que sous la partie droite de l'immeuble coule un ruisseau véhiculant des eaux usées avec pouvoir nocif et déterminant une certaine capillarité se propageant jusqu'au dernier étage.

La présence du cours d'eau souterrain nous est confirmée par la femme du mutilé.

Ici, l'humidité joue un rôle important, elle est une condition très favorable à la transmission des radiations nocives, ce qui nous fait croire à un évident parallélisme entre la circulation des eaux sales du cours-d'eau et le rôle pathogène des radiations émanées.

Quoique trop tard, nous avons cependant protégé le troisième étage de droite sans apporter aucune amélioration chez le mutilé. Mais, quelques temps après, les locataires des quatrième et cinquième étages constataient avec satisfaction la disparition de certains troubles.

Par la suite, nous avons appris que les locataires de gauche vivent normalement et ne se plaignent de rien.

Dans le quartier de Ménilmontant, il existe un immeuble très important. Tous les occupants, sans exception, souffrent de quelque chose. Toute la pathologie, depuis le chapitre de l'amaigrissement jusqu'à celui du cancer et de la tuberculose, y trouve une expression. C'est un véritable hôpital.

Nous étudions l'immeuble et le sous-sol et découvrons une petite rivière souterraine coulant à grands flots à 23 mètres de profondeur.

A cet endroit, la formation géologique est un crétacé très fissuré, par conséquent très perméable, laissant passer les radiations électro-magnétiques engendrées par le frottement des eaux contre les parois rocheuses, confirmant ainsi la cause morbide indiscutable de ce complexe pathologique.

Il convient donc de tenir compte de l'action de l'humidité qui s'ajoute à d'autres actions en créant une meilleure conductibilité du milieu ambiant.

Ici, nous avons protégé le second étage au moyen d'éclateurs spéciaux et d'absorbants.

Un mois après notre passage, les personnes qui nous ont fait venir constatent une nette amélioration dans leur équilibre physique et psychique.

Une observation que nous avons pu faire assez fréquemment, et qui n'est pas sans importance, est que nous avons rarement rencontré des cancéreux dans un immeuble où il y a une boucherie, encore moins chez les bouchers. Cette exception est vraisemblablement due à ce que ces derniers vivent continuellement au milieu de la viande et la manipulent journellement.

NOTE SUR L'ÉTIOLOGIE DU CANCER

Le cancer est une tumeur maligne caractérisée par la prolifération anarchique des cellules qui la constituent. C'est avant tout un trouble du Corps Astral qui devient ensuite un déséquilibre oscillatoire électro-physiologique du Corps Physique.

Comme on le voit, il y a entre le Corps Astral et le Corps Physique identité fonctionnelle, mais pas nécessairement identité substantielle.

En général, le cancer épargne les faibles et s'attaque aux forts. Il semble donc que les gourmands, les amateurs de ripailles gargantuesques et pantagruélesques soient plus ou moins des futures victimes promises à l'ogre humoral.

En dehors de l'action cancérigène du terrain, de sa constitution minéralogique, de l'influence d'agents extérieurs qui président à la formation du cancer, il faut ajouter les tares héréditaires ou acquises, les lésions pathologiques, les chocs émotionnels ou post-opératoires, l'avortement, l'obsession, l'auto-suggestion et la psychose qui semblent être des causes déterminantes ou, selon le cas, des sièges de la tumeur.

*
* *

Sur le plan physique, le cancer n'est pas une maladie contagieuse, mais elle peut l'être sur le plan Astral. C'est-à-dire que, par les phénomènes de l'auto-suggestion, de l'obsession et de la psychose, le Corps Astral est susceptible de se laisser influencer et de transmettre au Corps Physique les caractéristiques de cette maladie hybride.

C'est ce qu'il est convenu d'appeler le cancer « occulte », lequel prend son origine dans des conditions prématérielles pour se matérialiser ensuite par des radiations spécifiques au-dessus des foyers nocifs et grâce au phénomène de résonance.

D'après notre théorie personnelle des contrastes, les maisons à cancer sont presque toujours situées au-dessus de formations géologiques acidifiantes comme les terrains calcaires, marneux, mollassiques ainsi qu'au-dessus des terrains humides et radifères et notamment à proximité des fontaines pétrifiantes.

Les terrains alcalinisants tels que les carbonifères, les granitiques, les schisteux, les cristallins ne sont pas favorables à l'étiologie du cancer.

En effet, ceux qui habitent au-dessus d'un terrain acide sont, par contraste alcalinisés, inversement ceux habitant au-dessus d'un terrain alcalin sont acidifiés.

Or, il semble bien que le cancer naît et se développe plus spécialement par ambiance acide.

Quoiqu'il en soit, les terrains les plus sains sont incontestablement les sablonneux et les siliceux et, plus généralement, les terrains secs et de haute altitude.

Si le cancer prévaut dans certaines régions, on ne peut pas dire qu'il soit endémique. Il n'est en tout cas pas héréditaire. D'ailleurs les analyses histologiques semblent le confirmer et aller contre l'hypothèse de la contagion.

On a même été jusqu'à dire que les descendants des cancéreux auraient moins de chance d'être atteints que les autres.

Il existe dans quelques cas une relation intime entre la syphilis et le cancer, chacune de ces diathèses, en s'influençant réciproquement, donne lieu à des manifestations de nature mal définie. La syphilis crée des lieux de moindre résistance et favorise ainsi la fixation du mal.

D'après le Docteur BERTILLON, les cas les plus fréquents s'établissent dans un rectangle MÉZIÈRES-CAEN-ANGERS-DIJON.

Si l'on tire un trait de LA ROCHELLE à SAINT-ETIENNE et un autre de LA ROCHELLE à MARSEILLE, toute la partie Nord de ce tracé comporte des régions où le cancer est quatre fois moins fréquent.

Enfin, sous la ligne LA ROCHELLE-SAINT-ETIENNE, c'est-à-dire presque toute la partie méridionale de la FRANCE, le cancer y est inexistant, pour la raison que dans cette région l'humidité ne persiste pas.

On voudra bien nous permettre d'ajouter à ces observations que, dans des régions cancérigènes, il existe des zones où cette maladie ne prolifère pas. C'est le cas notamment des endroits où les habitants font une consommation régulière et instinctive d'ail cru.

En effet, nous avons constaté que ceux qui mangent en quantité suffisante de l'oignon, du poireau, de l'échalotte, de la ciboule et de la civette crus sont presque toujours immunisés contre le cancer, ces condiments ayant le mystérieux pouvoir de désacidifier le sang et de le débarrasser de ses impuretés.

Il en est de même pour ceux qui habitent les bords iodés et sableux de la mer jusqu'à une assez grande distance du littoral où l'action fluidifiante du climat maritime se fait sentir.

* * *

En bref, il résulte de tout ceci que le meilleur moyen de se bien porter est de surveiller le pH du sang, autrement dit le degré d'acidité ou le potentiel hydrogène et d'étudier les terrains pathogènes.

Tout est là.

MOYENS NATURELS PROPRES A COMBATTRE LE CANCER

Jusqu'ici aucun remède ne s'est avéré efficace sur les cancers évolués et encore moins sur les tumeurs généralisées.

Mais le cancer diagnostiqué précocement par la radiesthésie c'est-à-dire 5, 10, 15 ans et même davantage avant qu'il soit trop tard, avant l'apparition de la tumeur, peut être combattu. Principalement avant les métastases graves chez des malades dont la numération globulaire est très en-dessous de la normale et chez lesquels les poisons tumoraux n'ont pas encore causé de ravages trop sérieux.

* * *

En dehors de la thérapeutique ordinaire sur laquelle il ne nous appartient pas de nous étendre, il existe des moyens naturels et efficaces pour empêcher, combattre et parfois guérir un cancer en puissance.

Ce sont : l'optimisme, la joie, le rire, le frottement des mains, les vibrations hachurées, l'orientation mentale et la psychothérapie.

Nous allons d'ailleurs les passer succinctement en revue :

L'OPTIMISME

L'optimisme est la condition essentielle au renforcement vital de l'individu et ce sens vital ne fait que nous traduire en conscience ce qui se passe dans nos organes.

Sous toutes ses formes, l'optimisme contribue à favoriser la lutte contre les maladies quelles qu'elles soient.

C'est à ce titre que la vie vaut la peine d'être vécue.

Un optimisme qui se pense est déjà un optimisme qui agit sur la volonté affaiblie ou fatiguée, la débilité et la maladie.

L'optimisme n'implique pas un « optimisme béat » mais la satisfaction et la volonté de combattre le mal et de ne pas se laisser abattre par lui.

LE RIRE

Ne pas manquer de rire chaque fois que l'occasion s'en

présente. C'est là un excellent tonique n'ayant pas son pareil dans la pharmacothérapie, ni dans un régime quel qu'il soit.

*
* *

D'origine morale, le rire se convertit vite en réactions physiques et en sensations spécifiques agréables dégageant la tête et la poitrine, réchauffant les extrémités, entraînant les poisons capables de favoriser le cancer.

*
* *

Le rire est dynamogénique, il s'accompagne toujours d'un accroissement d'énergie, d'une suractivité à la fois organique et mentale.

C'est un schéma dont on peut, croyons-nous, conserver les grandes lignes dans l'art de se bien porter. C'est en tout cas un phénomène affectif de très grande importance contre les tendances cancéreuses.

LA JOIE

Si nous ignorons à peu près tout des conditions anatomiques et physiologiques de la joie, cette sensation, due à des excitations diverses, peut devenir la base de l'optimisme et de la santé équilibrée.

*
* *

Comme pour le rire, si la joie se présente, acceptons-la, ne nous replions pas sur nous-mêmes, afin qu'elle n'aille pas éclairer le visage et l'âme du voisin.

*
* *

La joie se traduit par une augmentation des globules rouges et des forces vitales. C'est un bien souverain contre le pessimisme, les misères physiques et psychiques.

La joie est un stimulant qui fortifie l'individu et le met à l'abri des impondérables de sa vie organique et sociale.

LE FROTTEMENT DES MAINS

C'est un exercice fort simple qui consiste à se mettre face à l'Ouest, le matin en se levant, le corps bien droit et bien campé ; les mains jointes et allongées l'une contre l'autre et horizontalement.

Dans cette position et avec optimisme, exécuter une série de frottements très rapides et énergiques des mains dans le sens longitudinal.

Cela dure cinq secondes, pas davantage.

Les vibrations se propagent dans tout le corps, rayonnent par tous les organes et tous les sens et contribuent à détacher et à expulser les toxines que contient l'organisme tout entier.

Il suffit de faire cette manœuvre de temps en temps pour assurer l'assouplissement des capsules articulaires, pour dissocier les adhérences et pour faciliter la résorption de certaines infiltrations pathologiques, entre autres celle du cancer.

VIBRATIONS HACHURÉES

Les vibrations hachurées relèvent de la technique du magnétiseur.

Le sujet est allongé sur le ventre complètement dévêtu.

Le magnétiseur exécute une manœuvre qui consiste à percuter rapidement de petits coups saccadés avec le bord cubital des mains tout le long du grand sympathique.

Il fait trois fois le parcours aller et retour sur ce grand cordon de la circulation qui communique avec tous les centres nerveux et organes du corps.

*
* *

Ces vibrations tonifient les muscles, accroissent la nutrition ; elles sont souveraines contre les engorgements, les obstructions, les humeurs ; elles régularisent le potentiel électro-physiologique et combattent les tendances cancéreuses en facilitant la désoxydation de l'hémoglobine.

CRÉATION D'UNE AURA DE PROTECTION

Cette possibilité appartient à celui qui, par orientation mentale, est capable de se créer une vie spirituelle en dehors de la vie du corps et de la vie sociale. Il se trouve ainsi appelé à des fins qui dépassent l'une et l'autre.

*
* *

Ces fins consistent à mettre en action une faculté d'extériorisation en émettant des énergies prophylactiques diverses et en produisant des effets de défense.

Cette faculté relève de la métapsychique. Ce qui veut dire que le sujet métapsychique peut extraire de son organisme, voire même d'organismes voisins, une substance-énergie capable d'imiter toutes les formes de la vie et de la matière et d'accomplir par son fluide psychique des travaux d'auto-défense de très grande importance.

Le métapsychiste se représente d'abord son système fluidique de défense, il se fait ensuite mentalement une enveloppe aurique de protection.

La représentation devient après cela une cristallisation de la volonté organisée de la défense.

Cette cristallisation accapare peu à peu la pensée pour la soustraire à la désagrégation psychique, prélude au déséquilibre électro-physiologique.

PSYCHOTHÉRAPIE

La psychothérapie est un ensemble de procédés capables d'exercer, par la direction de la pensée imposée au cerveau, une action thérapeutique sur les troubles physiques et psychiques, en allant de la personnalité psychologique à la personnalité biologique.

Ces procédés se résument en une affirmation verbale, un geste, des mouvements ou positions des membres suggérant des idées correspondantes.

Comme déjà dit, l'optimisme, le rire, la joie, le frottement des mains, l'orientation mentale, le fluide psychique sont les moyens les plus actifs de la psychothérapie et jouent un rôle profond contre les tendances des maladies et surtout celle du cancer.

Le fait primitif, dans ces phénomènes, c'est que la vie n'est que psychisme, système de l'âme qui échappe à la conscience ordinaire.

Comme on vient de le voir, les radiations nocives n'ont pour substratum aucun terrain spécial, elles sont définissables par la radiesthésie ; leur action ne varie pas, mais la fin reste toujours la même. Cette fin est le trouble indéfinissable de l'individu vivant dans leur milieu délétère.

Elles apparaissent comme des agents extérieurs assez mystérieux mais perturbateurs de tous les processus physiologiques et de la stabilité du milieu ambiant de l'intérieur de l'organisme.

C'est donc de l'extérieur qu'il faut les combattre afin de protéger les individus, de mettre à l'abri leurs grands systèmes régulateurs et fonctionnels, afin aussi de permettre à tous leurs appareils anatomiques de réagir contre ces forces extérieures.

Ces forces touchent le radiesthésiste par des voies différentes de ses organes sensoriels, par ce que Richet appelait le « sixième sens ». Faculté qui ne s'exprime dans aucune langue, ne se traduit par aucune écriture, qui ne s'enseigne pas puisqu'elle est innée et se développe dans le sens des études auquel on l'entraîne.

C'est une faculté normale pour un être paranormal. Elle dépasse sans doute l'intelligence du monde matériel, elle est certainement contestée par la plupart des hommes parce qu'elle ne se reproduit pas à volonté, mais elle est une réalité incontestable pour quelques privilégiés, notamment pour les polyradiesthésistes.

FIN DE LA CINQUIÈME PARTIE

CONCLUSION

Ici se termine la revue des plus saillantes causes visibles et invisibles de nos joies et de nos misères physiques et psychiques.

Certes, nous n'avons pas la prétention d'avoir tout étudié, nous devrions dans ce cas envisager un autre volume, mais nous avons voulu attirer l'attention du lecteur ordinaire et du radiesthésiste pour les inciter à faire eux-mêmes des recherches et des observations fécondes dans le domaine si vaste des « RADIATIONS NOCIVES ».

Notre seule ambition a été de chercher à rendre service à l'humanité, en ouvrant de nouveaux horizons afin de permettre à d'autres, plus qualifiés que nous, de pousser ces études et ces moyens de défense plus scientifiquement dans leur exécution et leur contrôle.

*
* *

Aussi, lorsqu'on aura épuisé toutes les ressources thérapeutiques humaines et vétérinaires et que toutes les méthodes de traitement auront été passées en revue, sans résultats définitifs et probants, on fera bien de tourner ses regards vers la radiesthésie dont le rôle consiste à étudier les habitations, les étables et la nature du sol.

*
* *

— 445 —

Un jour, peut-être, quand on connaîtra mieux la nature des radiations nocives, deviendra-t-il possible d'augmenter les facteurs de l'immunité naturelle, de créer un état de résistance spécial des tissus et des humeurs ?

Peut-être deviendra-t-il alors courant d'augmenter les facteurs de l'immunité spontanée, c'est-à-dire la création d'un milieu ambiant favorable par l'apport de substances chimiques définies et de moyens physiques de défense déterminés en attendant que la médecine trouve le moyen d'appliquer l'immunité artificielle ?

TRAVAUX EFFECTUÉS PAR L'AUTEUR

Choix des Couleurs, des Métaux, des Pierres, des Fleurs, des Parfums. Syntonisation des effets d'habillement et d'ameublement.

RADIATIONS NOCIVES

Renseignements sur l'action faste ou néfaste des meubles, objets d'art, bibelots, bijoux anciens et modernes, indigènes et exotiques, des divers états et sentiments qu'ils engendrent.

Etudes des bureaux de travail, chambres à coucher, appartements, fermes, châteaux, terrains, végétaux reconnus indésirables aux espèces vivantes.

PSYCHOMÉTRIE

D'après photo, écriture, cheveux, effets d'habillement, liquide physiologique, papier ou coton épidermique, analyse physique et psychique d'ordre moral, sentimental, commercial et industriel ; mesure des facultés naturelles ou acquises, des aptitudes aux études et professions.

Cours et leçons particulières
Conférences Publiques et Privées

Ecrire avec timbre pour réponse à :
Hector MELLIN
42, rue des Ecoles
CHARENTON-LE-PONT (Seine).

TABLE DES MATIÈRES

Préambule 7

PREMIERE PARTIE

Chapitre Premier

L'Aura Physique des Choses 18
Les Formes Pensées.. 19
Formes-Pensées Rémanentes 21

Chapitre II

L'Etre Humain 25
Les Sept Chakras.. 26
Chakra du Corps Physique 30
Le Chakra Ethérique 32
Chakra du Corps Astral 34
Chakra du Corps Mental 41
Chakra du Corps Causal 42
Chakra du Corps Bouddhique 44
Chakra du Corps Atmique 47
L'Ame et l'Esprit 47
Dialogue Entre un Théosophe et un Matérialiste 54
Astralisation-Désastralisation 60
Les Etres Humains 60
Les Elémentals 62

DEUXIEME PARTIE

Chapitre III

La Matière Enregistreuse de la Pensée, de la Parole et de l'Action	68
Résonance	73
La Magie sous Louis XIV	79

Chapitre IV

Habitants et Habitations	82
Les Meubles	83

Chapitre V

La Vie des Photographies	87
Vivant ou Mort ?	90
Technique	91
Convention Mentale, Désir Mental, Interrogation Mentale	96
Pour Favoriser la Bonne Entente Conjugale	102
Procédé Magique	105
L'Histoire du Sculpteur	107
Formule Entendue, Dessin Vu par Facultés Métapsychiques	110
Le Capteur-Emetteur	111
Le Chapeau Induit	117

Chapitre VI

Les Manuscrits	122
Les Epîtres	124
Quel Jour Ecrire ?	127
Les Jours et les Planètes	130
Rapprochement-Eloignement	131
Les Lettres Anonymes	133
Comment Découvrir les Auteurs ?	136
Procédé Symbolique de Défense	138
Les Livres	138

Chapitre VII

Les Reliques	144
Les Stigmates	145
Le Saint-Suaire de Turin	146
Les Deux Magies	149
Le Vrai et le Faux Spiritisme	149
Les Reliques Profanées	150

Chapitre VIII

Bibelots et Objets Divers	155
L'Arsenal de l'Antiquaire	156
L'Astral des Choses	157
Envoûtement par Objet Interposé	158
Localisation de l'Objet	160
Enlèvement de l'Objet	161

Chapitre IX

Les Tableaux d'Art	163
Les Chefs-d'Œuvre	167
Les Maîtres	168
Rembrandt	168
La Joconde	171
Flora	172
Tête de Christ	173
Le Divin Maître	173
Les Œuvres Tourmentées	174
Contemplation d'un Tableau d'Art	175
L'Esprit se Pose sur la Matière	176
L'Expertise Radiesthésique	177
L'Art et l'Amour	179

TROISIEME PARTIE

Chapitre X

Châteaux et Ruines	194
Les Vestiges Pernicieux	196
Un Château Envoûté	198
Tragique Solitaire	200
Les Squelettes Ignorés	203
Une Chambre à Coucher où l'on ne peut Dormir	204
Macabre Découverte, de Trésor Point	206
Les Châteaux Renaissance	209

Chapitre XI

Les Prisons	214
Les Murs Radient	216
Contiguité de Radiations, les Arênes	218
Ce que Racontent ces Endroits, les Massacres de la Saint-Barthélémy	220
Le Bûcher de Jeanne d'Arc	221
Les Cimetières	223
Leurs Radiations	226
Les Abattoirs	228

Chapitre XII

La Magie	232
Laboratoire et Oratoire	234
La Pensée et la Magie	235
Défense Personnelle	238
Choc en Retour	240
La Magie du Verbe et de la Graphie	241
Les Loges Diaboliques	246
Maisons Hantées	249
Les Magistes	252
Les Maisons de Jeu	253
Travaille ou Meurs	257
Les Maisons Malfamées	259

QUATRIEME PARTIE

Chapitre XIII

Les Figures Géométriques	264
Le Talisman	266
Le Pantacle	269
Valeur des Pantacles	271
Soixante-Douze Pantacles	273
Fabrication d'un Pantacle	294
Les Fétiches	300
Golem et Téraphim	302
Le Golem	303
Le Téraphim	304
Démonomanie des Sorciers	305
Les Crânes	307
Les Amulettes	311
Les Phylactères	312

Chapitre XIV

Les Lieux Saints	314
Puissance des Sanctuaires	315
Magie Religieuse	320
Le Signe de Croix	321
Le Saint-Graal	323
Le Circuit Terrestre	326
Rites Divers	327
Pour Bénéficier des Radiations d'une Messe ?	328
Les Parfums Magiques	331
Numérologie Esotérique	332
La Magie du Chiffre 7	333
L'Ambiance du Sanctuaire	337
Questions Inutiles	341
Réponses Indispensables	342
L'Homme Supérieur à l'Animal	346
Visitez les Sanctuaires	347

CINQUIEME PARTIE

Chapitre XV

Note de l'Auteur	352
Les Radiations Nocives	353
La Masse Terrestre	356
Terrains Géologiques	359
Généralités sur les Radiations Nocives	360
Divers Auteurs	362

Chapitre XVI

Origines	367
Diverses Forces de la Nature	369
Forces Magnétiques	369
Forces Cosmiques, Telluriques et Electro-Magnétiques	370
Forces Radio-actives	372
Les Failles	378
Rayons Verticaux Parallèles	379
Caractéristiques des Radiations Nocives	382
Symptômes Généraux	387
Moyens de Détection	387
Téléradiesthésie	390
Moyens Physiques et Chimiques Propres à Combattre les Radiations Nocives	393
Quelques Cas Typiques	399

Chapitre XVII

Divers Rayonnements	407
Rayons Parallèles Verticaux	408
Rayons Diffusés	409
Rayons Obliques Divergents et Convergents	412
Rayons Verticaux Réfléchis	416
Les Immeubles Nocifs	417
Rayons Canalisés	421

Chapitre XVIII

Les Maisons à Cancer, les Terrains Cancérigènes	423
Quelques Observations	424
Note sur l'Etiologie du Cancer............................	433
Moyens Naturels Propres à Combattre le Cancer	436
L'Optimisme, le Rire	437
La Joie, le Frottement des Mains	438
Vibrations Hachurées	440
Création d'une Aura de Protection	440
Psychothérapie	441
Conclusion	444
Table des Matières	447

Planches et figures hors texte

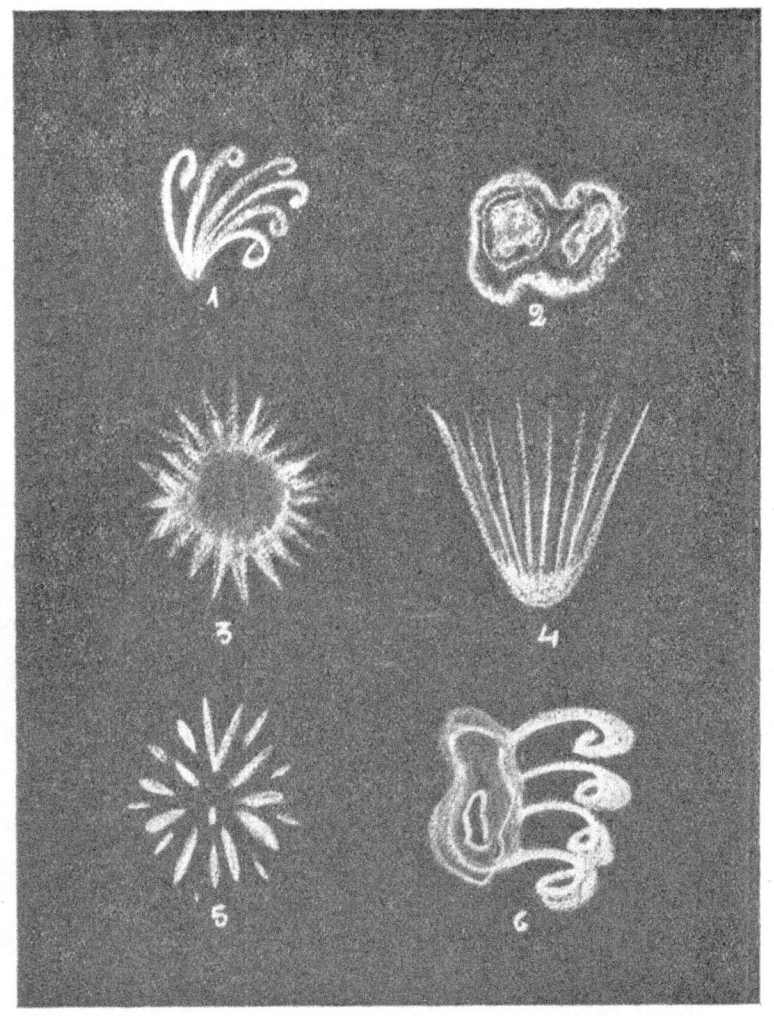

PLANCHE N° I.

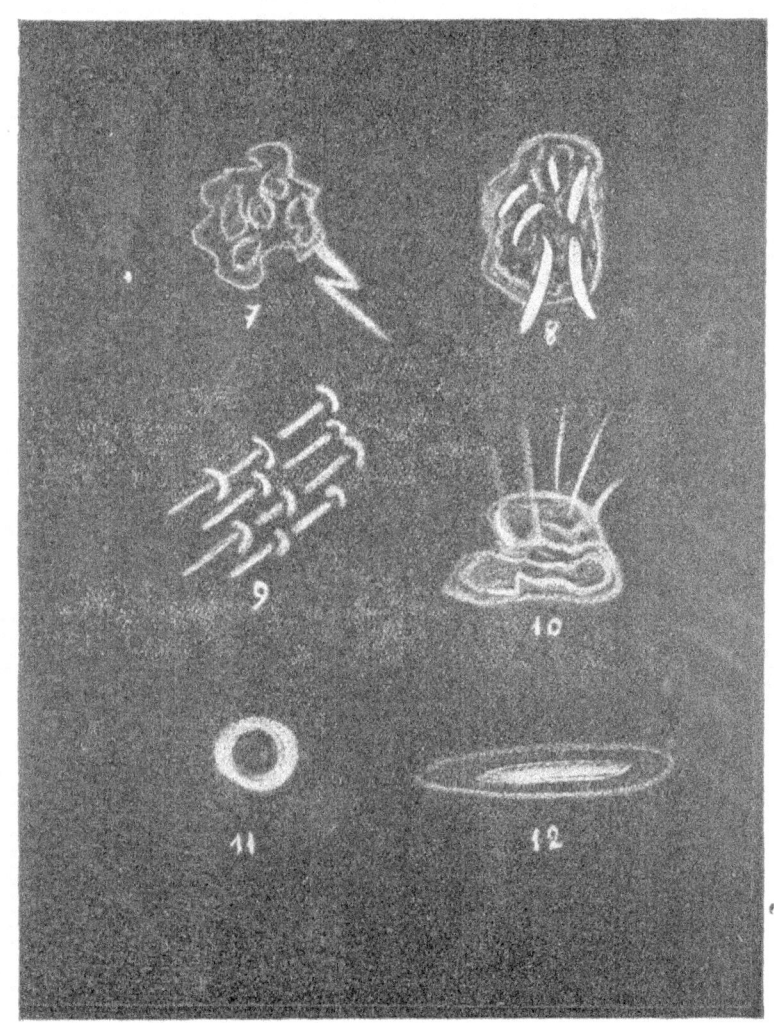

PLANCHE N° 2.

Fig. 4

Fig. 5. — Rembrandt et Saskia, sa femme.
« Les Chefs-d'Œuvre de la Peinture », par Max Rooses. Flammarion, Paris.

Fig. 6. — « Régents de la Léproserie », par Ferdinand Bol.
« Les Chefs-d'Œuvre de la Peinture », par Max Rooses. Flammarion, Paris.

Fig. 7. — La Joconde, Musée du Louvre
de Léonard de Vinci.

Fig. 8. — Flora, par Le Titien (Florence).

Fig. 9. — Tête de Christ couronnée d'épines, par Le Guide
Musée de Dresde.

Fig. 10. — Le Divin Maître.

Fig. 11. — Fille-Mère.

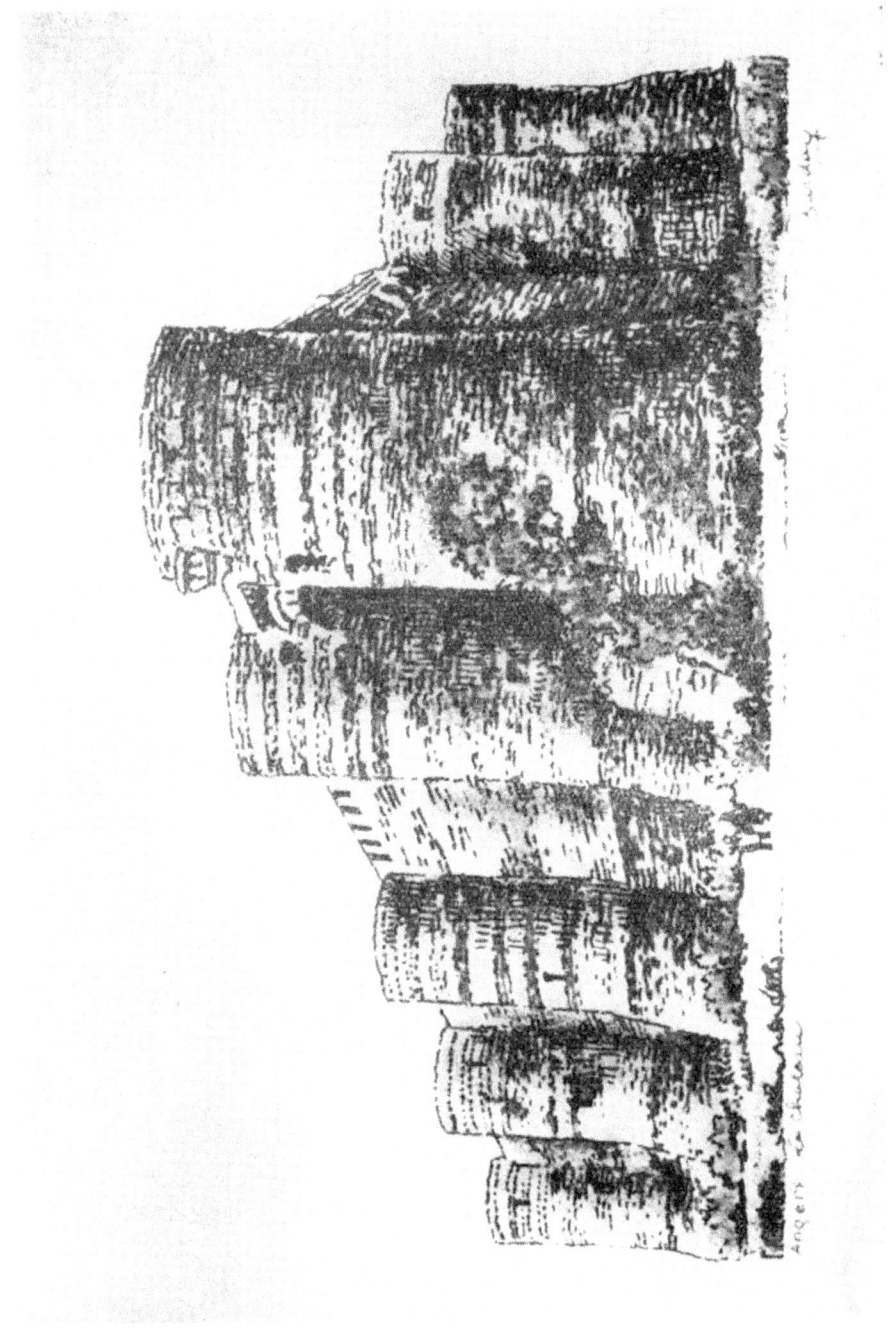

Fig. 13. — Fort La Latte

Fig. 14. — Château de Grosbois

Photo Visages du Monde.

Eglise Provençale

Cathédrale de Reims
La Grammaire des Styles. Flammarion, Paris.

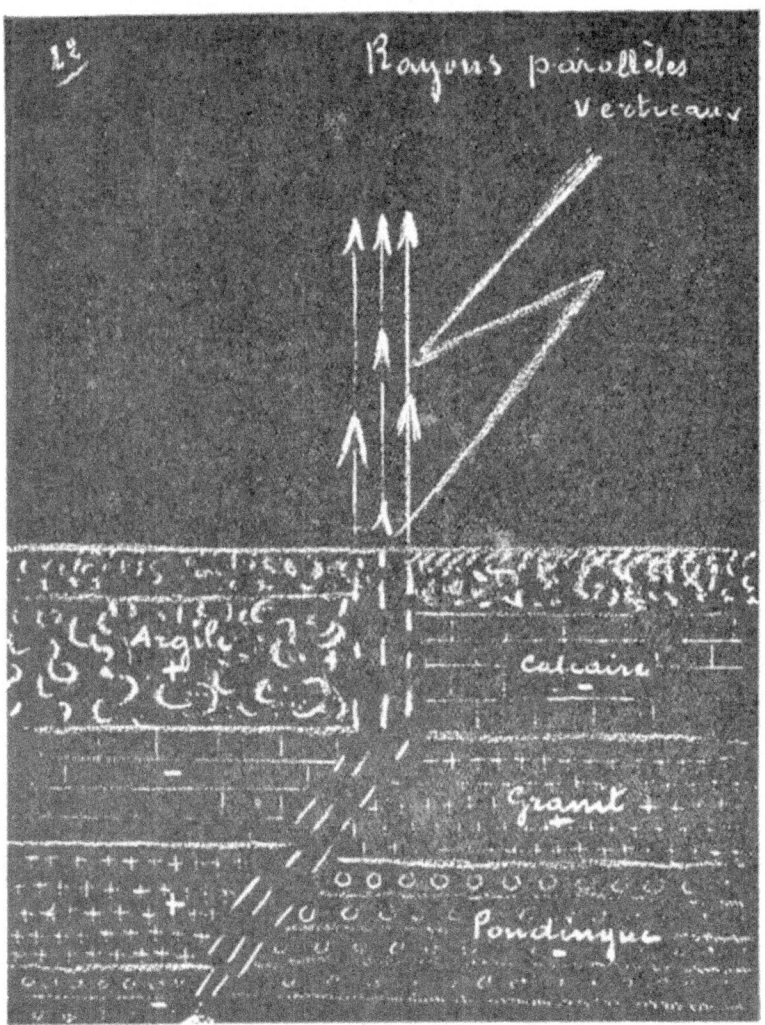

Fig. 18

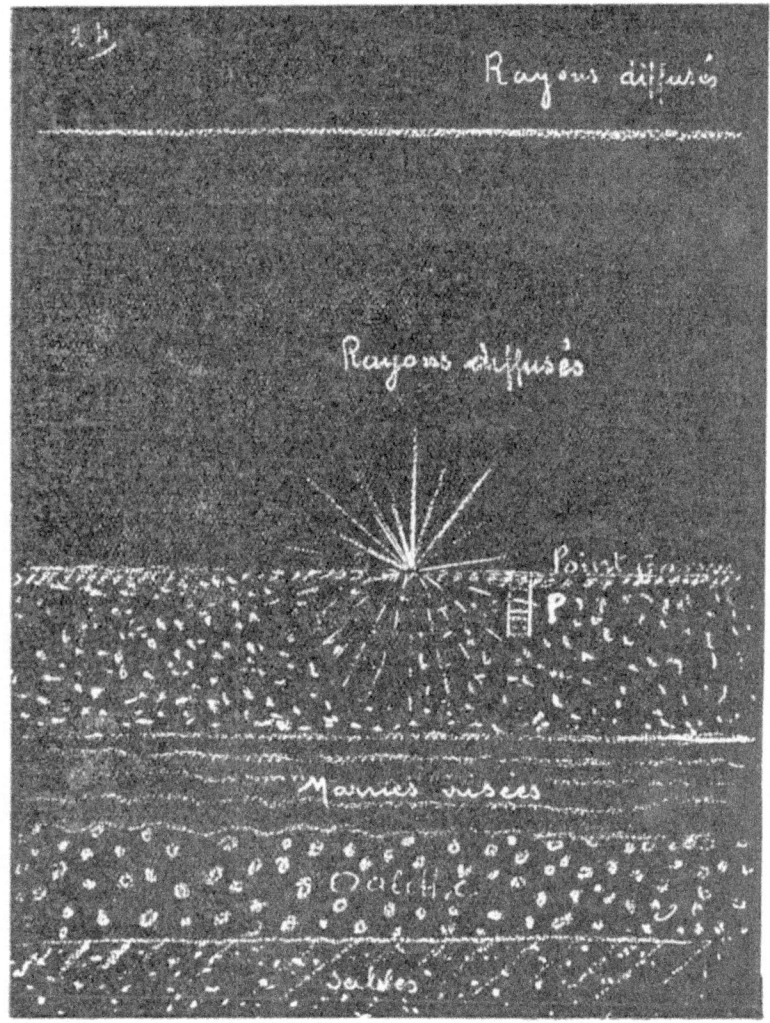

Fig. 19

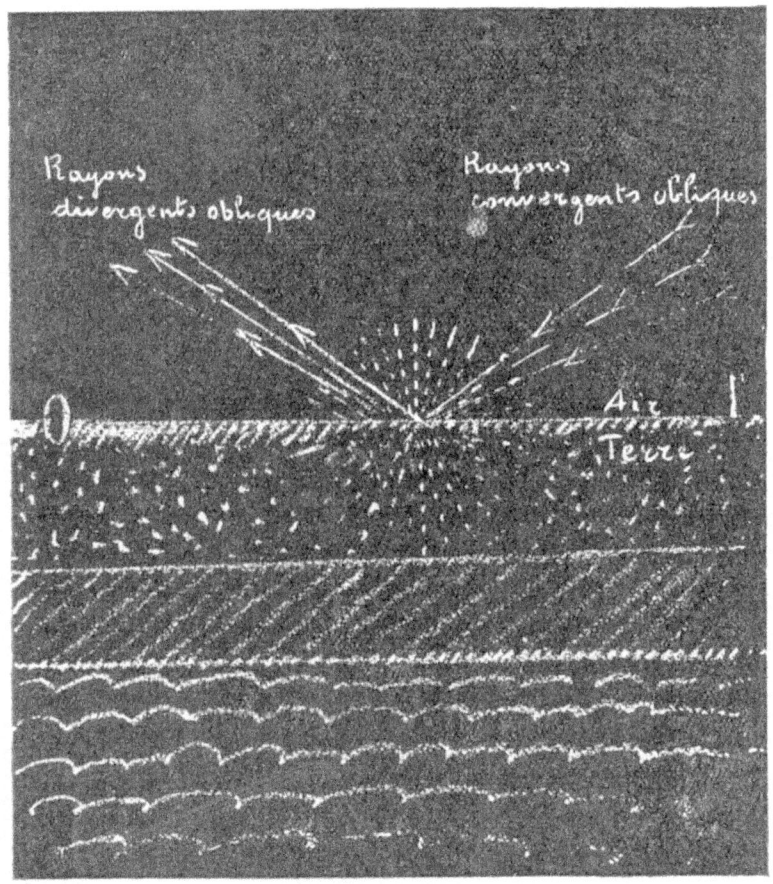

Fig. 20

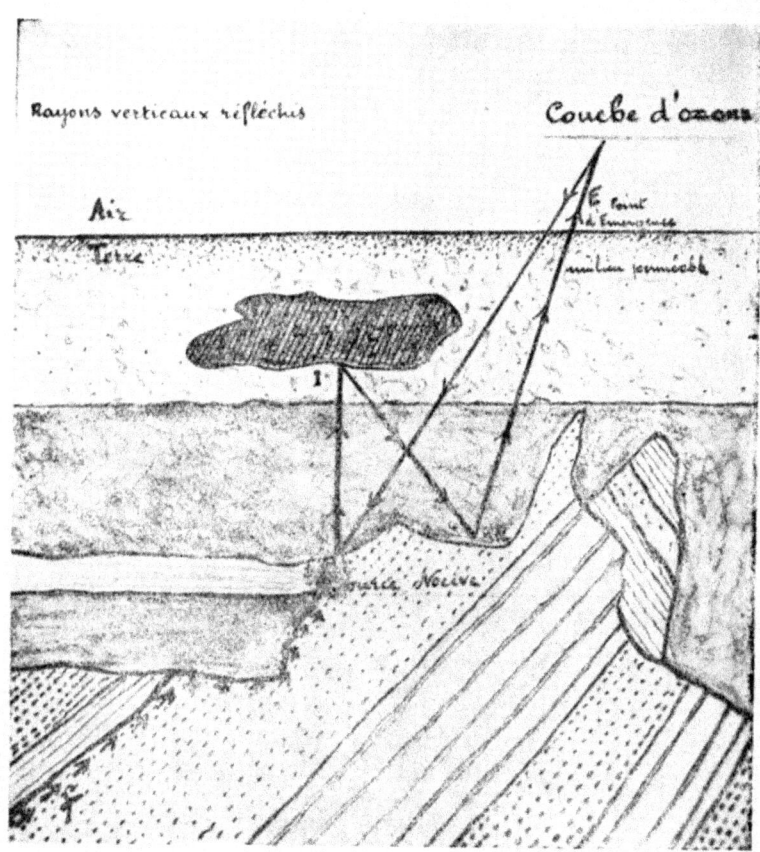

Fig. 23

Ebook Esotérique réédite,
sous forme de livres électroniques
ou Ebooks, des livres ésotériques et
d'occultisme qui sont devenus rares ou
épuisés.

Visitez Ebook Esotérique
www.ebookesoterique.com

Inscrivez-vous pour recevoir
notre Bulletin-Info.
Vous serez informé des
nouvelles parutions et promotions.

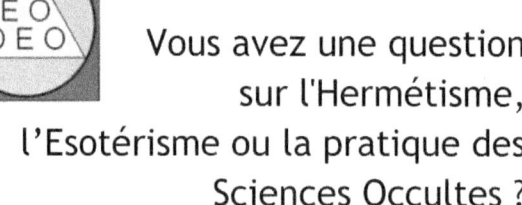 Vous avez une question sur l'Hermétisme, l'Esotérisme ou la pratique des Sciences Occultes ?

L'Encyclopédie Ésotérique vous apportera des réponses et des mises au point précieuses.
Cliquez www.ceodeo.com

L'Encyclopédie Ésotérique ainsi que les articles, dossiers, cours et essais que vous trouverez sur notre site s'adressent tant aux profanes qu'aux spécialistes.

Collège Ésotérique et Occultiste *d'Europe et d'Orient*
(CEODEO) www.ceodeo.com

www.ingramcontent.com/pod-product-compliance
Lightning Source LLC
Chambersburg PA
CBHW080418230426
43662CB00015B/2136